中共中央党校（国家行政学院）
马克思主义理论研究丛书

阿尔都塞的哲学思想研究

STUDY ON ALTHUSSER'S PHILOSOPHICAL THOUGHT

王文轩 ◎ 著

社会科学文献出版社
SOCIAL SCIENCES ACADEMIC PRESS (CHINA)

丛书前言

党的二十大报告指出："马克思主义是我们立党立国、兴党兴国的根本指导思想。中国共产党为什么能，中国特色社会主义为什么好，归根到底是马克思主义行，是中国化时代化的马克思主义行。"马克思主义科学理论指导是我们党鲜明的政治品格和强大的政治优势。任何时候，我们都不能淡化这个政治品格，都不能丢掉这个政治优势；任何时候，我们都要彰显这个鲜明的政治品格，都要发挥这个强大的政治优势。

中共中央党校（国家行政学院）是党中央培训全国高中级领导干部和优秀中青年干部的学校，是研究宣传习近平新时代中国特色社会主义思想、推进党的思想理论建设的重要阵地，是党和国家哲学社会科学研究机构和中国特色新型高端智库，是党中央直属事业单位。在习近平总书记的亲切关怀下，全体教职工在校（院）委领导下正致力于将中共中央党校（国家行政学院）"建设成为党内外公认的、具有相当国际影响力的中国共产党名副其实的最高学府，建设成为在党的思想理论建设特别是研究宣传习近平新时代中国特色社会主义思想上不断开拓创新、走在前列的思想理论高地，建设成为英才荟萃、名师辈出、'马'字号和'党'字号学科乃至其他一些学科的学术水准在全国明显处于领先地位的社科学术殿堂，建设成为对党和国家重大问题研究和决策提供高质量咨询参考作用的国家知名高端智库"。

　　中共中央党校（国家行政学院）马克思主义学院是党中央批准成立的。2015年12月11日，习近平总书记在全国党校工作会议上强调："中央批准中央党校成立马克思主义学院，就是坚持党校姓'马'姓'共'之举。"习近平总书记的重要讲话和中共中央党校（国家行政学院）"四个建成"目标的提出，为我们建设好马克思主义学院指明了方向。

　　为了展示中共中央党校（国家行政学院）马克思主义学院政治过硬、理论自觉、本领高强、作风优良、建功立业党校人的学术风范和最新研究成果，学好用好习近平新时代中国特色社会主义思想，推动中共中央党校（国家行政学院）马克思主义学院建成一流的马克思主义教学基地、一流的马克思主义研究高地、一流的马克思主义思想阵地，努力在国内乃至国际上产生重要的政治影响力、学术影响力和社会影响力，我们编辑出版了"中共中央党校（国家行政学院）马克思主义理论研究丛书"。

　　第一批丛书献礼新中国成立70周年，共出版11册，包括《探求中国道路密码》《对外开放与中国经济发展》《国家治理现代化的唯物史观基础》《中国道路的哲学自觉》《历史唯物主义的"名"与"实"》《马克思主义中国化的理论逻辑》《发展：在人与自然之间》《马克思主义基本原理若干问题研究》《马克思人学的存在论阐释》《新时代中国特色新型城镇化道路》《比较视野下的中国道路》，社会科学文献出版社2019年出版。该批丛书被中共中央宣传部推荐参加了庆祝新中国成立70周年大型成就展。

　　第二批丛书共12册，包括《马克思主义经典著作与当代中国》《马克思主义政治经济学与当代中国经济发展》《马克思早期思想文本分析：批判中的理论建构》《出场语境中的马克思话语》《当代资本主义新变化：金融化、积累危机与社会主义的未来》《当代马克思主义若干问题研究》《中国道路与中国话语》《历史唯物主义的返本开新》《新时代中国乡村振兴问题研究》《被遮蔽的马克思精神哲学》《论现代性与现代化》《青年马克思与施泰因：社会概念的比较研究》，社会科学文献出版社 2020~2021 年出版。

第三批丛书共 6 册，包括《异化劳动与劳动过程：理论、历史与现实》《政党治理的逻辑：中国共产党治党理论与实践研究》《身份政治的历史演进研究：以社会批判理论为视角》《西方马克思主义文化批判理论研究》《马克思利润率趋向下降规律研究》《马克思恩格斯对黑格尔历史观的批判与超越》，社会科学文献出版社 2022~2024 年出版。

现在继续组织出版的第四批丛书共 6 册，包括《构建与超越：中国式现代化道路研究》《新时代中国基层协商的理论与实践》《马克思所有权理论研究》《历史唯物主义视域中的"精神"研究》《防范金融风险与稳定经济增长——以宏观调控为视角》《阿尔都塞的哲学思想研究》。

社会科学文献出版社社长冀祥德、该社马克思主义分社社长曹义恒及各本书的编辑为丛书出版作出了重要贡献，在此一并感谢。由于水平有限，丛书不足之处在所难免，请读者批评指正。

丛书编委会

2024 年 12 月 19 日

目　录

导　论

没有革命的理论，就不会有革命的运动。[①]

　　"没有革命的理论，就不会有革命的运动。"[②] 这是列宁在《怎么办?》中提出的经典论断。事实上，阿尔都塞也是这一信条的坚定拥趸，不仅仅因为列宁是 20 世纪国际共产主义运动中最伟大的革命家，还在于列宁作为一位革命家的同时，还是一位伟大的理论家。成为像列宁、毛泽东这样的天才政治家和一流的马克思主义哲学家，正是阿尔都塞的理想和目标。阿尔都塞一生都在"努力地成为一个马克思主义者"[③]，即成为理论与实践真正统一的化身。毫不夸张地说，阿尔都塞所有的哲学事业就是在努力诠释马克思的核心教导："哲学家们只是用不同的方式解释世界，问题在于改变世界。"[④]在资本主义统治秩序日益稳固的新历史条件下，要重新解答"革命政治何以可能"的时代之问，不仅需要具体地分析当代社会，还要在马克思主义理论内部发展并修订一些核心概念，才能探讨当代资本主义社会的发展变化并在新变化中重思革命斗争的路线、对象、方式、策略以及行动领域。这种时刻面向现实历史、面向政治实践、面向

---

①　《列宁全集》第 6 卷，人民出版社，1986，第 23 页。

②　《列宁全集》第 6 卷，人民出版社，1986，第 23 页。

③　〔法〕阿尔都塞:《在哲学中成为马克思主义者容易吗?》，载陈越编译《哲学与政治:阿尔都塞读本》，吉林人民出版社，2003，第 173 页。

④　《马克思恩格斯文集》第 1 卷，人民出版社，2009，第 502 页。

无产阶级的哲学书写，既是阿尔都塞继承自马克思的精神实质，也是他留给后人最宝贵的理论财富。

"哲学即政治"① 是阿尔都塞对理论彻底性的理解，也是他所认可的唯物主义定义②，更是他保卫马克思、思考现实革命斗争可能性的入口。正是基于哲学的政治职能，阿尔都塞回答了"什么是哲学""什么是马克思列宁主义哲学"。但哲学言说政治甚至是介入无产阶级的革命政治，关键在于使哲学与政治紧密关联、使理论与实践得以真正统一的核心环节；换言之，使哲学与政治、理论与实践真正统一的逻辑起点是"斗争"，更进一步讲，就是哲学要充分把握"斗争"并唤起"斗争"。因而，在 1965 年的阿尔都塞看来，要解答"革命政治何以可能"的时代之问，只有将哲学的主题设定为"意识形态斗争"，而非暧昧不明的"意识形态批判"，哲学才能摒弃一切思辨抽象的虚假属性，也才能具备彻底的现实性，即具备改变现实的物质力量。③ 因而，当"意识形态斗争"作为一个整体的理论底色和思想品格来勾勒阿尔都塞的哲学主线时，它也就最准确地表达了阿尔都塞哲学思想的独特性与开创意义。这体现在相互佐证的三个方面。

第一，从西方哲学史的视角看，阿尔都塞将一切带有"同一逻辑"印记的唯心主义哲学都视为意识形态，并把意识形态看作构成个人主体性的社会想象性的物质结构，这不仅突破了现代西方哲学观念论的话语范式，也带来了马克思主义意识形态理论的创新，而且把哲学领域的争论带入了社会批判与政治斗争的场域中，将哲学中反对同一逻辑的战场（Kampfplatz）④ 搬到了革命斗争的历史战场

---

① 在阿尔都塞的思想中，"哲学即政治"不是说哲学服务于政治，哲学是政治的工具，哲学从属于甚至屈从于政治，而是说，哲学是一种通过理论实现的政治。

② 〔法〕阿尔都塞：《来日方长：阿尔都塞自传》，蔡鸿滨译，陈越校，上海人民出版社，2013，第 178 页。

③ 参见〔法〕阿尔都塞《今日马克思主义》，载陈越编译《哲学与政治：阿尔都塞读本》，吉林人民出版社，2003，第 251 页。

④ 德文，战场。阿尔都塞经常使用康德的这一概念，来特指哲学战场。参见〔德〕伊曼努尔·康德《纯粹理性批判》，邓晓芒译，人民出版社，2004，第 1 页。

中，从而在革命形势低迷的历史时期将马克思主义重新带回了学术研究的前沿。第二，从阿尔都塞哲学思想的发展逻辑看，意识形态领域的斗争始终居于核心环节。正是凭借反对意识形态的坚定立场，阿尔都塞才得以通过与既往一切资产阶级意识形态理论的"断裂"，使自己的哲学介入成为可能，并重新设定了无产阶级政治实践的行动起点，从而成功地将"哲学与真理"的关系转换为了"哲学与政治"的关系。第三，从马克思主义的经典主题"理论与实践"的关系来看，阿尔都塞对马克思主义意识形态理论的创新在一定程度上超越了理论与实践、哲学与政治、思维与存在之间传统的"二元对立"范式，使哲学直接反映历史—政治形势与革命政治的现实，同时也使理论本身成为无产阶级政治实践的一部分。他的理论实践也就成为双重关联的政治实践：其一，理论作为一股话语力量参与到改变现有历史—政治形势的斗争中；其二，理论又代表一种政治行动在理论实践中不断挫败和反击资产阶级的哲学意识形态。这不仅极大地提升了意识形态领域的斗争在无产阶级政治实践中的重要性，还为无产阶级在当下的革命行动提供了理论工具和斗争策略。

　　所以，阿尔都塞的哲学思想与哲学观是不可归类的，因为他是从哲学的"战场"出发，寻找一种新的革命政治话语和无产阶级的斗争方式。这种"哲学理论—意识形态斗争—政治行动"三位一体的理论表述方式，使得阿尔都塞拥有着看待哲学与政治的独特视角，也使他的思想兼具实证研究和哲学思辨的双重特质。但是，理论介入并非一劳永逸，个人思想的成熟也不是朝夕之功。对于1965年的阿尔都塞来说，他在宣布马克思主义理论是科学理论之后，也就陷入了思辨的理性主义之中，马克思主义理论成了他所反抗的意识形态的一部分。这一局面的形成再次凸显了理论主体在科学理论与政治实践之间的紧张关系。因而，马克思主义理论的危机并没有得到缓解，反而因为这次不成功的理论介入而继续加深。那么，对于"（或多或少地）意识到工人阶级斗争组织的历史困境或危机的战士"① 来说，"怎么办"也就成了新历史形势下最紧迫的政治问题。要回答这一难题，阿尔都塞必须放弃哲学能够囊括万物、解释一切的冲动，以更贴近政治斗争、更加彻底和极端的理论实践形式来进行关于现实的哲学表达，从而保证自己不落入意识形态的陷阱中，即"如何在不成为哲学家的情况下成为反-哲学家呢？……如何在不创立哲学的情况下拒绝哲学？……如何以非哲学的方式战胜哲学？"② 不难看出，这就要求阿尔都塞从哲学理论真正地过渡到政治行动。

在新的理论探索中，阿尔都塞清醒地认识到了一个现实：资产阶级意识形态具有强大的物质性和实践性，当代资本主义社会中意识形态早已国家化，政治与哲学早已一体化。资本主义拥有着这个世界上最为众多且训练有素的知识分子的支持，资产阶级的哲学意识形态不仅力量强大而且同国家机器深度捆绑。哲学的同一性逻辑与政治的统治逻辑不断融合，现代社会的意识形态运行机制已经实现了与哲学反思的合流，政治权力与学术权威双向渗透，资本主义已成长为一种混合硬性暴力与软性规训的全新"利维坦"。但是，这种新的专制政体和统治权威却矛盾地存在着两面性即强大的镇压性以及极端的脆弱性，这种悖论尤其体现在意识形态领域。国家权威的树立与镇压机制的运用在于必须有合法性的前提，而合法性却依赖于意识形态上的承认，但这种承认又可以突然被否定。1968 年的"五月风暴"让阿尔都塞敏锐地察觉到，意识形态等上层建筑不一定始终与经济基础处于稳定的匹配之中，结构平衡和社会秩序可能随时被打破，在现有生产力与科学技术不发生质变的情况下，意识形态与意识形态保证下的生产关系完全可以对历史发展起决定作用。③ 利科（Paul Ricoeur）就曾指出："阿

---

① 〔法〕阿尔都塞：《怎么办？》，陈越、王宁泊、张靖松译，西北大学出版社，2023，第 27 页。
② 〔法〕戈什加林：《法文版序》，载〔法〕阿尔都塞《在哲学中成为马克思主义者》，吴子枫译，北京出版社，2022，第 9 页。
③ 〔法〕阿尔都塞：《论再生产》，吴子枫译，西北大学出版社，2019，第 386~387 页。

尔都塞最重要的贡献之一就是尝试改进和完善来自恩格斯的经济基础与上层建筑的模式。"①

因而，马克思主义者不可能仅仅通过宣布马克思主义理论是科学理论，就一劳永逸地在理论斗争中获得胜利，而是完全有必要真正了解无产阶级政治实践的具体内容，将当代资本主义社会重新概念化，从而摆脱对同一性哲学的依赖，改造并重塑马克思主义的历史唯物主义和唯物辩证法。并在此基础上，拟定无产阶级革命斗争的新的路线、目标和策略，在革命政治的硬对抗缺席之时，主动升级意识形态层面的软斗争，从内部否认资产阶级意识形态的合法性，打断、打破其意识形态的制度性实践和权力运行机制，努力创造有利于无产阶级斗争实践的意识形态条件，从而加速革命斗争的到来。因而，"哲学归根到底是政治的"②，哲学的"战场"性质决定了哲学的理论实践也就是理论斗争和政治实践，并可以成就一种独特的霸权话语和行动理论。毕竟，无产阶级著书立说不仅要争论怎样才能更好地解释世界，还要承担改变这个世界的责任。

从哲学理论的体系化程度看，"斗争、对抗、行动"等概念在阿尔都塞的思想体系中也具有某种"本体论"的意义，是阿尔都塞哲学思想的"起源/开始"③，支撑了阿尔都塞关于哲学的"政治实用主义"定义："哲学不是认识的方法论或对历史概念的辩证考察，而是一种'理论中的阶级斗争'，或更一般地说，是一种思想的战略运用。"④正是基于哲学的政治本质和功能属性，阿尔都塞确立了在当代发达资本主义社会中无产阶级革命政治的方法论基础与策略性选择，提出了发展马克思主义的科学理论来对抗资产阶级意识形态的

① Paul Ricoeur, *Althusser's Theory of Ideology*, *Althusser: A Critical Reader*, edited by Gregory Elliott, Oxford UK & Cambridge USA: Blackwell Publishers, 1994, p. 44.
② 〔法〕阿图塞（阿尔都塞）：《自我批评论文集》，杜章智、沈起予译，（台北）远流出版事业股份有限公司，1990，第 49 页。
③ "起源/开始"是阿尔都塞讨论哲学意义与合法性的范畴，本书在解读过程中也用"起点、开端"等概念来进行同义表达。
④ 〔法〕巴利巴尔：《中文版阿尔都塞著作集序》，载〔法〕阿尔都塞《论再生产》，吴子枫译，西北大学出版社，2019，第 11 页。

侵蚀，明确了马克思主义哲学的斗争属性、阶级属性与实践属性，发展了社会再生产与意识形态国家机器理论，重塑了马克思主义辩证法的内部结构，探寻了利用偶然唯物论来对抗唯心主义哲学的可能。在哲学与政治的辩证发展中，阿尔都塞不断突破经济主义的教条决定论和人道主义的思辨历史观，与一切先验哲学的表现主义与唯心主义做了"断裂"，从而打开了一个复杂社会结构下的历史发展空间，形成了新的哲学观、分析方法理论、社会结构形态理论、国家的意识形态职能理论、无产阶级革命理论和历史发展理论。阿尔都塞不仅复兴了葛兰西的意识形态领导权思想，总结了二战后国际工人运动的经验教训，还探讨了社会主义过渡期和实现共产主义的战略，并为发达资本主义社会条件下的无产阶级政治斗争做出了积极谋划。

　　阿尔都塞的这些理论广泛涉及历史唯物主义、现代社会运行机制和规律以及无产阶级革命政治的根本问题，极大地提升了马克思主义理论的解释力，尤其是为新历史条件下的革命斗争提供了新的必要性前提和合法性依据。在此意义上，阿尔都塞并不属于从卢卡奇到萨特这一思想谱系中典型的西方马克思主义者，"他的工作代表了一种完全不同的理论路径"①。在佩里·安德森看来，"西方马克思主义故意闭口不谈那些历史唯物主义经典传统中最核心的问题：如详尽研究资本主义生产方式的经济运动规律，认真分析资产阶级国家的政治机器以及推翻这种国家机器所必需的阶级斗争战略"②。毫无疑问，阿尔都塞不是这种从实践与革命不断退向书斋与思辨的代表。

　　这也是我们今日重读阿尔都塞的现实动因。在西欧社会内部，左翼力量仍然弱小，资产阶级的意识形态霸权仍然强大；在世界范围内，国际力量对比仍没有出现质的变化。尽管无产阶级在政治上

---

①　Margaret A. Majumdar, *Althusser and the End of Leninism*, London: Pluto Press, 1995, p. 13.

②　〔英〕佩里·安德森：《西方马克思主义探讨》，高铦、文贯中、魏章玲译，人民出版社，1981，第 60~61 页。

依然受困，但阿尔都塞所开启并引领的新政治行动，却在资本主义合法性日益受到质疑的今天变得越来越重要。阿尔都塞不仅重申了无产阶级革命斗争的重要性，深化了对当代世界背景下阶级斗争规律的把握，而且重新设定了无产阶级政治实践的行动起点，坚定了无产阶级继续斗争的信心。列宁曾指出："只有以先进理论为指南的党，才能实现先进战士的作用。"① 阿尔都塞旗帜鲜明地在哲学实践中推动"政治的马克思主义"与"哲学的政治化"②，并把他的所有书面文本都定义为"首先是一份战斗性的教学文本"③，这对于我们来说，就是要始终保持理论危机意识与意识形态斗争精神，警惕资产阶级意识形态对马克思主义的侵蚀，不断掌握现实世界并展开实证研究。同时，无产阶级在思想文化与意识形态对抗中不能只是被动地防守，而不去主动进攻，不去主动揭露资产阶级意识形态的虚伪性和主体规训机制。因此，要永葆无产阶级的理论先进性和意识形态领导权就必须不断发展马克思主义理论，就是要让马克思主义哲学不断地走到自己的外部、走到非哲学的社会实践中，也就是走到最真实的历史场景中，才能使之具备彻底的敞开性与能动性，同时也具备政治性与策略性，最终不断实现理论创新和实践创新的良性互动。可以说，这些都是阿尔都塞留给我们的宝贵的思想财富。

在此基础上，我们有必要对阿尔都塞的文本进行深层次挖掘与持续性解读，不断深化对阿尔都塞的理论认识并对其哲学思想作出更为深刻的评论。我们不能将其仅仅定位为一个西方马克思主义哲学家，而应将其个人履历纳入国际共产主义运动发展史中，将其思想履历纳入科学社会主义理论、纳入更广泛的左翼激进政治理论的大视野中予以全面考察。也就是说，不能仅仅把阿尔都塞当作一个哲学家来看待，还要看到他另一个同样显著的身份——共产党员；

---

① 《列宁全集》第 6 卷，人民出版社，1986，第 24 页。
② Simon Choat, *Marx Through Post-Structuralism*: *Lyotard*, *Derrida*, *Foucault*, *Deleuze*, London: Continuum, 2010, p. 20.
③ 〔法〕雅克·比岱：《法文版导言：请你重读阿尔都塞》，载〔法〕阿尔都塞《论再生产》，吴子枫译，西北大学出版社，2019，第 20 页。

不能仅仅把阿尔都塞的思想作为哲学课堂上训练学术思维的理论材料，还要详细梳理与总结他对当代资本主义社会的考察研究，对理论形势的分析判断、对敌我哲学态势的动态把握，他所坚守的原则立场，所采用的理论方法、概念范畴、战术策略以及总结的经验教训等一系列能帮助无产阶级与资产阶级争夺意识形态领导权的思想资源。总之，他的思想不仅仅是在言说哲学，还是在参与一场政治斗争；阿尔都塞讨论的不仅仅是学术理论，还有为无产阶级建立一套新的革命政治理论以及由此出发为探讨如何推动无产阶级政治实践的发展所做的思想准备。

或许有人会说，在我们今天所处的时代，尽管资本主义暴露出了比以往更多的问题，但严格意义上的反抗是不可能的。不过，就如阿尔都塞所说："即使处于（理论）防守的地位，没有正确的理论也就没有正确的（斗争）政策。"① 虽然历史环境无法改变，但斗争不能停止、理论不能消沉、无产阶级不能没有政治想象。挖掘并整理阿尔都塞的经验做法和理论策略，研究并转化阿尔都塞的学术理念与哲学概念，将为我们这一代学人书写与捍卫社会主义中国提供有力借鉴。

---

① 〔法〕阿尔都塞：《保卫马克思》，顾良译，商务印书馆，2010，第 39 页。

第一章
保卫马克思与意识形态斗争

要想在今天，在 1966 年，给马克思主义理论的特殊性下一个力所能及的严格定义，只能在斗争中并通过斗争来完成。没有反对把马克思主义理论做意识形态解读的斗争，就不会有对马克思主义理论的定义。①

即使处于（理论）防守的地位，没有正确的理论也就没有正确的（斗争）政策。②

第一节　战后法国的政治与哲学

对政治与理论形势的分析和回应，是阿尔都塞的哲学思想介入无产阶级政治实践的第一步。阿尔都塞的理论实践是在法国知识界对社会主义运动普遍失望的背景下开始的。1956 年的苏共二十大，对于战后法国思想的走向产生了难以估量的影响，"秘密报告"对共产主义和共产党的革命性声誉造成了极大的打击。在对历史进步与阶级革命的普遍怀疑下，法国知识界不再希望将自己的研究纳入辩

---

① 〔法〕路易·阿尔都塞：《哲学的形势和马克思主义理论研究》，吴子枫译，《国外理论动态》2014 年第 1 期。

② 〔法〕阿尔都塞：《保卫马克思》，顾良译，商务印书馆，2010，第 39 页。

证的历史哲学主题之下，开始使人文社会科学的研究向实证主义传统靠拢。但任何时代理论主题的变奏都不可能离开它自身所承继的学术谱系，这就让我们看到，一些经典的西方哲学问题仍然被继续讨论，只不过学者们换了概念系统和理论表达方式。例如：存在是什么？存在是"一"还是"多"？谁可以具有能最终认识存在的意识，或者说谁是具备这种意识的主体？主体或意识是否能在剧烈变化的历史中保持对自身同一性的体认？……因而，当作为新思潮出现的结构主义不断挣脱传统知识体制，彰显自身的批判性品格时，我们仍能在它"反对主体"和"告别历史"的口号中看到主客体辩证的历史的统一。黑格尔，或者更准确地说是笛卡尔的幽灵依然在当代法国学术界游荡。

这些宏大的政治与理论背景构成了阿尔都塞学术生长的背景。但对于此时的阿尔都塞而言，他面临的首要问题是在苏共二十大后如何回应马克思主义理论危机，捍卫马克思主义理论的科学性和解释力。在已经大大变化了的历史条件下，如何重新辨别各自理论的阵营归属、厘定敌我的界限划分、评估双方的力量对比、分清斗争对象的主次先后、拟定具体的行动策略？这些从革命政治的角度出发，以具体的形势分析为基础而提出的理论问题不仅关系到人们对历史进步的信仰，更与继续推进马克思主义理论的研究紧密相关。但选择哪条理论之路，才能既绕开一个教条化、官僚化的领导组织，又可以不依赖经济决定论式的分析模型与人道主义的历史概念？这就是阿尔都塞在保卫马克思并推进适应新形势下的革命政治话语时所面对的苛刻前提。无意识的结构概念恰好提供了这种理论支援，帮助阿尔都塞实现了理论介入政治的急切愿望。与结构主义方法的合作使哲学家能承担起规划革命路线的重任，也凸显了包括阿尔都塞在内的法国左翼思想家群体在理论主体与政治行动之间始终面临着的内在困境。

一　苏共二十大后的思想震荡

对于阿尔都塞而言，"保卫马克思""马克思主义是理论上的反人道主义"等理论口号有着独特的意识形态背景，同时也深度介入了当时的政治形势。在法国思想传统中，哲学与政治从不分家，一个显性的起源是法国大革命对法国现代思想史的深远影响。因而，在众多法国左翼知识分子眼中，1917 年的俄国革命是法国大革命的延续，承载着法国知识分子对未来的希望。① 这就可以理解，《保卫马克思》一书中辑录的文章，时间点恰是在 1960～1965 年。在此前后，国际共产主义运动遇到了极大的波折，引发了复杂的意识形态反弹。阿尔都塞保卫马克思，主要就是从理论上保卫无产阶级的意识形态安全。

苏联在第二次世界大战中取得了巨大胜利，这一胜利成果在战后不仅迅速转变为强大的国家影响力，而且使联共（布）、苏联所坚持的理论和道路得到广泛认可和拥有不可抗拒的吸引力，成为包括法国左翼人士与共产党在内的全世界无产阶级政党效仿的对象。但进入 20 世纪 50 年代以后，苏联先是在处理与共产党和工人党情报局的关系上，制造党际不平等，推行教条主义和大国沙文主义；再是不顾西欧各国共产党所面对的具体斗争实情，强行要求进行国内武装斗争，让西欧各国共产党组织对苏联的做法甚为不满。此外，1956 年在苏共二十大上，赫鲁晓夫作了一份"秘密报告"。这份"秘密报告"对斯大林的个人崇拜以及相伴随的教条主义和极权主义的谴责，在各国共产党以及左翼知识分子心中造成了强烈的震动，引发了思想意识形态上的激烈转向。一方面，社会主义阵营内部以及各国共产党围绕斯大林的功过评价，产生这些问题与错误的根源，以及"秘密报告"的揭露方式等方面展开了激烈的争论，并逐渐产生了分歧与裂痕；另一方面，在西欧各国共产党内大量党员对共产主义信仰动摇，出现大批知识分子党员退党的情况，而愿意留在党内的一些人，"不仅把斯大林应负的罪责和错误，而且把我们自己的

----

① 比如"左"与"右"的划分，最初就出现在法国大革命时的第三等级与贵族等级在议会座席位置上的对立，而在战后又被用于表述社会主义阵营与资本主义阵营间的对立。

失望、错误和混乱，统统推到斯大林的身上"①，进而将这股对严刑拷打以及极权主义的批判思潮转入对"人道主义"的寻找之中。这就"导致了一种深刻的'解放'—'伦理'倾向的意识形态反应。这种反应不由自主地恢复了'自由'、'人类'、'类本质'、'异化'等旧有的哲学主题。这种意识形态倾向试图在青年马克思的著作中寻找其理论的依据……导致了马克思主义哲学中的一种反常逆转"②。

同时，在1961年的苏共二十二大上，苏共中央认为苏联社会已经发展到了一个更高水平的阶段，阶级斗争已经消失，无产阶级专政已不再必需，苏联已经进入了共产主义建设阶段，因而苏联成了"全体人民的国家"，苏联共产党也成了"全体人民的党"；在对与资本主义国家的关系以及战争与和平等问题的看法上，苏共也相应提出了和平相处、和平竞争、和平过渡的"三和理论"，缓和了"冷战"初期的对抗立场，从而直接降低了与资本主义阵营的斗争强度。苏联内外政策的调整以及人道主义倾向，极大地影响到了西欧各国共产党的政策主张与实践探索，他们在同样的人道主义温情的感召下，"采取和社会党人、民主党人及天主教徒联合的政策。重点则是放在了'向社会主义和平过渡'，'马克思主义或社会主义人道主义'以及'对话'等上面"③。可以说，反对教条主义进而将马克思主义人道主义化，成为苏共与西欧各国共产党内的时髦思潮。

这一时期的法国共产党（PCF，简称"法共"）以及知识分子，也深深卷入了这些历史纷争之中。作为法国反击纳粹的地下抵抗运动的坚强领导，法共拥有着其他西欧各国共产党无法比拟的对于国内政治与知识分子的影响力，因而也拥有着欧洲除莫斯科之外最强大的政治动员与宣传机器。而作为曾经的第三国际的一个支部，现在又是战后苏联模式的崇拜者，法共也拥有着巨大的政治号召力。可以说，波澜壮阔的斗争历史以及共产党的坚强领导唤起的是对未

---

① 〔法〕阿尔都塞：《保卫马克思》，顾良译，商务印书馆，2010，第12页。
② 〔法〕阿尔都塞：《保卫马克思》，顾良译，商务印书馆，2010，第248页。
③ 〔法〕阿尔都塞：《保卫马克思》，顾良译，商务印书馆，2010，第249页。

来的巨大希望，即在历史的前进中，资本主义必然会被社会主义乃至共产主义所替代。① 在这种强烈的历史意识与政治意志的支配下，"我们的哲学家不研究任何哲学，并把一切哲学都当作政治；对于艺术、文学、哲学或科学，总之对于整个世界，我们统统用无情的阶级划分这把刀来个一刀切……要么是资产阶级科学，要么是无产阶级科学"②。在这种狂热的思想与政治氛围下，党内的知识分子要么人云亦云，要么保持沉默，要么盲目信仰，要么装聋作哑。"我们牺牲了自己的智力工作和科学工作，而一味地去搞政治斗争和意识形态斗争"③，哲学理论上的贫乏与政治实践上的盲目，就是法共在苏共二十大前的主要历史表现。

苏共二十大对斯大林错误的批判，对法国共产党与法国知识分子造成了极大的震动，但也为整个党内重新反思革命的可能性条件，探索批判资本主义社会的理论新路带来了实际的思想解放。"由于需要确定法国共产党在大大改变了的新历史条件下的战略和策略，需要科学地解决在向社会主义'过渡'时期社会和科技发展的迫切问题，法国马克思主义者越来越重视研究科学社会主义理论及其哲学基础——辩证唯物主义和历史唯物主义……（这）促使他们克服教条主义地理解马克思主义和在现代条件下对它作进一步创造性的发展。"④ 不过党外的批评远比党内的建设性反思更为激烈。如福柯就尖锐地指出："知识分子应该努力确定既定社会中可能之事与不可能之事的疆界，而不要仅仅漂浮在连绵不断的历史之流中，或者默默等待作为现世拯救之领路人的党的化身（救世主）的降临。但即使在找到调查与认同的场所之前，那个自以为是社交休息厅的党，那个靠收养人口形成的家庭，它周围的一切，连同它特有的仪式和习

---

① 参见〔法〕A. 贝尔古纽、G. 格伦贝格《法国社会党与国家权力的关系：模式、历史与逻辑》，胡振良译，《国外理论动态》2012 年第 10 期。

② 〔法〕阿尔都塞：《保卫马克思》，顾良译，商务印书馆，2010，第 2 页。

③ 〔法〕阿尔都塞：《保卫马克思》，顾良译，商务印书馆，2010，第 9 页。

④ 〔苏〕A. Г. 梅斯里夫钦科主编，苏联科学院哲学研究所编《当代国外马克思列宁主义哲学》（下），中共中央编译局研究室译，社会科学文献出版社，1986，第 402 页。

惯，都必须彻底摒弃。"① 这意味着，伴随思想解放的是更为复杂的思想局面，教条主义的理论错误只是稍稍得到了纠正，新的意识形态反扑就接踵而来，马克思主义哲学的地位更加岌岌可危。

对于阿尔都塞来说，需要系统解决以下问题。第一，摆脱教条主义的束缚，清偿教条主义时期所欠下的"理论债务"。第二，回应与反驳那些因失望而与党决裂的人，他们投入了其他理论或信仰的怀抱中，有的只是在共产党体制之外寻求实现社会主义目标的新途径，有的则是攻击和诋毁马克思主义。第三，思考并回答一系列形势变化所引发的理论新问题，首先是回应与反驳从"非正统的马克思主义"角度对马克思进行解读的理论倾向，即在思想理论中主要聚焦于人道主义问题，依据马克思的早期著作为马克思主义建构人道主义普遍原则的做法；其次是思考并阐释人道主义（因而也是唯心主义）与教条主义，这两种"错误的"理论都无法有效解释历史突发事件与社会发展现象。第四，发展马克思的历史唯物主义和唯物辩证法，"对具体情况作具体分析"，从而将不断变化的社会现实重新纳入理论理解之中，恢复马克思主义哲学的斗争性与实践性。

苏共二十大以及后续的关联事件是阿尔都塞面对的第一个重大历史变局。在教条主义的老路走不通，人道主义之路也行不通，改弦易辙更不能接受的条件下，马克思主义处于危机之中，无产阶级革命处于危机之中。由此，阿尔都塞在理论层面，坚定地保卫马克思主义，重思哲学的斗争本质，确定理论在与政治实践的互动关系中所扮演的角色和应有的姿态；同时，直面现实，即不断变化的政治实践、历史条件和科技社会的迅猛发展。阿尔都塞只有重新回到马克思，从复习最基本的知识开始，才能努力恢复真正科学的马克思主义。当然，这一理论工作既是在哲学领域对党的指导思想与党外反对者的某种政治干预，同时也是在政治领域对人道主义的马克思主义的某种哲学介入。正如阿尔都塞所说："历史把我们推到了理

---

① 转引自〔法〕弗朗索瓦·多斯《结构主义史》，季广茂译，金城出版社，2012，第201页。

论的死胡同中去，而为了从中脱身，我们就必须去探索马克思的哲学思想。"① 可以说，1956 年的震荡对于整整一代法国知识分子都产生了十分剧烈的影响，这些影响将在整个 60 年代的结构主义浪潮中得到现实的呈现。

二 二战后法国哲学的基本形势

相对于政治形势，法国独特的哲学形势对阿尔都塞的哲学思想影响更大。其中，既有共产党以及左翼知识界内的理论小气候，也有整个二战后法国思想界的理论大气候。对于前者来说，苏共二十大后，马克思主义迎来了一个相对"解禁"的年代，但也要回答国际共产主义运动和科学社会主义理论研究面对的一系列尖锐问题，如新生的苏维埃政权为何在经济建设中屡走弯路等。这些关于社会历史的不平衡发展、经济基础与上层建筑间的矛盾错位、政治事件的偶然性与不可预见性、阶级斗争的新情况、资产阶级意识形态的各种新动向等问题，深深地困扰着法国的马克思主义研究者。对于这种理论小气候，阿尔都塞的理论介入目的非常明晰：

> 大家马上看到的文章就正是在这种形势下，被构思和发表的。应该把它们和这一形势联系起来，以便明确其性质和作用：这是一些哲学论文，其目的在于理论的探索，在于介入到当前的理论—意识形态的形势当中，以及反对各种危险的倾向。②

而对于理论大气候而言，结构主义最能代表这个时代对于哲学与政治问题的思考。阿尔都塞也正是从结构主义的大思潮中得到了一系列重要启发，并将其理论方法改造后嫁接在马克思主义理论之中，极大地提高了马克思主义对抗传统哲学意识形态的能力，此时

---

① 〔法〕阿尔都塞：《保卫马克思》，顾良译，商务印书馆，2010，第 2 页。
② 〔法〕阿尔都塞：《保卫马克思》，顾良译，商务印书馆，2010，第 251 页。

的结构主义是马克思主义"在同一战线上并肩作战的客观盟友"。[①]
从根本上说,结构主义也反对"意识形态",它产生于西方历史希
望破灭之时,以祛除"主体的神话"和"历史的神话"为主要哲
学特征。结构主义代表的是整个 20 世纪 60 年代对革除一切旧学术
传统的急切要求(既是对传统的学术文化,也是对传统的学术机
构)。伴随着 20 世纪法国社会急速现代化,启蒙运动以来的西方
学术思想以及人文学科的设置日益成为资本主义制度的维护者进
而禁锢着新知识的产生。作为一场必须进行的对可见的资产阶级
学术机构的反抗,结构主义成为一批有政治使命感的知识分子进
行知识更新的有力武器。[②] 受益于索绪尔的语言学与列维-施特劳斯
的人类学,整整一代的学者终于找到了恰当的方法来甩掉思想史中
"同一逻辑"的沉重包袱,建立能充分表达他们解放性意志(volonté
émancipatrice)和非意识形态化(désidéologisation)的新社会科学。
总之,突破"同一逻辑",把结构置于主体之上,把空间置于历史之
上,把符号置于意义之上,把关系置于内容之上,就成了整整一代
人共享的学术事业。

理解结构主义时期所形成的特殊的政治氛围与学术现象,就必
须简单地回顾法国哲学史。首先,从法国哲学的源头看,现代法国
哲学诞生于笛卡尔,其哲学开篇即围绕主体与同一性问题而展开。
这也是现代西方哲学的开端,按照黑格尔的见解,对以绝对确定性
为特征的真理的寻求标志着现代哲学的登场。不过在阿尔都塞看来,
笛卡尔哲学是"当代法国哲学的理论形势中,理性主义的唯心主义
要素的主要来源,并得到两种不同阐释的支持,一种是机械唯物主

---

① 〔法〕路易·阿尔都塞:《哲学的形势和马克思主义理论研究》,吴子枫译,《国
外理论动态》2014 年第 1 期。

② 即以巴黎-索邦大学为代表的法国古典人文研究机构。在当时,巴黎-索邦大学是
法国学术合法性的载体,也是代表人文学科研究的最高权力中心。大学在法国现
代历史上一直扮演着重要的政治角色,它不仅是培养各派政治家的制度性场所,
而且肩负着论证国家共和政体合法性的重任,这就使得学术与教育事业不得不受
到官方以及各种政治力量的反复审查与规训。因而,结构主义者对于旧学术体制
的抗争自然也就具有了政治行动的意味。

义，另一种是批判唯心主义"①。这两种阐释进路，体现在马克思主义的发展史上，即阿尔都塞猛烈批评的以第二国际和苏联教科书为代表的机械唯物主义和教条的经济决定论，以及以萨特的人道主义为代表的批判的唯心主义哲学。不过，这两种进路看似截然对立，实则分享着同一种问题框架（问题式），即唯心主义的问题式，因而都是笛卡尔理性主义的唯心主义的"门徒"。

对法国哲学走向影响至深的还有法国大革命，它同样奠定了法国思想的另一个鲜明底色，即哲学理论的高度政治化与对立化，对任何思想主题的探讨都试图立刻在当代的政治生活中发挥影响，并进一步在政治实践中检验思想的价值与意义。因而，当代法国思想在对待哲学与政治的关系上有着奇特的思维方式，一个理论是否能拥有一定的政治地位始终是无法绕开的考验，深刻复杂的哲学观点在舆论场中被简单地划归到不同的政治党派中，思想家本人或是主动或是被迫发表各种政治宣言并做出不同的政治姿态。哲学研究是泛政治化的，同时，政治研究也是泛哲学化的；对国家、阶级、政党与革命等政治问题的讨论往往是以研究主体与历史的哲学话语出现，几乎重要的政治理论著作都难以同一般的哲学著作相区别；不论是形而上学、认识论还是人道化的存在主义、科学式的结构主义都可以做理论延伸并对政治议题侃侃而谈。雷蒙·阿隆对法国思想界这一现象就曾伤感地说："在我们的时代，没有什么友谊能够抵挡得了政见的分歧，如果不想和友人分道扬镳，那么就跟他始终保持政治上的一致吧。道理虽是这样，但仍不免让人觉得伤心。"②

其次，进入 20 世纪后，对当代法国政治与哲学思想影响较深的是现象学—存在主义进路的"3H"（黑格尔、胡塞尔、海德格尔）。不过从内容上看，法国的现象学并不是原封不动地引自德国，而是

① 〔法〕路易·阿尔都塞：《哲学的形势和马克思主义理论研究》，吴子枫译，《国外理论动态》2014 年第 1 期。
② 转引自李岚《当知识分子遇到政治——从萨特、阿隆之争看二十世纪法国知识界》，《法国研究》2015 年第 1 期。

在自己的哲学传统与话语习惯上发展出的极具特色的哲学思潮。在这一学术转化与承接过程中，首先要提到的人物便是科耶夫，二战后法国思想中的各色元素在科耶夫的理论中几乎都能找到。科耶夫的理论内容主要是对黑格尔的辩证法做了极具个人化的阐释。出于俄罗斯人对本民族历史中流血革命与强人政治的熟稔，科耶夫的理论与看重黑格尔体系的同一性与调和性的传统释读习惯不同，他以一种激进化的历史叙事来呈现黑格尔哲学中关于理性的自我辩证运动。他认为，斗争、暴力、战争、革命等一系列非理性的行动才是推动人类历史否定性向前的动力。在这一创造历史的进程中，真理与道德之善的判定标准不是某些外在于历史的宗教或形而上学的先验观念，仅仅是人的行动，是人反抗现实秩序的行动最终决定了什么是真、什么是善、什么是美。换言之，只有通过革命的行动，才能挣脱虚假的意识形态的限制，世界历史的进程才是实在的，人类的理想也才能真正实现。①

不难发现，在这种对黑格尔哲学的解读中，"行动"② 是至关重要的，正是行动对现实的否定才为历史提供了向前的动力。科耶夫认为，黑格尔的辩证法讲清楚了人的行动与自由、否定性、历史的关系。自由的本质乃是否定性的创造，在历史中，人则是可以对现实加以否定的主体承担者，具有从"无"开始行动的唯一特权，即人是从"无"创造"有"，因而人是同自然存在不同的自由的存在。那么，人的行动是由于在每个事态的最初与最终状态间存在着"无"，人的意义就在于他为改变历史进程而采取的行动，即在否定性的行动中创造历史并实现人本身的意义。同样，人自身作为存在也就显示为向"非存在"（非其所是）的不断行动。这意味着在人的行动之外，历史中并不存在其他创造性的否定力量。所以，人是在否定性上被定义的，人作为历史的存在就在于他能够突破同一性

---

① 参见〔法〕亚历山大·科耶夫《黑格尔导读》，姜志辉译，译林出版社，2005，第 101 页。

② 科耶夫通常以"劳动"和"斗争"两个概念来阐释行动的含义。

而追求差异性的自由意志。人始终是其所非是，换言之，人是"虚无"的主体。

　　人们能说，归根结底，黑格尔的辩证法之所以有一种辩证特点，是因为他的辩证法试图解释自由，或者这样说也一样，本义上的行动，即有意识的和有意志的人的行动的现象；或者再换一种说法也一样，因为他的辩证法试图解释历史。总之，这种哲学之所以是辩证的，是因为它试图解释人在世界中存在的事实，揭示或描述实在地存在着的，即在其不可取消的特殊性中或本质上不同于自然的一切东西的人。

　　如果自由不同于一种梦幻或一种主观错觉，那么自由必定在现实（Wirklichkeit）中，自由仅仅在作为在实在事物中和对实在事物作用的行动实现时，才能在现实中。但是，如果行动是自由的，那么行动必然是任何一种给定的实在事物的必然结果；行动必然独立于这种给定物，作用于这种给定物，与之结合在一起，如果它实现自己，因而成为一个给定物的话。然而，黑格尔的出众之处是认识到这种在独立中的联系和这种在联系中的独立仅仅在有给定物的否定的时候才是可能的：自由＝行动＝否定性。但是，之所以行动独立于给定的实在事物，是因为行动否定实在事物，行动在实现的时候创造了某种与给定物相比本质上是新的东西。只有不断地从给定物中创造新的东西，自由才能在实在事物中维持，才能实在地延续。然而，真正的创造性发展过程，即本身不是过去通过现在的单纯延续的一个将来的具体化，叫作历史：自由＝否定性＝行动＝历史。但是，真正人性的东西，使人在本质上区别于动物的东西，就是人的历史性。理解历史，就是理解人，把人理解为一种自由的和历史的存在。只有考察人具有或实现的否定性，也就是描述人的实在存在，与本身一致又与本身不一致的一种存在（être）的存在（existence）的"辩证运动"，人们才能理解人，并把人理解为否定性。这就是为什么在黑格尔的科学中的描述有一种辩证特点。①

　　事实上，在科耶夫对黑格尔解读的过程中，最大的突破是将黑格尔思辨的论题转变为了具有现实内容的历史叙事，将"人"们间的矛盾和斗争带入了哲学研究中，使黑格尔的辩证法成为具有"历史唯物主义"倾向与鲜明政治实践倾向的历史理论。他向历史中注入了一个反抗的行动纲领，宣告否定性的行动以及差异性的存在（主体的行动就是成为其所不是）主宰着历史。可以说，对黑格尔哲学的这种解释，使得科耶夫开启了启蒙运动以来理性最为狂飙突进的时代，其理论遗产也在之后的法国哲学中以极为悖论的形式出现：他在历史中释放了差异性，甚至同一性的证明也必须依赖差异性，但差异最终还是要返回到同一中；他肯定人在历史中的主体地位，但又将人做了"虚无化"处理，成为后世"人之死"的最初来源。这种理性的辩证法在否定的意义上，使得"否定性"、"虚无"、"行动"（矛盾、斗争、革命）、"创造"（生产）、"差异性"、"延异"等范畴成为他之后法国哲学思想的核心概念；但同时又在肯定的意义上，使得同一性哲学只需同理性主体稍微结合，便会重新回到"我思"的传统。这也就是我们看到的，在此后任何反叛传统的理论行动中都潜藏着同一性的身影，都只是一位"理论天才"主导下的一场辩证法的"历险"。即使是在反黑格尔主义最盛行的时期，黑格尔，甚至是笛卡尔的幽灵也仍然在游荡。②

　　最后，是科耶夫之后的法国现象学与结构主义甚至是后结构主

---

① 〔法〕亚历山大·科耶夫：《黑格尔导读》，姜志辉译，译林出版社，2005，第574~575页。

② 虽然阿尔都塞对科耶夫不屑一顾（参见〔法〕阿尔都塞《来日方长：阿尔都塞自传》，蔡鸿滨译，陈越校，上海人民出版社，2013，第188页），但科耶夫关于历史终结与生死斗争的思想几乎是以文化潜意识般的方式深刻影响着他。阿尔都塞所认为的只有通过彻底的阶级斗争和理论斗争才能获得无产阶级革命胜利的观点，我们在其中都能看到科耶夫的影响。（参见〔法〕阿尔都塞《马基雅维利和我们》，载陈越编译《哲学与政治：阿尔都塞读本》，吉林人民出版社，2003，第442页；〔法〕阿尔都塞《论再生产》，吴子枫译，西北大学出版社，2019，第198~201页。）

义思潮。对于这些理论来说，科耶夫对黑格尔的激进式解读预示了它们此后的发展趋势以及基本特质。其不仅体现于马克思主义在法国的发展命运中，也体现在了当代法国政治思想与当代法国哲学的发展命运中。一切具有革命与反叛倾向的实践行动，一切拆解历史与主体意义的哲学理论，都将在科耶夫思想中汲取充分的资源。但任何坚定的反黑格尔主义者，也都会在暗中完成向绝对精神的复归。这些反传统、去中心，强调差异性与多元化的哲学，实质上都难以克制追求绝对同一性的理论冲动。萨特的人道主义如此，结构主义的社会人类学如此，阿尔都塞的"理论主义倾向"也是如此。

　　萨特对科耶夫的行动哲学做了更为通俗的演绎，进而为马克思主义的政治理论赋予了一个存在主义的基础，主体的个人经验（无产阶级）与历史的宏大叙事（共产主义事业）同频共振、休戚相关。"马克思主义的阶级斗争和革命必然性理论的真理在于个人经验，在于意识到自身作为被剥削者或剥削者的生存，并自由地选择投入到支持或反抗一个在意识之间达到普遍承认的社会的斗争，赋予生命以意义。"① 行动在此就转变为了实践，实践也成为事物意义的来源。那么，萨特所谓的人道主义的无神论，也就是把神圣性归于人类主体而已。虽然他反复强调自己的存在主义是具体的实践哲学，但这在哲学形式上仍然是唯心主义。这就是萨特在政治理论上所面对的困境，即归根到底地说，萨特并不是为了政治上的反抗而构建理论上的反抗，而只是为了满足理论的反抗而进行政治上的反抗。因而对于萨特本人来说，存在主义的政治并无特定的政治立场与阶级归属，理论上的抗争同赞成或反对的政治对象也没有实际关系，革命的对象是不确定的，或者说，革命的对象完全依赖于理论内部不断进行的否定性运动。当萨特认为共产主义以及共产党是现存秩序的威胁时，他就支持法共与苏联；当萨特认为法共与苏联已经异化为一个官僚体制时，他就将政治立场颠倒过来，倾心于中国。就

---

① 〔法〕文森特·德贡布：《当代法国哲学》，王寅丽译，新星出版社，2007，第157页。

这样，从攻击资本主义转向反对共产党，从支持无产阶级的国际主义转向支持殖民地的民族主义，从支持工人转向支持学生，从支持男人转向支持女权。

至于结构主义，情况仍然相同。从根本上说，结构主义的理论追求也是放弃历史与主体，但仍希望对现实进行审视与批判。从前一个特征看，它必然反对它的理论前辈——法国的现象学；从后面的要求看，它实则又与现象学的政治理想殊途同归。但如何可能呢？这就要仰仗科学的研究方法。又如何定义新的研究方法是科学的？这就必须真正摆脱"我思之我"。事实上，法国现象学的内在矛盾就体现在：一方面它力图通过更为精致的现象学还原，从而超越"主—客"的二元对立；另一方面，它又试图通过一个更为强大的"我思"① 来达到这个目标。"存在"向意识呈现自身存在的意义，因而等同于"为我的存在"，这一传统形而上学的公式在法国现象学中仍然成立。对于这一困境的认识以及如何摆脱的方法，梅洛-庞蒂曾精辟地谈道："如果抛弃黑格尔的客观精神的资源，我们如何避免作为物的存在和作为意识的存在的两难困境，如何理解在历史形式和作为整体的历史中游荡的普遍化意义，它们不是任何一个我思的思想，相反唤起了所有的我思？"② 而正是"结构"概念为这个"如何"提供了解困之法："存在于我们之外的自然和社会体系中，和存在于我们之内的作为象征符号功能的结构指出了一种超越从笛卡尔直到黑格尔一直统治着哲学的主—客关系的道路。"③ 语言理论、符号学作为结构主义思潮中的"显学"，其突破性意义就在于它们能够提供一种既不在人类的理性整体之外，但又不属于个体理性，既非物也非理念的中间性学术话语。"符号"，正是满足上述条件且存在于所有主体意识之中的理性形式。这样看来，科学的相对客观性

① 能在彰显自由价值的实践中创造因果性的"神圣"主体。
② 转引自〔法〕文森特·德贡布《当代法国哲学》，王寅丽译，新星出版社，2007，第98页。
③ 转引自〔法〕文森特·德贡布《当代法国哲学》，王寅丽译，新星出版社，2007，第98页。

就达成了。

不过，结构主义的革命性也只是相对的彻底。从思想史的渊源看，结构主义去黑格尔化的努力是通过求助尼采式的怀疑来完成的，但尼采的怀疑主义是要由一个"理论强人"来推行的。因而当结构主义采用"无意识的结构"这一概念，来排除主体与告别历史时，同一性的阴影并没有就此散去。与同一逻辑相反，结构主义的出发点确实是立足于差异性。列维-施特劳斯说："结构之路之所以畅通无阻，是因为它解释了神话学与经济形势、结构与历史起伏之间诸多复杂的相互关系。"① 但这也恰恰说明了，结构概念在操作中很容易被重新还原到系统的统一体或"总体性"的观念上，以结构的总体性替换黑格尔的总体性范畴。这不仅再次印证了黑格尔辩证法的教导——对非理性的探索最终还是要将其整合进自己扩大的理性之中。正如福柯所说："结构主义并不是一种新方法，而是被唤醒的、令人焦躁不安的现代思想意识。"② 那些看似是同一逻辑的对立面，历史中的暴力、事件的偶然性、无意识的疯癫，总之，长期游离于主体视野边缘的"无意义"之物，也就被重新纳入了主体意识之中。因此，当结构主义宣称自己超越了同一性时，其重点不过是放在了"结构"身上，把结构予以本体论化；而在"结构"的身后，不难发现一批新主体的诞生，他们是结构主义学家所代表的"理论天才"。最终，结构主义只是与现象学在理论立场上鲜明对立，而在实质精神上却殊途同归。在科学与理论的名义下，结构主义成了同一性哲学的替代之物。

毋庸置疑，阿尔都塞深受这种法国哲学气候的影响，无论是其前期突出"哲学战场"的意义，还是其后期理论侧重转向后强调对阶级对抗和阶级斗争作"具体分析"③，在阿尔都塞的哲学中，对

---

① 转引自〔法〕弗朗索瓦·多斯《结构主义史》，季广茂译，金城出版社，2012，第 203 页。

② Michel Foucault, *The Order of Things: An Archaeology of the Human Sciences*, New York: Routledge, 2002, p. 226.

③ 〔法〕阿尔都塞：《怎么办?》，陈越、王宁泊、张靖松译，西北大学出版社，2023，第 6~7 页。

抗、斗争、行动都是其哲学思考的"绝对开端"。但理论上对革命的抽象辩护，只会造成行动上的真实背叛。回顾阿尔都塞的哲学历程，他以结构的科学理论取代整体化的历史观，以决定论和客观化排除人道主义的主体观，乃至于他为此犯下的"理论主义错误"，即在肯定革命行动的理论证明中，始终无法克制以思想性的主体去取代实践性的主体的冲动①，无不带有结构总体性逻辑的影子，因而也是黑格尔总体性的身影。而这一理论中的应然与实然间的张力，实则贯穿于科耶夫以降整个法国左翼政治思想之中。但不可否认的是，阿尔都塞把结构主义引入马克思主义中，进而对当代资本主义社会、无产阶级革命政治进行与时俱进的研究，满足了当代法国哲学的政治性要求；同时将马克思主义改造成为真理化身的结构主义哲学理论，又撑起了当代法国哲学的学术雄心。马克思主义成了这两大诉求的完美交叉点，也成了20世纪60年代法国最耀眼的理论智慧。②

第二节 "哲学战场"与意识形态斗争

阿尔都塞始终认为，哲学并不是一个自主的独立王国，不具有将鲜活的现实和多样的实践纳入共性原则之下的特权。哲学作为一种理论与知识的呈现体系仅是人类各种社会实践中的一个特殊形式，与其他各种实践互动并受其他实践方式的影响。哲学的存在必须奠基于社会客观存在之上，其自身的发展也必须走向哲学广阔的外部，走向构成其自身的社会空间。而在阶级社会中，哲学的外部就是阶级间利益的冲突以及政治上的斗争。因而，哲学必然在理论中代表着不同阶级的立场，哲学同样处于政治行动和阶级斗争的领域之中。"哲

---

① 事实上，这些共性我们在萨特的存在主义和人道主义，以及反历史与反主体的结构主义思想家身上都能看到。

② 需要指出的是，本小节中所呈现的政治与思想背景，其影响时间虽然囊括整个法国战后阶段，但具体"形势"的变化仍是细微可见的。因而，更仔细地说，这一阶段的政治与思想背景主要是针对阿尔都塞1965年的作品而言的，至于他20世纪70年代之后的理论发展，本书后续章节会详细介绍。

学战场"，正是阿尔都塞对哲学领域中的理论斗争所做的形象描述，也是阿尔都塞理论实践与哲学实践的开端与生长点。从这一战场出发，阿尔都塞开始了自己的哲学人生。

一 新形势下理论与实践的无休辩证

阿尔都塞决定理论介入的背景是二战后西欧特殊的历史形势：冷战之下的两极阵营已经形成，面临社会主义制度挑战的西方资本主义国家采取了各种措施缓和阶级矛盾，并在思想界有意识地推行"去意识形态化"的文化政策，东西方社会制度、意识形态、经济社会发展模式日渐全面对立。历史发展与社会议程的变化，使得身处核心资本主义国家中的阿尔都塞必须思考无产阶级革命政治开展的新方式以及向社会主义过渡的新政治路线，并随时回应发生在一个"他者"世界里，即社会主义阵营中的各种事件，以及资产阶级意识形态借机对马克思主义的攻击。此外，面对如此严峻的挑战，法国共产党内的官僚主义和理论教条倾向仍然严重，"在客观上除了纯理论的形式外，在党内根本不存在其他可能的政治干预形式"①。

作为无产阶级革命斗争的一种基本形式，在思想文化理论领域开展意识形态斗争如今却成了阿尔都塞可以参与的唯一形式。那么，哲学如何言说政治甚至是介入无产阶级的革命政治，也就是阿尔都塞所说的"哲学即政治"就成为一个非常严峻的理论问题。其中的困难就在于，在西欧社会中，马克思主义的理论创新与社会主义的实践已不能直接互动，而在西方共产主义以及左翼阵营内部，越来越多的人重新将理论的中心问题转向哲学，特别是退回到马克思的早期著作中去寻找理论依据。"随着欧洲马克思主义越来越不把经济或政治作为其理论上关注的中心问题，它的整个重心从根本上转向了哲学。"② 那么，无产阶级的革命行动应采取

---

① 〔法〕阿尔都塞：《来日方长：阿尔都塞自传》，蔡鸿滨译，陈越校，上海人民出版社，2013，第210页。

② 〔英〕佩里·安德森：《西方马克思主义探讨》，高铦、文贯中、魏章玲译，人民出版社，1981，第65页。

什么样的方式？这种斗争方式又能从哪里开始？推动新的革命政治实践开始的理论依据是什么？这种理论在可能到来的政治行动中如何证明自己的直接在场性？如何通过理论斗争创制一种新的革命政治话语和无产阶级的霸权理论，这里的方式方法与行动策略又是什么？

　　这些问题不是同时出现在阿尔都塞视野中的，而是伴随他理论实践的展开而逐渐呈现出来的。但不管面对如何变化的斗争"形势"（conjoncture）①，阿尔都塞始终不变的是通过批判各种意识形态的哲学来寻找理论的"断裂"，并以"断裂"为"起源／开始"来把握无产阶级政治实践的最新内容，从而不断调整自己的研究重点，这也成了阿尔都塞一生的理论风格。所以，阿尔都塞的哲学主题一直是非常明确的，也就是他自始至终反复强调的："这种（理论——引者注）努力的全部意义都在于提出并捍卫一个简单的观念：一个马克思主义者不能不彻底思考斗争、不彻底思考他所从事并献身的这场战斗的条件、机制和赌注，就在他所写的东西和所做的事情中进行斗争。"② 在理论领域进行斗争，即阿尔都塞口中的"哲学归根到底是理论中的阶级斗争"是其鲜明的思想底色。这一定位不仅是他发展和丰富马克思主义的有力突破口，也是他努力践行马克思关于理论与实践相统一教导的最好说明。

　　如何证明哲学事业的合法性，即解释哲学作为哲学而存在的理由？更确切地说，如何使哲学与政治紧密关联、使理论与实践真正统一？从文献学的角度看，对于这一难题的回答，阿尔都塞最晚开始于1957年10月8日。在这一天，《开放的圈子》杂志围绕"人人都能搞哲学吗？"这一问题展开了一次开放性的辩论。阿尔都塞对于这一辩论的看法，在两个月后就以《人人都能搞哲学吗？》为题发表

---

①　形势（conjoncture）是一系列历史—政治事件的汇合（conjonction），表明各种力量处于不稳定的结构状态。这是阿尔都塞思想中的一个重要概念，本书在第四章中将给予阐释。

②　〔法〕阿尔都塞：《在哲学中成为马克思主义者容易吗？》，载陈越编译《哲学与政治：阿尔都塞读本》，吉林人民出版社，2003，第176页。

在了《开放的圈子》杂志上。在文中，阿尔都塞探讨了哲学可能是什么，哲学如何为自己提供合法性的论证等重要问题；并解释了所有哲学都不可避免陷入的悲剧，即为了摆脱既有的哲学体系，哲学家不得不创立另一个哲学体系，从而再次陷入意识形态的泥潭之中。当然，阿尔都塞也给出了解决办法，那就是回到马克思，重温马克思"终结哲学"的事业。①

1961 年，更直接的回答来自阿尔都塞在《思想》杂志上发表的《论青年马克思（理论问题）》（后收入《保卫马克思》中）一文。按照巴里巴尔（也译作巴利巴尔）的叙述，"这是阿尔都塞式的马克思解读的最初宣言"②。在这篇标志阿尔都塞正式介入政治与意识形态斗争的文章中，阿尔都塞开篇即表达了"理论问题首先是政治问题"的观点，他对马克思的理论解读也正是效仿了马克思青年时期与德国的思辨哲学和意识形态展开斗争的辩论形式。③ 阿尔都塞认为，马克思的这些辩论不仅使理论走出了传统哲学意识形态的束缚，更成了指导阶级斗争的科学理论，深度介入了当时的工人运动和无产阶级革命。而他就是要重温马克思当年的意识形态斗争过程，包括在理论中遭到的突然袭击、如何战斗反击、运用什么斗争策略等，来应对今日马克思主义内部的资产阶级意识形态化的威胁。事实上，阿尔都塞早在 1946 年《善意的国际》一文中就已开始讨论意识形态问题。"我们面对的是一个缺乏内在必然性的真实现象：意识形态。这是一种观念倾向，如果没有在它的表现形式中抓住它的内容，就不可能历史地理解它。"④ 可见，阿尔都塞在此处对于意识形态的虚假性已有清晰认识，同时也模糊地认识到意识形态并不只是主观上的观念，其作为社会中的客观存在具有"真实现象"。虽然阿尔都塞

---

① 参见〔法〕阿尔都塞《在哲学中成为马克思主义者》，吴子枫译，北京出版社，2022，第 317~326 页。
② 〔法〕阿尔都塞：《保卫马克思》，顾良译，商务印书馆，2010，第 257 页。
③ 〔法〕阿尔都塞：《保卫马克思》，顾良译，商务印书馆，2010，第 35 页。
④ 〔法〕阿尔都塞：《善意的国际》，载〔法〕阿尔都塞《黑格尔的幽灵——政治哲学论文集》〔I〕，唐正东、吴静译，南京大学出版社，2005，第 16 页。

此时还没有深入接触马克思主义，但我们已完全可以从他对于意识形态虚假本质的认定上，看到其此后构建科学理论来与之相对抗的理论逻辑。

对于阿尔都塞思想的特点，特里·伊格尔顿有非常独特的见解。他注意到阿尔都塞在对哲学的理解中也潜藏着前马克思主义的因素，即在天主教的信仰里，身体力行尤为重要，行动践行着信仰，观念也必然要呈现出实践性。这或许也暗示了阿尔都塞之后关于哲学与政治、关于意识形态的一般看法，即意识形态不仅是主观意识层面的观念，同时也具有客观的物质实践性。联想到阿尔都塞在此后反复使用"总是已经"（toujours déjà）① 来表达意识形态的共时性与物质性特征，尤其是相对于经济基础，单独探讨上层建筑中意识形态所具备的实践性与社会职能，以及无产阶级基于意识形态的这些特点主动展开的理论斗争实践的做法，我们可以说，阿尔都塞通过对意识形态的斗争实践来介入历史—政治形势并改变社会现实的想法由来已久，且根深蒂固。甚至于某种程度上，这些最初的想法主导了他此后对于马克思以及"唯物主义"的理解。② 即这里存在着双重实践：其一，意识形态具有物质实践性；其二，意识形态斗争同样也是一种特殊的哲学实践和政治实践（哲学即政治）。

进入 20 世纪 60 年代，阿尔都塞迎来了理论的爆发期，标志事件是 1965 年《保卫马克思》的出版，以及《读〈资本论〉》、论文《历史唯物主义和辩证唯物主义》（1966）的问世。具体来说，阿尔都塞这批作品中的主要哲学思想，其直接目标可以归结为"保卫马克思主义理论的科学性"。这一理论行动（介入/干预）包含两部分内容。其一是解决马克思主义自身的科学性问题，即发展一种新的历史科学来抵抗当时马克思主义理论研究的意识形态化倾向，尤其是反对唯心主义的各种"起源论""目的论"，人道主义哲学、经济

---

① 〔法〕阿图塞（阿尔都塞）：《论再生产》，吴子枫译，西北大学出版社，2019，第 371 页。

② 本书将在第四章进行详细阐释。

决定论等意识形态学说；同时对发生在社会主义阵营以及资本主义社会中的各种现象给出合理解释。其二是科学的马克思主义理论的运用问题，即这种作为发展了的历史唯物主义和辩证唯物主义如何指导无产阶级革命实践，尤其是如何指导理论斗争实践。值得注意的是，阿尔都塞详细阐述了马克思历史科学的一些基本命题，并依据"多元决定论"提高了思想文化以及意识形态领域的斗争在阶级斗争中的地位和重要性，进而提醒无产阶级要时刻关注意识形态领导权问题，并沿着正确的革命道路（通过灵活的斗争方式，建立无产阶级专政）永葆革命斗志。此外，在这批作品中，一些概念如断裂、理论实践、意识形态、多元决定、偶然性、错位（décalage）、矛盾的不平衡、结构空间理论等支撑阿尔都塞后期思想的核心关注点也几乎都在此时出现，并通过之后漫长的"自我批判"一直延续至晚年"偶然相遇的唯物主义"思想中。可以说，阿尔都塞在这一阶段的理论介入基本奠定了其独特的革命政治话语和无产阶级霸权理论的基础，并通过"哲学战场"与"断裂"串连起了其理论斗争品质与个人思想风格。

　　阿尔都塞坚信"没有革命的理论，就没有革命的行动"，而革命的理论一定是彻底的、科学的理论。阿尔都塞一生都未改变这一信念，但他对于"革命的理论"的理解却前后稍有侧重，在前期的理论斗争中更倾向于科学的认识理论，而在后期更倾向于革命的行动理论。不过这一区分只在理论"倾向/侧重"① 的层面上成立，且两种倾向实则都产生于以 1965 年出版的《保卫马克思》为代表的第一批作品中。在这些作品中，由于阿尔都塞与结构总体性逻辑的"暧昧"关系以及其理论主义的野心，他为反对意识形态而创制的哲学理论却陷入了与意识形态一样的同一性逻辑中。因而，这一时段的理论实践更多地被认为"提供了柏拉图版的马克思主义"②，阿尔都塞介入意

---

① 〔法〕阿图塞（阿尔都塞）：《自我批评论文集》，杜章智、沈起予译，（台北）远流出版事业股份有限公司，1990，第 160 页。

② 〔法〕雅克·德里达：《书写与差异》，张宁译，生活·读书·新知三联书店，2001，第 46 页。

识形态斗争的第一次尝试没有带来他想要的政治效果。在此之后，最迟到 1967 年 10 月①，阿尔都塞开始逐渐调整前期的"理论主义"倾向，明确将自己的理论实践定义为"理论中的阶级斗争"，这也预示着其哲学立场的完全确立以及思想激进化的开始。

在"自我批评"过程中，阿尔都塞认识到，与斗争对象采用同一套哲学话语，只会使自身也异化为对方，自己第一阶段的理论仍是一种思辨的哲学意识形态。要想引导无产阶级革命实践并真正地战胜资产阶级，就要更彻底地以"矫枉过正"的方式去思考现实性、思考无产阶级在现实斗争中的方式方法与目的策略。而 1968 年"五月风暴"事件的爆发，不仅证明了阿尔都塞反主体事业的先见性，而且将"结构"的力量前所未有地展现在了世人面前，正如拉康所言："如果说五月发生的事件还能说明些什么，那它们说明了，正是结构走到了大街上。"②"五月风暴"事件，使得人们再次意识到结构主义对于理解当代资本主义社会的重要性；同时，"新左派发现，他们需要一个他们自己的结构来与资产阶级社会的结构作斗争。而为了更有效地同资产阶级社会的结构作斗争，他们还需要理解这些结构。因此，很多五月事件的活动分子现在转到结构主义者方面来取得这种理解"③。

正是在这一形势下，阿尔都塞将哲学思考彻底地由认识论领域转到社会存在领域，开始尝试对资产阶级意识形态的运行机制、社会职能、存在方式、阶级倾向等问题做出系统解释。在《论再生产》一书中，阿尔都塞提出了意识形态国家机器理论，并就政党与无产阶级政治实践等问题做了重点阐述。这些研究有效地回应了时代的理论需要，而且突破了经典马克思主义经济基础与上层建筑的旧有

---

① 〔法〕阿尔都塞：《怎么办?》，陈越、王宁泊、张靖松译，西北大学出版社，2023，第 190 页。

② 转引自〔法〕弗朗索瓦·多斯《从结构到解构：法国 20 世纪思想主潮》下卷，季广茂译，中央编译出版社，2004，第 227 页。

③ 〔美〕亚瑟·希尔施：《阿尔都塞和结构主义马克思主义的兴起》，载《马列主义研究资料》第 5 辑，龙溪译，1983，第 170 页。

理论框架，将意识形态上层建筑的再生产功能直接展现在了无产阶级面前。阿尔都塞指出，意识形态不仅不是虚假的幻想，在当代社会中更是物质性的存在，有着制度性的实践机制。正是基于这一理解，阿尔都塞向人们解释了为何西欧发达资本主义国家向社会主义过渡具有长期性，进而也证明了无产阶级在过渡阶段坚持意识形态长期斗争以及推翻资产阶级国家机器的必要性。不难看出，这些思想都极大地开拓了无产阶级政治实践的空间，甚至启发了此后的后马克思主义的激进政治思潮。

　　进入 20 世纪 70 年代，法国共产党在坚持无产阶级专政等关键方面日渐退步消沉。在 1976 年 2 月法共二十二大上，法共总书记乔治·马歇宣布放弃暴力革命和无产阶级专政，法共将改弦易辙执行新的政治路线。正是在这一形势下，阿尔都塞开始系统性地批评法共的政治路线、组织路线和理论意识形态政策，呼吁对马克思主义进行更为激进的解释，同时也加快了对新唯物主义哲学基础的研究。这一时期，阿尔都塞在理论实践中开始频繁谈及马基雅维利。事实上，阿尔都塞也正是通过"绕行"马基雅维利来为他的革命政治话语和无产阶级的斗争方式寻找哲学上的开端和支持。在对马基雅维利的研究[①]中，阿尔都塞从哲学层面再次深化了对理论斗争与集体政治行动相互结合的可能性演示，即通过"多元决定论"与"新君主"思想，在传统的"经济—阶级—革命"概念的必然性"断裂"之处重新接入革命可能性的概念。换言之，正是通过哲学与意识形

————————

① 根据陈越对《马基雅维利和我们》（载陈越编译《哲学与政治：阿尔都塞读本》，吉林人民出版社，2003，第 376 页）一文的介绍，阿尔都塞于 1962 年第一次在巴黎高等师范学院开设了关于马基雅维利的课程［这些部分的讲义可参见〔法〕阿尔都塞《政治与历史：从马基雅维利到马克思（1955—1972 年高等师范学校讲义）》，吴子枫译，西北大学出版社，2018］。之后，阿尔都塞做了大量的修改和补充，且这部分工作主要是在阿尔都塞最后的时间（1986 年前后）中完成。值得注意的是，对马基雅维利的思考在阿尔都塞晚年占有极大的比重，且这部分内容都直接同阿尔都塞晚年提出的"偶然唯物主义"理论相关。1986 年，阿尔都塞又写了《哲学家马基雅维利》的手稿，正是在这一思考的持续进行中，阿尔都塞提出了马基雅维利属于"一个在哲学史上几乎完全不被认可的唯物主义传统"。

态的彻底"断裂",进而在理论创制中打开一个"空场",才能展开对现实政治形势的具体分析。无产阶级通过这个"空场",也就是通过在理论斗争中所呈现出的"偶然"与"虚空",抓住机会、果断行动,从而最终实现自己的政治目标。

可以看到,这是一种与历史唯物主义有着很大不同的哲学理论,是一种从"虚空"开始,把"断裂"、"形势"、"偶然/机遇(机运)"、事件等概念加以考虑的全新的哲学话语。阿尔都塞也正是依据"偶然唯物论",打开、形成了一种从"偶然"与"虚空"开始的新的哲学通道与政治行动方案。但必须指出的是,阿尔都塞在推进哲学激进化的过程中,也使得自己的理论日益私人化、学院化,最终彻底遗忘了无产阶级与无产阶级政党的革命主体地位,成为革命政治受困后一种急切但也无奈的激进表态。虽然阿尔都塞不懈地探索意识形态斗争与集体政治行动之间的接合方式,但对哲学与政治,即"理论主体"与"行动主体"之间关系的难题始终无法完全解决。在阿尔都塞的理论斗争中总有挥之不去的"理论主义"色彩。

阿尔都塞的哲学探索并不是一帆风顺的,而是充满了曲折和理论上的错误。可以说,理论与实践的辩证,贯穿阿尔都塞哲学思想始终。阿尔都塞的哲学思想有着前后期的区分和理论侧重的转折,但我们仍然可以以共时性的空间视角来理解阿尔都塞哲学的逻辑框架。阿尔都塞的理论努力是一直尝试为马克思主义哲学下一个力所能及的科学定义:"什么是马克思主义哲学?它的独创性在什么地方?为什么它是革命的武器?"① 无论是一直强调要发展马克思主义的历史科学,还是在此基础上讨论这一科学理论的运用问题,即讨论当代资本主义社会背景下的阶级斗争问题,阿尔都塞都在反复证明,只有站在无产阶级的哲学立场上,即为了召唤和推动现实中的阶级革命,马克思列宁的哲学才是科学的、革命的理论。这似乎是一个循环论证,因为阿尔都塞是在告诉我们:因为马克思列宁的哲学是科学的,所以它是科学的;因为它是革命的,所以它是革命的。

---

① 〔法〕阿尔都塞:《论再生产》,吴子枫译,西北大学出版社,2019,第47页。

而实际上这正是阿尔都塞关于马克思列宁的哲学的根本观点，也是他继承自列宁的对于马克思思想的根本看法："'马克思学说具有无限力量，就是因为它正确。'（不是因为它能够被它的成败所检验，所以它才正确，而是因为它正确，所以它才能被它的成败所检验）。"① 那么，马克思列宁的哲学的本意就是无论时代怎么发展，理论时刻都要代表无产阶级的立场②，并坚定地同一切非马克思主义的意识形态做斗争。

　　阿尔都塞始终将哲学看作一个"永恒的战场"。换言之，阿尔都塞确立了一种新的哲学观：哲学并不是一个拥有自主性的王国，哲学研究也不应当谋求建立关于某个客观对象的知识体系，哲学实则是一种没有"客观对象、只有政治目标和风险赌注的理论斗争"③。这种斗争隶属于意识形态的上层建筑领域，但在阿尔都塞看来，这种斗争必然要溢出意识形态的范围，干扰甚至改变资产阶级国家政权的运行以及生产关系的再生产。这就不难理解阿尔都塞的思想历程中为何会出现令人颇为困惑的思想循环——从前期的哲学研究转向后期的政治和社会形态的科学研究，又从后期的政治和社会形态的科学研究重新转回哲学研究。其中的原因就在于，阿尔都塞非常清楚他所身处其中的哲学战场以及他所参与的斗争的性质，清楚这一斗争需要什么样的理论支持、需要完成什么样的政治目标、需要采取什么样的斗争策略。实际上，阿尔都塞所需要的就是"科学研究"和"哲学研究"互相支撑拱卫，从而实现理论与实践的统一。

二　哲学战场：保卫马克思的核心场域

　　从思想史的角度看，哲学本身就具有"战场"的性质。阿尔都

---

① 〔法〕阿尔都塞：《在哲学中成为马克思主义者容易吗?》，载陈越编译《哲学与政治：阿尔都塞读本》，吉林人民出版社，2003，第177页。（其中语录出自列宁《马克思主义的三个来源和三个组成部分》，载《列宁全集》第23卷，人民出版社，1990，第41页。）

② "立场"即"阵地"。

③ 〔法〕阿尔都塞：《在哲学中成为马克思主义者容易吗?》，载陈越编译《哲学与政治：阿尔都塞读本》，吉林人民出版社，2003，第176页。

塞的哲学思想同样分享了这一特性，即任何哲学都只有在与其他哲学的对抗中，才能证明自己存在的合法性。即"伟大的哲学家'是根据他们所拒绝的哲学来'定义自己的。哲学是一场'战斗'，其中每个战士都'觉得有必要摆脱现有的哲学'。因此，力图摆脱哲学是最初的哲学行为。每位哲学家都生来就是反-哲学家"①。从理论角度看，阿尔都塞思想的独特之处就在于，他进入"哲学战场"是通过回到马克思来进行的。同整个 20 世纪西方哲学"回到……"的思潮一致，阿尔都塞深刻地认识到，马克思主义的哲学思想远没有被挖掘殆尽，在资本主义世界秩序日益稳固，无产阶级革命事业步入低谷之时，只有重新回到马克思的哲学中，温习他曾开创的理论与实践成就，才能帮助今日的马克思主义者摆脱意识形态哲学的威胁，并开启属于自己的革命时代。阿尔都塞接受了马克思的教导："哲学家们只是用不同的方式解释世界，问题在于改变世界。"② 马克思"哲学革命"的重要意义不仅仅在于它彻底清算了先前的旧哲学信仰和唯心主义传统，更在于马克思主义以工人群众可以理解的理论方式成为他们在革命实践中改造世界的有力武器。

保卫马克思，就要效仿马克思所做的一切，阿尔都塞哲学的第一步就是回到马克思科学理论的"起源/开始"之处，即科学理论产生的场域之中。他认为，这一"绝对的开端"就是马克思同各类意识形态永恒之战的"哲学战场"③，这一"战场"是此后一切理论革

---

① 〔法〕戈什加林：《法文版序》，载〔法〕阿尔都塞《在哲学中成为马克思主义者》，吴子枫译，北京出版社，2022，第 9 页。
② 《马克思恩格斯文集》第 1 卷，人民出版社，2009，第 502 页。
③ 阿尔都塞经常使用康德的这一概念，来表达自己所从事的理论工作。比如："我根据自己的唯物主义观构成了一整套关于哲学的体系，认为哲学（在每门科学都有一些对象的意义上）没有对象，只有论战的和实践的赌注；于是，按照我同时建立的政治思想的模式，我致力于使哲学发展一种论战的和实践的观念：提出论点，用以反对现有的其他论点，这个 Kampfplatz（康德语）代表的是社会的、政治的和意识形态的阶级斗争场所在理论中的回声。"（参见陈越编译《哲学与政治：阿尔都塞读本》，吉林人民出版社，2003，第 173 页；〔法〕阿尔都塞《来日方长：阿尔都塞自传》，蔡鸿滨译，陈越校，上海人民出版社，2013，第 178 页。）

命和阶级斗争的起点，也是理论与实践真正相结合的开端。这就与同一性哲学以及人道主义拉开了理论距离，即与设定一个主体作为认识理论或历史理论的逻辑"起源/开始"不同，阿尔都塞将理论逻辑的"起源/开始"设定在了哲学要把握现实中的"斗争、对抗以及行动"（1965年的阿尔都塞强调的更多的是"反对把马克思主义理论做意识形态解读的斗争"①）。事实上，阿尔都塞正是敏锐地把握住了马克思思想中以《关于费尔巴哈的提纲》和《德意志意识形态》为界的前后两个阶段词语和概念的明显不同，由此认定在马克思的科学理论形成过程中，存在一个与前意识形态哲学理论的"断裂"。这次断裂同时也是一次理论斗争，之后，理论创新与革命行动就开启了良性互动的过程，理论开始以彻底现实的姿态思考实践，实践也以现实完整的面貌进入理论视野中。科学理论成为现实，革命行动也成为可能。那么，马克思主义理论就永远是面向现实的"正在进行中的理论革命"②；同样，无产阶级的革命实践也就永远是科学理论指导下的"正在进行中的革命实践"。

在破旧立新之中重建马克思主义理论的科学性与解释力，这就是阿尔都塞哲学思想的全部意义，尽管之后他不断受到各种批评并不断修正他的观点，但他从没有放弃借由与意识形态的"断裂"来寻求革命哲学的全新开始。阿尔都塞就是通过这一"哲学战场"全面激活了马克思主义理论的斗争性，使之在与意识形态的一次次"断裂"中获得科学理论不断发展的起点，进而成为无产阶级革命实践在不同时代背景下的科学指导思想。于是，阿尔都塞所有的哲学概念，如认识论断裂、症候阅读、总问题、理论实践、多元决定（surdétermination/overdetermination）、无主体、哲学实践、哲学的位置/立场、理论中的阶级斗争、意识形态国家机器、新君主、虚空（vacuite/void）、形势（conjoncture）、偶然/机遇③等，都是为了回到"哲学战场"中，即

---

① 〔法〕路易·阿尔都塞：《哲学的形势和马克思主义理论研究》，吴子枫译，《国外理论动态》2014年第1期。
② 〔法〕阿尔都塞：《保卫马克思》，顾良译，商务印书馆，2010，第164页。
③ 法文为"hasard"，可译为"偶然性"、"机遇"或"机会"。

在与既往一切意识形态哲学的斗争过程中，不断突破同一性哲学的限制，进而将马克思主义置于生成性的理论场域之中，同时也以科学理论的面貌介入政治形势并成为阶级斗争实践的一部分。阿尔都塞以理论宣言的形式推动了马克思主义理论的与时俱进，同时也以彻底的斗争姿态捍卫了无产阶级继续革命的可能性。巴里巴尔曾评价道："当这部作品于1965年第一次出版时，它既是依某种方式、依这种方式的逻辑和准则解读马克思的一个宣言，也是保卫马克思主义，更确切地说保卫真正的马克思主义（这是与'党'以及运动不可分离的理论和哲学，并且被明确地要求着）的宣言。"①

巴里巴尔的评价实际上不仅仅适用于1965年的《保卫马克思》，对于阿尔都塞一生的哲学斗争都是一个很好的总结。可以看到，阿尔都塞不论是在阅读、研究、讨论、运用马克思的理论过程中，还是在对待其他重要思想家如列宁、毛泽东、马基雅维利、斯宾诺莎、卢梭、孟德斯鸠等的理论时，都以相同的方法（断裂）、相同的政治立场、相同的理论宣言（如马克思的《共产党宣言》、列宁的《怎么办?》、毛泽东的《矛盾论》、马基雅维利的《君主论》等）来使自己的理论努力像马克思的理论一样更具论辩性、开放性以及改变历史进程的强大力量。哲学即政治，哲学不仅仅是学术问题，更是政治问题。哲学的政治任务就是发展出指导革命实践的科学理论。对于阿尔都塞来说，科学理论的全部价值就在于牢记恩格斯的教导："马克思的整个世界观不是教义，而是方法。它提供的不是现成的教条，而是进一步研究的出发点和供这种研究使用的方法。"②

"哲学战场—断裂—科学理论与政治革命的起源/开始"③，进入

---

① 〔法〕巴里巴尔：《1996年重版前言》，载〔法〕阿尔都塞《保卫马克思》，顾良译，商务印书馆，2010，第1页。

② 《马克思恩格斯文集》第10卷，人民出版社，2009，第691页。

③ 在本书第四章中，我们还会看到这一理论逻辑的继续延伸。即"哲学战场—断裂/虚空/开始—多元决定—理论配置—新君主—政治革命"。因而，关于科学的认识理论，意识形态国家机器、空间地形学、理论配置、新君主、偶然唯物论均是对"科学理论与政治革命"的解释和发展。

"哲学战场"是一切科学理论与革命实践的开始。对于阿尔都塞来说，意识形态领域的斗争以及随之而来的"理论断裂"就是历史的新开端，甚至具有了某种程度上的本体论的意义。当然，在阿尔都塞的自我批评之后，他的理论重点从强调马克思主义是科学真理转向了主张理论要更多地研究具体现实，研究无产阶级革命实践。例如，在写于1978年的著作《怎么办?》中，阿尔都塞就认为："一切都取决于对工人与民众的阶级斗争——在同资产阶级的阶级斗争的对抗中——的当前倾向这一'具体情况作具体分析'（l'analyse concrète de la situation concrète），因而取决于对这种对抗作具体分析……否则，我们就会陷入'庸俗社会学'。"① 但从根本上讲，阿尔都塞主要是在"哲学战场"中进行理论斗争，在"理论断裂"处唤起革命行动。

这也是阿尔都塞在战后法国哲学"去意识形态化"的形势下面临如此之多的批评与非议的根源，乃至于（马基雅维利的）"孤独"和"新君主"成了阿尔都塞本人的人物形象和思想特征。但或许正如巴里巴尔所认为的的："'想象的马克思主义'和'真正的马克思主义'之间的争论在今天已不再有同样的意义了，今天所有的马克思主义都成为想象了。"② 马克思主义理论何尝不是在同各种反马克思主义、非马克思主义的斗争之中诞生与发展起来的。恩格斯曾评价马克思道："斗争是他的生命要素。很少有人像他那样满腔热情、坚韧不拔和卓有成效地进行斗争。"③ 这种彻底的理论斗争精神正是马克思主义理论最具魅力之处，同时也为后世哲学家提供了不竭的思想灵感。

三　理论实践：意识形态斗争的策略性选择

阿尔都塞反对既无科学理论支撑又不讲方法策略的盲目的意识形态斗争。这种做法不仅牺牲了理论，把理论变成了政治实践的附

---

① 〔法〕阿尔都塞：《怎么办?》，陈越、王宁泊、张靖松译，西北大学出版社，2023，第6~7页。
② 〔法〕巴里巴尔：《1996年重版前言》，载〔法〕阿尔都塞《保卫马克思》，顾良译，商务印书馆，2010，第2页。
③ 《马克思恩格斯文集》第3卷，人民出版社，2009，第602页。

属品与技术工具，还会给党的事业造成各种负面影响。因而，要真正实现"哲学即政治"，必须根据现实的政治实践和理论斗争需要，来设定哲学理论发展的基本坐标和它要承担的政治任务。在哲学中"明确这些任务就是要明确我们称之为理论政治的原则，即我们在理论领域中必须执行的行动所遵守的基本路线：设定战略和战术目标的路线，在当前的理论形势中，将'决定性的联结'与相应的行为方式等同起来的基本路线"①。

"理论实践"是阿尔都塞方法论的一部分，但更主要的是阿尔都塞参与政治实践的策略性选择和战术性安排。实际上，阿尔都塞采用理论实践的概念正是基于现实的策略性考量。法国共产党高度官僚化的领导机制使"在客观上除了纯理论的形式外，在党内根本不存在其他可能的政治参与（干预）形式"②。所以，在面对强大的官方政治机器和意识形态国家机器时，理论实践这一表述本身就是阿尔都塞绕道哲学来介入政治的策略。阿尔都塞用理论来介入政治的做法也因为这一概念的"战术掩护"而能够持续地进行下去。

（一）理论实践为何就是理论的政治

"理论实践"也就是"理论生产""文本实践"③，乃至之后出现的"哲学实践"概念，这些概念本就是阿尔都塞在理论无法直接介入政治的无奈和妥协下的产物。抛开阿尔都塞是否真的想待在理论中做一位"匿名"的作者不谈④，单从理论姿态上而言，阿尔都塞渴望理论实践的结果能直接影响革命政治的发展，因而哲学必须为

---

① Louis Althusser, *The Humanist Controversy and Other Writings*, translated by G. M. Goshgarian, London: Verso, 2003, p.168.

② 〔法〕阿尔都塞：《来日方长：阿尔都塞自传》，蔡鸿滨译，陈越校，上海人民出版社，2013，第210页。

③ 阿尔都塞的理论实践从实质上说，就是一种文本阅读和文本实践，我们在他解读马克思、列宁、马基雅维利的著作中，都能看到这种"实践"的过程。对于阿尔都塞来说，这些实践也都是理论斗争的过程，需要规定实践的形式、手段、方法、策略、步骤等。（参见〔法〕阿尔都塞《马基雅维利和我们》，载陈越编译《哲学与政治：阿尔都塞读本》，吉林人民出版社，2003，第397页。）

④ 〔法〕阿尔都塞：《来日方长：阿尔都塞自传》，蔡鸿滨译，陈越校，上海人民出版社，2013，第225页。

随时要到来的政治介入提供理论指导工具。所以诺曼·莱文指出：
"阿尔都塞那时候相信政治介入将确立阶级活动的目的，而哲学必须
提供实现这些目的的策略。由于政治介入反映了《关于费尔巴哈的
提纲》的意旨，意味着现实必须被改变，因而理论生产的任务是，
提供使现实通过阶级斗争而被改变的理论工具。"①不过这也说明，
阿尔都塞认为自己是可以在理论中大有作为的。通过阅读（症候阅
读）、写作、阐发新概念或与意识形态哲学直接论辩等方式，他完全
可以在哲学中占据一个"理论的立场"。②"理论实践"正是保证这
些理论工作运转起来并同时能带给阿尔都塞介入政治实践的希望的
关键。

　　我们先简单阐述一下阿尔都塞的"理论实践"概念。阿尔都塞
认为，理论实践只不过是总的社会实践统一体（包括政治实践、经
济实践、文化实践、科学实践等）的一个组成部分，是在人的意识
中进行着的理论实践工作。阿尔都塞模仿马克思关于"生产实践"
的论述，提出了"理论实践"的模型：运用理论的生产资料（理论
方法）把其他实践方式所提供的理论原料（概念、表象、事实等）
加工成理论实践产品（观念、认识、思想等）。不难看出，阿尔都塞
将理论和实践捆绑在一起成为一个概念的提法确实体现了他的良苦
用心，但不可否认的是，这一概念至少产生了三个相互影响的理论
效果。第一，理论实践也是社会实践，并不存在无社会因素影响下

---

① 〔美〕诺曼·莱文：《不同的路径：马克思主义与恩格斯主义中的黑格尔》，臧峰
宇译，北京师范大学出版社，2009，第 57 页。
② 在阿尔都塞看来，所有哲学命题、哲学论点都是哲学立场，"立场：是划分出来
的一种立场，是在其他立场的基础上占有一个立场并反对其他立场的方式来采取
立场"〔参见〔法〕阿图塞（阿尔都塞）《自我批评论文集》，杜章智、沈起予
译，（台北）远流出版事业股份有限公司，1990，第 161 页〕。因而，"立场"贯
彻着阿尔都塞关于哲学的基本认识，即哲学是一种通过理论实现的政治，它意味
着一个理论中的位置和阵地，同时也意味着理论要嵌入现实形势中去占据一个位
置，才能发挥能动的作用，也才能构成一种政治的行为或要素，参与对这个空间
的实践的改造（参见〔法〕阿尔都塞《马基雅维利和我们》，载陈越编译《哲学
与政治：阿尔都塞读本》，吉林人民出版社，2003，第 403 页）。本书中提到的所
有"哲学立场"概念，均作如是理解。

的纯粹学术活动。因而，将理论工作纳入实践工作之中，不仅再次凸显了他反复强调的理论要与实践相结合，而且极大地提高了他所从事的理论工作的重要性。阿尔都塞或许就差喊出"知识分子也是工人阶级的一部分"这一口号了。第二，理论实践具备了彻底的敞开性。由于"生产"本身是一个物质性的实践概念，"生产"是敞开的、不断的，将理论工作做某种客观化与物质化的理解，阿尔都塞就能充分证明自己的理论工作是客观的与科学的，即他的理论能够具备彻底的现实性。从认识论更基础的层面来讲，这也是受益于马克思的重要教诲。马克思将知识对象与实在对象做必要区分并坚持后者在认识过程中的第一性位置，这就保证了马克思没有倒向唯名论，同时也保证了客观实在与主观抽象间始终保持张力，从而"防止科学的活生生的自由被埋葬在它自身的成果的下面"①。第三，理论实践也就是政治实践。我们再来看阿尔都塞的这一"生产"模型：理论实践——以意识形态的客观材料为原材料——这些意识形态的原材料必然是以现实政治与物质利益为基础。因而，理论实践自然也是面向现实的政治实践，理论中的辩论、对抗与斗争自然也是现实中的阶级斗争在意识中的体现。理论实践自然也就是政治实践，理论斗争也必须纳入现实政治斗争来考虑。那么，理论实践与政治实践也就融为一体，两者是非常直接和有机的互动关系。

阿尔都塞特别指出："理论的生命力就在于理论实践，在于通过新理论概念的生产而实现新知识的生产。"② 事实上，我们也确实可以看到"理论实践"这一概念的内在理论张力。这是因为，阿尔都塞通过"理论实践"实际上将哲学定义为了一个过程——依据一种分析方法（生产资料）而不断获得科学理论（生产产品）的过程，这就使哲学理论具有了无限的开放性与可能性。如果"理论实践"概念在最根本的意义上强调的是一种理论生产的方法和理论生产的

---

① 〔法〕阿尔都塞：《在哲学中成为马克思主义者容易吗?》，载陈越编译《哲学与政治：阿尔都塞读本》，吉林人民出版社，2003，第205页。

② Louis Althusser, *The Humanist Controversy and Other Writings*, translated by G. M. Goshgarian, London：Verso, 2003, p. 166.

过程，那么，通过此方法和过程得出的认识理论反而并不重要了。这就解释了为何阿尔都塞在认识到自己的理论主义错误之后，便可以迅速地将"理论实践"赋予政治参与性，其原因就在于方法本身只是一种理论的生产工具，它可以为生产"哲学真理"服务，也可以为"理论中的阶级斗争"服务。因为支撑阿尔都塞哲学灵活转身的内部运转机制是一种理论生产的方法，这一方法既可以保证阿尔都塞在理论上有所作为，也可以保证他理论的彻底性与斗争性。

可见，理论实践不仅是理论领域的探索，同时也是具有政治含义的理论斗争：

> 对马克思主义具有决定意义的关键点，不仅仅是哲学的理论和实践作用"混合在一起"的性质，而是在哲学本身中实践作用先于理论作用的那个第一性。正是为了要表明这种立场（论点）决定性的意义，为了澄清实践作用的第一性，我才提出这一论点："哲学归根到底是理论中的阶级斗争。"①

这也是阿尔都塞在自我批评时期将"理论实践"概念转为"哲学实践"概念的原因，毕竟比之前者浓重的理论主义意味，"哲学实践"更能表达阿尔都塞的理论斗争立场。"我想把它叫作哲学的'实践'，还有那种对于实践中的哲学究竟意味着什么的意识；简言之，就是对于哲学使人分裂这一无情的重要事实的意识。如果说科学使人团结，并且不是通过分裂达到团结，那么哲学则使人分裂，它只有通过分裂才能达到团结。"② 这段话是阿尔都塞基于列宁关于哲学认识的再表述，我们几乎可以同时想起毛泽东的教导："以斗争求团结则团结存，以退让求团结则团结亡。"③ 事实上，阿尔都塞对于理论彻底性

---

① 〔法〕阿图塞（阿尔都塞）：《自我批评论文集》，杜章智、沈起予译，（台北）远流出版事业股份有限公司，1990，第 162 页。

② 〔法〕阿尔都塞：《列宁和哲学》，载陈越编译《哲学与政治：阿尔都塞读本》，吉林人民出版社，2003，第 130 页。

③ 《毛泽东选集》第 2 卷，人民出版社，1991，第 745 页。

的追求以及斗争功能的认识就是继承于列宁、毛泽东两位伟大的革命导师。列宁就曾指出:"在这里不要忘记:实践标准实质上决不能完全地证实或驳倒人类的任何表象。这个标准也是这样的'不确定',以便不让人的知识变成'绝对',同时它又是这样的确定,以便同唯心主义和不可知论的一切变种进行无情的斗争。"①

对于阿尔都塞来说,归根结底是理论的斗争性保证了理论的开放性,理论实践就是政治实践,理论实践的理论就是政治理论。阿尔都塞不断提醒他的读者,"理论实践"和"认识论断裂"不是一次性完成的,而是敞开的。我们之所以说马克思主义是不断发展着的关于革命实践的理论,就在于这一理论是一个摊开的理论工地,而理论"建材"则来源于理论与现实中不断进行着的革命实践。

> 一切的关键还在于清算的方式。我们不再有局部产生作用或者有需要的话就能够通过"颠倒"产生作用的一种哲学批判。反过来,我们有的是科学地把谬误当作谬误加以完全驳斥、消灭和清除的这个东西:马克思结束了概念谬误的统治,他所以能够把概念的谬误称为谬误,这是因为他提出了"真理",即科学的概念。这种十分特别的"清算"的方式是不断地进行下去的。在马克思的全部著作中,在《资本论》以及后来的著作中,清算都在继续进行。清算接着由列宁、葛兰西和毛泽东进行下去。它一直没有停止过。这是一种永无止境的科学(列宁在谈到历史唯物主义时,反复重申了这个观点)。②

实际上,在阿尔都塞后期思想中一个非常重要的概念——"形势",在阿尔都塞关于理论实践就是政治实践的这一论述中,就可以得到清晰的解释。理论实践的政治斗争属性必然要求理论自身的发

---

① 《列宁专题文集 论辩证唯物主义与历史唯物主义》,人民出版社,2009,第49页。
② 〔法〕阿图塞(阿尔都塞):《自我批评论文集》,杜章智、沈起予译,(台北)远流出版事业股份有限公司,1990,第132页。

展要紧密结合现实的政治斗争"形势",而将"形势"这一充满偶然性与不可控性的现实要素拉入理论研究中,正是列宁和毛泽东对于历史唯物主义的发展。① 在国际共产主义运动史和科学社会主义理论发展史中,列宁和毛泽东就是这种从实践走向理论,不断进行"理论实践"和"哲学实践"的具体践行者。列宁紧紧围绕俄国当时的政治形势和历史阶段,将他的理论实践成果《怎么办?》《帝国主义是资本主义的最高阶段》《国家与革命》直接运用到政治斗争中,指导了俄国革命的发展并最终建立了苏维埃政权。"列宁不仅仅参与到了理论实践中,他还将理论实践与政治实践做了紧密结合,因此他使理论实践与现实发生了关系,而这个现实又同时构成了理论实践的条件,并为理论实践提供具体的研究对象,即他将理论实践最终引向了工人运动的实践。"② 同样,毛泽东更是理论与实践紧密结合的代表,他的理论出发点始终指向的是现实的革命运动,认为理论的功能就是为分析现实斗争情况提供思想工具。在《实践论》中,毛泽东就曾明确指出:"依社会运动来说,真正的革命的指导者,不但在于当自己的思想、理论、计划、方案有错误时须得善于改正,如同上面已经说到的,而且在于当某一客观过程已经从某一发展阶段向另一发展阶段推移转变的时候,须得善于使自己和参加革命的一切人员在主观认识上也跟着推移转变,即是要使新的革命任务和新的工作方案的提出,适合于新的情况的变化。"③

总之,理论实践就是政治实践,理论实践的理论就是政治理论。这是阿尔都塞基于俄国与中国的革命成功经验对辩证唯物主义的重要发展,也是他为法国无产阶级建立新的政治实践方式和革命政治话语的艰辛努力。

---

① 关于"形势"的分析,阿尔都塞认为马基雅维利也是这方面研究的开创者,详见本书第四章。

② Louis Althusser, *The Humanist Controversy and Other Writings*, translated by G. M. Goshgarian, London: Verso, 2003, p. 166.

③ 《毛泽东选集》第 1 卷,人民出版社,1991,第 294 页。

（二）理论迂回与矫枉过正

除了"理论实践"概念所体现出的斗争策略性原则，阿尔都塞的另两个理论做法也具有策略性的考量，即"理论迂回"与"矫枉过正"。阿尔都塞在理论斗争中一直使用这两种方法从意识形态哲学中筛选可资借鉴的理论资源，并同时反对和揭露意识形态哲学的虚假性。首先是"理论迂回"，即通过到其他思想家那里"兜理论的圈子"，也就是在与其他哲学的争辩对抗中，找寻自己的理论前进道路。"这种兜圈子本身是冲突的表现形式，它决定了——在战斗中、在这个作为哲学的战场（康德所谓 Kampfplatz）上——某种哲学会站在哪一边的问题。因为，如果说哲学家们的哲学就是这场永恒之战，那么没有什么哲学可以在这种理论的力量对比的范围内存在，除非到了它能够跟自己的对手们划清界限，并对它们那方面的立场（它们也不得不占据这些立场，才能确保自己带有凌驾于敌人之上的力量的印记）形成围攻之势。"① 阿尔都塞的意思实际是将理论研究中所发生的一切行为——提出观点、寻找论据、进行阅读、从事写作、展开辩论等全面战斗化、政治化。"理论迂回"的过程即是向对方发动进攻的过程，根据双方理论力量的强弱对比，灵活地开展理论的"游击战"、"阵地战"和最后阶段的理论"歼灭战"。但不管这场理论战斗如何打，阿尔都塞都在不断提醒读者，一定要灵活应变、主动出击，而不是教条化地被动防守。

> 正像霍布斯所说，战争是一种普遍化的状态……一切战争从本质上讲都是先发制人的，那么我们可以理解，各种哲学体系发生冲突的战争，是以对立立场间先发制人的攻击为前提的，因而也是以某种哲学必须利用从其他哲学那里兜圈子的方式来确定和捍卫自己的立场为前提。正像我近来所论证的那样，哲学归根到底是理论层面上的阶级斗争，那么，这场斗争所采取

---

① 〔法〕阿尔都塞：《在哲学中成为马克思主义者容易吗?》，载陈越编译《哲学与政治：阿尔都塞读本》，吉林人民出版社，2003，第 173 页。

的哲学特有的形式，就是对一个特别立场在理论上的划界、兜圈子和生产。①

值得注意的是，"立场"问题被重新纳入哲学的讨论之中，这是阿尔都塞揭露意识形态虚假性并凸显自身理论战斗性的直接表态。阿尔都塞认为，"立场"即己方的哲学阵地，是无产阶级从事意识形态斗争的出发点和阶级利益的底线所在。因而，"理论迂回"就是从马克思主义的理论"立场"出发，从无产阶级的革命"立场"出发，同代表一切旧势力、旧统治关系和旧生产关系的意识形态进行持久的斗争。阿尔都塞指出："构成哲学的政治针对着并萦绕着一个完全不同的问题：统治阶级意识形态领导权的问题，即不是组织、巩固和捍卫这个领导权，便是同这个领导权进行斗争。"②

其次是"矫枉过正"，阿尔都塞对"矫枉过正"的解释是：在理论实践中可以提一些"激进的提法"，"必须极端地思考"，从而"改变理论力量间的对比关系"。③ 阿尔都塞认为，不论是"理论迂回"还是"矫枉过正"，两者都是无产阶级从自身的哲学立场出发与资产阶级争夺意识形态领导权；"理论迂回"更强调理论斗争的持久性与灵活性，而"矫枉过正"则更侧重于理论斗争的彻底性与坚决性。而阿尔都塞就是想通过"矫枉过正"的理论表达来提醒无产阶级一定要警觉发生在我们思想中的意识形态的力量变化，并严肃地思考这一变化可能带来的政治风险。是马克思主义的思想多一点，还是资产阶级意识形态的倾向多一点，这不仅是学术和理论上的问题，还是现实中我们是否还愿意投入伟大的无产阶级革命与社会主

---

① 〔法〕阿尔都塞：《在哲学中成为马克思主义者容易吗?》，载陈越编译《哲学与政治：阿尔都塞读本》，吉林人民出版社，2003，第174页。

② 〔法〕阿尔都塞：《在哲学中成为马克思主义者容易吗?》，载陈越编译《哲学与政治：阿尔都塞读本》，吉林人民出版社，2003，第175页。

③ 〔法〕阿尔都塞：《在哲学中成为马克思主义者容易吗?》，载陈越编译《哲学与政治：阿尔都塞读本》，吉林人民出版社，2003，第177~180页。

义建设中的问题。一旦我们被资产阶级的自由、民主、人权等意识形态所蒙蔽，无产阶级就会堕落到只关心自己的利益是否能满足和担心自己的利益是否会失去的状态，贪婪与恐惧就会侵占我们的头脑，而人类普遍的伟大理想与互帮互助的集体主义奉献精神就会彻底被抛弃。阿尔都塞并不认为"矫枉过正"是自己的独创，而是借鉴于列宁的理论策略。列宁在与党内外的错误思想斗争时经常指出，矫枉必须过正，当棍子弯曲时，要想把它重新弄直，就必须把棍子使劲弯向另一边。① 这一方法在阿尔都塞看来非常重要，是保证理论能够强力介入政治的有效策略：

> 这个简单的说法，在我看来，包含了使真理说出来就能产生（政治）效果的一整套理论，这种理论深深地植根于马克思主义的实践。与那种为了矫正弯曲的、错误的观念就只想要笔直的、正确的观念的整个理性主义传统相反，马克思主义认为，因为观念是在社会关系的物质性中获得和实现的，所以它们就只有历史的存在。所以，在各种单纯观念之间的关系的背后，竖立着一些力量的对比关系，它们使某些观念掌握权力（因而可以概括地称之为占统治地位的意识形态），而使另一些观念俯首称臣（因而可以称之为被压迫的意识形态），一直到这样的力量对比改变为止。如果你想改变历史中存在的观念，哪怕是在所谓哲学这个貌似抽象的领域……你就得被迫运用一种能够破坏其中权力的反作用力，把棍子弯向另一边，让观念正确。②

当然，这并不是说阿尔都塞就完全否认理论的独立地位，也不是贬低哲学的学术功能，更不是他自负到认为单纯依靠理论的力量就能完全解决现实中的难题，而是这种必须"矫枉过正"的解读正

---

① 〔法〕阿尔都塞：《在哲学中成为马克思主义者容易吗?》，载陈越编译《哲学与政治：阿尔都塞读本》，吉林人民出版社，2003，第179页。
② 〔法〕阿尔都塞：《在哲学中成为马克思主义者容易吗?》，载陈越编译《哲学与政治：阿尔都塞读本》，吉林人民出版社，2003，第179页。

来自他对马克思主义在当代西方社会背景下日益陷入严重危机的认识。他不得不彻底地思考马克思主义理论的命运，不得不做出彻底的斗争姿态来保卫马克思主义的革命性与生命力。总之，"理论迂回"与"矫枉过正"也就是阿尔都塞"后来所说的新的哲学实践的东西"①，阿尔都塞认为这是一种有益的理论实践方法和政治斗争策略，也正是这种方式为他提供了一条特殊的途径接近马克思，即同样是从理论实践和理论斗争的途径探索并发展马克思的思想。坚定的立场，彻底的表态，辅之灵活机动的斗争方法和斗争策略，阿尔都塞就是要通过与其他哲学意识形态争辩、对抗、划界来使马克思主义理论不断创新发展，从而也更加坚定自己的马克思主义理论立场。事实上，阿尔都塞的这一策略也极为类似于矛盾辩证运动的一个环节，但不同的是，这并不是理论单纯的思维运动过程，而是依靠"断裂"所进行的理论生产活动。

---

① 〔法〕阿尔都塞：《在哲学中成为马克思主义者容易吗?》，载陈越编译《哲学与政治：阿尔都塞读本》，吉林人民出版社，2003，第175页。

第二章

马克思主义是理论上的反人道主义

从理论的角度来看，马克思主义既不是历史主义，也不是人道主义；在许多情况下，人道主义和历史主义都是建立在同一意识形态总问题之上……严格地讲，我应该说马克思主义是非人道主义和非历史主义。①

我想要保护马克思主义免受资产阶级意识形态实际的威胁。为此，就必须强调马克思主义革命的新性质；因此就必须"证明"马克思主义和资产阶级意识形态之间有一种对立，除非跟资产阶级意识形态彻底的和持续的决裂，并同这一意识形态的攻击进行坚持不懈的斗争，否则马克思主义就不能在马克思的思想中和在工人运动中发展起来。这个论点过去是正确的，现在也是正确的。②

第一节 马克思主义的科学认识论

阿尔都塞在晚年回忆时曾明确表示："我当时是把哲学干预当作

---

① 〔法〕阿尔都塞、巴里巴尔：《读〈资本论〉》，李其庆、冯文光译，中央编译出版社，2008，第 106 页。

② 〔法〕阿图塞（阿尔都塞）：《自我批评论文集》，杜章智、沈起予译，（台北）远流出版事业股份有限公司，1990，第 127 页。

一种斗争行动,在这方面我并没有搞错——总是要干预一种形势,以改变它的进程。"① 以哲学中的理论斗争来影响现实政治力量的对比,从而改变历史形势的走向。这是阿尔都塞在 1960 年至 1965 年尝试将科学(马克思主义)与意识形态(人道主义)相对立来作为突破口,为无产阶级创制一种新的革命政治话语并推动无产阶级政治实践有所突破的最初探索。但是,阿尔都塞此时更看重的是发展一套马克思主义的"科学认识论",来为理论斗争和制定意识形态政策提供坚强的哲学支持和知识储备,而非强调以政治行动为本位而看重的方法运用与策略选择。正如他所指出的:"我们这里暂且不谈出现'断裂'的过程中起了作用的辩证法,换句话说,暂且不去论述为促使断裂出现而进行的理论加工工作……我们将集中分析断裂后的那个阶段,即科学业已建成的阶段。"② 这实际上淡化了他"保卫马克思"所具有的意识形态斗争的宣誓态度以及由此产生的政治效果。

　　阿尔都塞的第一批著作是"为马克思科学的哲学范畴而战"③,这是他与意识形态的哲学的第一次交锋。阿尔都塞的出发点很明确,首先,他认为苏共二十大以及理论界加给斯大林的罪名,并不是从马克思主义理论的科学性出发而作出的正确批评。因为"丝毫没有说明它们产生的条件、原因,总之,没有说明它们的内在规定性,从而没有说明它们的形式"④,反而造成了意识形态混乱以及马克思主义理论内部的危机。其次,马克思主义的真理性不能由具有意识形态迷惑性的"人"、主体、自由或实践等唯心主义范畴(总归是一种意识哲学)来保证,我们必然寻找一个绝对科学的理论基础。再次,当时法共党内的马克思主义信仰逐渐变成了某种"经济决定论"的教条,而萨特的"存在主义的马克思主义"也只是

① 〔法〕阿尔都塞:《来日方长:阿尔都塞自传》,蔡鸿滨译,陈越校,上海人民出版社,2013,第 187 页。

② 〔法〕阿尔都塞:《保卫马克思》,顾良译,商务印书馆,2010,第 159 页。

③ 〔法〕阿图塞(阿尔都塞):《自我批评论文集》,杜章智、沈起予译,(台北)远流出版事业股份有限公司,1990,第 137 页。

④ 〔法〕阿图塞(阿尔都塞):《自我批评论文集》,杜章智、沈起予译,(台北)远流出版事业股份有限公司,1990,第 97 页。

为这个教条补充了主体的能动性，而并没有摆脱唯心主义的问题框架。最后，所有的这些意识形态观点在日益崛起的结构主义思潮看来已然不再合法。对于教条主义，经济基础与上层建筑不存在因果关系，两者拥有同构性的结构因而应被同等对待；对于人道主义，结构主义已经宣布"主体与历史都是一个神话"。总之，阿尔都塞要做的是让马克思主义摆脱这种唯心主义的哲学问题式，来适应客观现实与理论形势的新变化。以著作《保卫马克思》《读〈资本论〉》为代表，阿尔都塞以表面上亲近但并非更忠实于结构主义的态度，呈现了这一政治理论成果。围绕"认识论断裂"，这一时期所形成的一系列核心论断与概念，如马克思主义是无主体的历史科学和理论的反人道主义、多元决定、理论实践等，既构成了阿尔都塞哲学思想的基石，也成为其后期理论的生长点。

强调科学性与理论性，是这一时期阿尔都塞对抗同一性逻辑、重读马克思的第一步。阿尔都塞反对一切起源与开端等先验的论点，认定历史是无主体的过程，主体也只能在生产与再生产关系的规定性中发挥历史的作用。这就涉及了历史唯物主义的一些根本问题，理解这一理论安排的关键在于，阿尔都塞认为马克思主义是由历史唯物主义的历史科学与辩证唯物主义的哲学认识论组成，历史科学拒绝所有的经验标准，客观陈述事物之所是；而哲学则是面对科学，阐发科学研究的方法与逻辑，形成科学的认识论。也就是在这个突破口，结构主义进入了马克思主义理论之中，形成了学界所说的"结构主义的马克思主义"。也就是说，结构主义引入马克思主义研究之所以可行，就在于结构主义客观总体的研究方法、对资本主义社会生活的透彻分析①，符合阿尔都塞宽泛理解中的"唯物主义"，

---

① 结构主义首先是社会科学内部的方法之争，与强调"起源/历史性"思维的传统历史哲学不同，结构主义通过对"无意识结构"（与有意识的语言相对）的解码与分析，将社会整体置于一种"横向/共时性"的空间结构维度中，探讨构成人类社会的各要素在空间关系中所具备的相对独立性与特殊性，"横向/共时性"的各要素间所呈现的不一致、不均衡与相互矛盾的样态。如阿尔都塞经常使用"总是已经"（toujours déjà）来表达"非起源性"的事物特征；再如相对于生产方式而言，上层建筑的意识形态所具备的独立实践性与社会职能等。如（转下页注）

"结构主义=唯物主义"，结构分析就是唯物辩证法。阿尔都塞认为，这才是马克思的哲学革命，这不是对黑格尔辩证法的简单颠倒，而是以结构的总体性概念去取代一切旧哲学的中心主义。客观地说，结构主义与马克思主义也确实具备相互合作的内在资质：结构主义颇具科学性的分析方法可以帮助阿尔都塞强化马克思主义是科学这一观点；结构主义更侧重于社会学、人类学的研究，阿尔都塞的马克思主义观点则补齐了结构主义时代最后两块短板——认识理论与政治理论。

　　科学的认识理论必然拒绝一切主体经验性，那么马克思主义哲学就不能再以人道主义为基础，这就必然引出了科学与意识形态的对立与斗争。借用"结构因果性"（structural causality）公式，阿尔都塞赋予了"意识形态"概念在教条的经济决定论中难以获得的"相对独立性"，认为它是一种近似物质性的存在。意识形态问题，在葛兰西之后重新恢复了它在革命政治中的重要地位，这就双向度地强化了阿尔都塞科学理论所具有的理论斗争含义：其一，科学的马克思主义可以获得对真实复杂的社会历史与意识形态领域斗争态势的科学认识，无产阶级有科学的认识理论，就能制定相应的斗争策略；其二，通过揭露意识形态的虚假性，科学的历史理论能够被不断地生产出来，从而唤醒无产阶级对科学真理与意识形态、唯物主义与唯心主义、无产阶级与资产阶级间不断斗争的警惕，反对资产阶级试图将马克思主义人道化来淡化阶级立场与阶级冲突，永葆革命的先进性。"意识形态是一种客观的社会现实；意识形态的斗争构成了阶级斗争的有机组成部分。"[1]至此，由哲学至政治、由科学理论到斗争策略，阿尔都塞完成了在结构主义阶段政治科学的构建。

（接上页注①）果将这种非起源、非历史的分析延伸至解析整个社会历史，各种显而易见的社会组织、人群阶层、国家机器与共同体都将纳入相同的空间结构分析中，从而将任何带有历史性的学说瓦解掉。那么，结构主义与传统同一性哲学间的争论也就不仅是方法之争，还必然牵扯出政治上的明显分歧。（需要特别指出的是，此处的"结构主义"更多的是在强调结构总体性逻辑的意义上来讲的。）

① 〔法〕阿尔都塞：《保卫马克思》，顾良译，商务印书馆，2010，第250页。

在此阶段，阿尔都塞哲学的重点是在结构主义"无主体"的科学保证下，发展一种新的社会结构理论和无产阶级革命政治理论，从而重塑历史唯物主义和唯物辩证法。此时的阿尔都塞虽表达了他对历史决定论的怀疑，并开始思考"主体"是如何被建构起来的以及如何争取"主体解放"的问题。但这些努力都还是初步的，且遗留的问题是致命的：对主体同一性的瓦解是通过结构的总体性来实现的，在主要概念（主体—结构）的表层置换之下，同一性逻辑仍然岿然不动。因而，马克思主义成为一种知识整合的理论，理论的职能或认识的职能压倒了其政治的职能，辩证的能动的历史哲学部分被完全放弃了，革命实践也就被彻底压缩进了理论领域；并且，当阿尔都塞满意于自己的"理论实践"在介入政治的策略选择上高人一筹时，他实际上要求每个共产党员对马克思主义理论的职责要优先于对党的服从，阿尔都塞成为最"革命"的主体，扮演了不光彩的"父亲的父亲"角色①，这些都极大地削弱了这一阶段的理论斗争性。

一　马克思主义是无主体的历史科学

阿尔都塞借用结构主义，对马克思的哲学革命以及马克思与黑格尔的关系做了全新的解读。他认为马克思主义包括两种理论形式，一是历史唯物主义，也就是历史科学；二是与这个新科学同时诞生的哲学，即辩证唯物主义。"在创立历史理论（历史唯物主义）的同时，马克思同自己以往的意识形态哲学信仰相决裂，并创立了一种新的哲学（辩证唯物主义）。"② 对于阿尔都塞来说，这种区分，尤其是凭借"认识论断裂"所释放出的理论威力，对于马克思主义来说有三方面的重要作用：第一，将马克思主义从人道主义的"历史哲学"中分离出来，这就确定了马克思主义的科学性地位；

---

① 〔法〕阿尔都塞：《来日方长：阿尔都塞自传》，蔡鸿滨译，陈越校，上海人民出版社，2013，第211页。
② 〔法〕阿尔都塞：《保卫马克思》，顾良译，商务印书馆，2010，第16页。

第二，哲学（哲学家）的作用是"理论实践"，面向科学来发现、生产其中的科学方法，这也就确定了阿尔都塞在这次理论介入行动中的领导地位；第三，"断裂"后形成的科学认识理论可以指导无产阶级的各项实践，尤其是分析认识当前的革命形势，警惕资产阶级意识形态的入侵，从而激发无产阶级的革命斗志。可以看到，在这个紧张的理论行动中，阐发马克思的历史科学思想居于核心的地位。

首先，阿尔都塞认为成熟时期的马克思借鉴了黑格尔"无主体的过程"的辩证法。我们知道，近代以来的西方哲学史，为了解决主客同一问题，将"历史"范畴引入了哲学，并将自由的实现设定为历史的终极目的。萨特的人道主义所信仰的历史哲学即为其中代表，其本质就是以"我思"主体为中心的历史观，认为整个社会历史不过是"人"的自我本质实现的逻辑过程。阿尔都塞对此总结道："历史是一个异化过程，有一个主体，而这个主体就是人。"[1] 因而，"历史就成了人的本质的转化形式，而人的本质则成为改变它的历史的真正主体"[2]。在阿尔都塞看来，《1844年经济学哲学手稿》中青年马克思对异化劳动的论述，也并未摆脱这种思辨的历史哲学。手稿中呈现的历史逻辑进程"异化劳动—无产阶级革命—共产主义社会"，是以一个先在的类本质主体作为历史的内在驱动，历史自身不过是主体异化和扬弃异化的过程。但阿尔都塞指出，也正是在《1844年经济学哲学手稿》中，发生了一起"爆炸"，这个爆炸炸毁了马克思使用的旧概念，也就是主体、类本质、异化等概念，无主体的过程概念因而得到了解放，并为后来《资本论》中的科学的历史理论打下了基础。这场爆炸的原因是马克思远离了费尔巴哈，在历史观上走向了黑格尔。

1968年，阿尔都塞在伊波利特的学术研讨班上做了题为《马克

---

[1]〔法〕阿图塞（阿尔都塞）：《列宁和哲学》，杜章智译，（台北）远流出版事业股份有限公司，1990，第127页。

[2]〔法〕阿尔都塞、巴里巴尔：《读〈资本论〉》，李其庆、冯文光译，中央编译出版社，2008，第126页。

思与黑格尔的关系》的学术报告。在报告中，阿尔都塞指出，黑格尔的哲学历史观没有主体的辩证过程，如果非要说有一个主体的话，那就是这个"无主体过程"本身，即"异化过程的唯一主体，是在它的目的论中的过程本身"①。而这个无主体过程作为一个过程主体，它就是黑格尔的辩证法。在阿尔都塞看来，黑格尔辩证法最宝贵的思想遗产就是"过程"本身足以充当历史进程中的"主体"，在"过程"之中不需要再出现"主体"的踪影。"历史是没有主体的过程，在历史中起作用的辩证法不是任何主体的作用，无论这主体是绝对的（神）或仅仅是人类的。"② 阿尔都塞进一步论证道，在历史的过程中，既不需要哲学设定的起源，也不需要哲学提供的主体，一切起源仅仅是为了过程的展开所不得不做的一个逻辑安排；毕竟存在在被肯定的那一刻起就注定了它被否定的命运，而否定后的肯定又会被新的否定所否定，因而存在永远是一种非存在的过程。于是，阿尔都塞兴奋地指出："如果把目的论去掉，那就会剩下马克思所继承的哲学范畴：无主体的过程的范畴。"③也就是说，在阿尔都塞看来，马克思和黑格尔间亲密的理论联系就在于他借用了黑格尔的无主体的过程的概念，当然是在消除了过程本身的目的性之后。

在提出了"无主体的过程"概念后，阿尔都塞认为这一概念就是马克思唯物史观的核心范畴。1844 年之后，马克思正是从这一基本认识出发，有力地批判了各种机械反映论的主体和先验主义的主体。与此同时，历史的辩证法中也不再有任何主体的身影，没有历史的哲学起源，亦没有主体的逻辑开端，个人或作为群体的人都只是历史中的主体，却再也不可能成为历史的主体。至于人被认为是

---

① 〔法〕阿图塞（阿尔都塞）：《列宁和哲学》，杜章智译，（台北）远流出版事业股份有限公司，1990，第 129 页。

② 〔法〕阿图塞（阿尔都塞）：《列宁和哲学》，杜章智译，（台北）远流出版事业股份有限公司，1990，第 146 页。

③ 〔法〕阿图塞（阿尔都塞）：《列宁和哲学》，杜章智译，（台北）远流出版事业股份有限公司，1990，第 130 页。

历史的主体，而非一个"过程具体化的角色"①，阿尔都塞认为这是资产阶级意识形态的产物。在资产阶级的哲学思想中，主体被有选择地视为历史、道德、法律、经济和各种意识形式中的起始范畴与核心概念，用以填补上帝滑落后的位置②，进而以主体主导下的历史来代替上帝主导下的历史，论证资本主义制度是永不翻覆的历史终结。这一思想也是阿尔都塞在意识形态国家机器中要表达的核心思想，主体只是被意识形态的虚幻建构起来的可怜物，而人却毫不知情并乐观地以为自己就是历史的主体。

需要指出的是，阿尔都塞这一发现与我们所理解的黑格尔与马克思之间的理论关系离得很远。阿尔都塞认为，马克思的历史科学之所以是科学，正是在于他以科学的"过程"概念取代了意识形态的"主体"概念，过程的科学性，抑或说是方法本身的科学性确保了马克思在 1845 年之后彻底地同"意识形态"的早期阶段做了告别。毫无疑问，这其实是一种典型的结构主义观点。历史的意义就是它的神话意义，结构主义就是要以实证科学的方法消解历史出现的条件以及承载的意义。而马克思所继承的黑格尔的理论遗产恰恰是历史的辩证法，只是这种辩证法不再是头足倒置、概念在历史运动中自我实现的辩证法，而是建立于客观物质实践基础之上，被置于人与社会的关系以及改造世界的劳动实践和革命实践之中来考察。因而，在社会科学领域中，马克思揭示了社会历史的客观辩证法，实现了科学理性和价值理性、事实判断和价值判断的统一。而阿尔都塞对马克思哲学与科学的人为划分，对事实研究与价值信仰的刻意割裂，就不得不将马克思的实践观点连同辩证的历史哲学全部放弃，这种纯理论科学的构建只不过是阿尔都塞个人的一场学术"豪赌"。

其次，依据"无主体的过程"概念，阿尔都塞对历史做了共时

---

① 〔英〕柯林尼可斯：《阿图塞的马克思主义》，杜章智译，（台北）远流出版事业股份有限公司，1990，第 85 页。

② 略显讽刺的是，阿尔都塞在自我批评时也终于认识到，他所指认的马克思无主体的历史科学同样填补的是资产阶级意识形态所喜欢的主体位置。

性的分析。马克思的历史唯物主义是关于历史的科学，这就意味着历史不再用思辨的哲学来叙述，历史不再是依赖主体的辩证法而展开的历史哲学。也就是说马克思抛弃了之前在《1844 年经济学哲学手稿》中仍使用的主体、类本质、异化等人道主义的旧概念，而启用了全新的概念系统，即由生产力、生产关系、经济基础、上层建筑、生产方式等一系列科学的，当然也更具有实证性的范畴构成历史唯物主义的科学学说。用阿尔都塞自己的话说，是新的"总问题"的诞生。① 在已经清除了旧哲学所有主体性残余的马克思历史科学中，最核心的范畴便是生产方式。阿尔都塞对生产方式的定义是："人—自然的关系与生产借以进行的社会关系的统一。因此，生产方式概念是这种双重的统一的统一概念。"② 对于这一为了避开"人"而做出的复杂定义，阿尔都塞认为，马克思的生产关系概念在任何意义上都不能还原为简单的人与人之间的关系，其只能在结构整体性的层面上来理解，"生产关系的结构决定生产当事人所占有的地位和所担负的职能，而生产当事人只有在他们是这些职能的'承担者'的范围内才是这些地位的占有者"③。因而，在资本主义的历史条件下，任何涉及人道主义的表述都是意识形态的谎言，而马克思的社会生产关系并非主体的"人"的关系，在社会经济过程中也根本不存在独立的保持自我超越性的"人"，人的角色只是一个庞大生产结构中的担当者，一个"生产的当事人"，是一定社会历史条件下劳动和资本的具体人格化。

---

① 对于哲学与科学"断裂"的具体时期，阿尔都塞前后有不同的认识。阿尔都塞 1965 年写作《保卫马克思》和《读〈资本论〉》时认为，马克思的哲学和科学是在 1845 年同时发生了"认识论断裂"。1967 年之后，阿尔都塞将哲学和科学做了更明确的区分，并指出马克思在《关于费尔巴哈的提纲》和《德意志意识形态》中产生断裂之后，旧的主体哲学范畴实际上仍存在着，而科学的历史理论要到《资本论》的出版才完全形成。因为只有到了《资本论》的时期，马克思才彻底抛弃了古典哲学的理论"总问题"。

② 〔法〕阿尔都塞、巴里巴尔：《读〈资本论〉》，李其庆、冯文光译，中央编译出版社，2008，第 158~159 页。

③ 〔法〕阿尔都塞、巴里巴尔：《读〈资本论〉》，李其庆、冯文光译，中央编译出版社，2008，第 164 页。

阿尔都塞这里实际上引出了"主体间性"问题，这是结构主义时代对笛卡尔"我思"哲学传统的巨大挑战，也隐含着极强的政治革命意味。在拉康的精神分析学中，主体在自身的建构过程中始终被嵌入了一个异在的"他者"，因而建立在主体同一性假定基础上的主体间性关系，也就被转换为了主体与主体间的关系始终要有一个第三方才能确定。不是主体在决定，而是结构在主宰，主体的意义仅仅由于他在结构中的位置才得以肯定。在阿尔都塞看来，这种被异化、被隐匿、被压迫的主体就是无产阶级，而结构性的"他者"自然就是整个资本主义生产制度与意识形态控制机制。

> （资本主义生产关系）把个人当做可以相互替代的功能的载体，就是——在作为资本主义根本性阶级斗争的资本主义剥削内部——无可挽回地在血肉之躯上给他们标出价码，把他们归结为只是机器的属物，把他们的女人和孩子丢进工厂的地狱，把他们的工作日延长到极限，给他们刚够把自己再生产出来的报酬，并且创造出那支庞大的劳动后备军，从中可以获得其他的匿名载体，以便对那些正在受雇、能够有幸得到工作的人施加压力。[①]

不得不说，阿尔都塞的这种认识在一定程度上符合马克思对资本主义生产关系的考察，因为建立在私有制基础上的资本主义生产关系确实将无产阶级贬低到了仅仅是生产工具的地位，整个社会反而表现为一个拥有强大生产动能的自主主体。在阿尔都塞看来，这种社会结构关系一旦被揭示，必定能激发出工人阶级进行革命斗争的无穷动力。

最后，阿尔都塞认为"历史是无主体的过程"只是马克思历史

---

① 〔法〕阿尔都塞：《在哲学中成为马克思主义者容易吗?》，载陈越编译《哲学与政治：阿尔都塞读本》，吉林人民出版社，2003，第215页。

科学的总体观点，是勾勒宏大历史全貌的粗线条，如何说明社会历史进程中更为复杂与不平衡的内部矛盾运动，如何开释国际共产主义运动中令人感到困惑的政治纷争？阿尔都塞进一步提出了他著名的"多元决定论"与"结构因果性"思想。但从文本上来说，对于"矛盾与多元决定"存在着两种解读。一种是保守的，即在结构总体性逻辑支持下更多的是在努力建构一种普遍的认识理论，也就是思考偶然中的必然，从而获得对复杂事件的理解，预测历史发展的趋势并寻找可以从容把握这些历史变化的"主导结构"（如"归根结底"）。这主要集中于《关于唯物辩证法（论起源的不平衡）》一文。另一种是激进的，即通过对事件与历史的认识，从而延伸至思考历史的不可预见性与偶然性上，也就是在"解释了偶然的必然性之'结构'之后，仍然还要表达这种偶然的偶然，表达共存于同一事件中心的各种可能性和趋势之'亚决定物'的多样性"[1]，并在此基础上，打开充满偶然性的激进政治行动空间。这主要集中于《矛盾与多元决定（研究笔记）》中。对于这两种解读，本书将在第四章中做具体阐释。当然，这种结构安排也客观反映了阿尔都塞的思想历程，即从最初设想去阐发（生产）一种科学的普遍认识理论到最后不断建构一种激进否定的政治行动理论，或者更简单地说，从追求"结构化的总体性"理论到强调"虚空"的政治学。这一理论演变实际上凸显了前期的阿尔都塞在借助结构主义来参与理论实践时所面临的最大困难——当理论性压倒实践性时，也就等同于拒绝了革命行动。

需要补充的是，即使在经历了自我批评后，阿尔都塞关于哲学历史观仍然是有所改正、有所坚持。改正的是不再认为马克思主义是科学，但坚持的仍然是他在1965年作品中的核心观点，即"历史是无主体的过程"，并以此来作为划分唯物主义与唯心主义的核心标准之一。可以说，"历史是无主体的过程"构成了阿尔都塞哲学历史

---

① 〔法〕巴里巴尔：《1996年重版前言》，载〔法〕阿尔都塞《保卫马克思》，顾良译，商务印书馆，2010，第16页。

观的一个基础性观点。比如，他在 1976 年的著作中仍然认为：

> 唯物主义哲学认为，历史中发生的一切，虽然有一些起点（即一个或更确切地说一些原因和后果），一种倾向，但却既没有起源（绝对的开始、绝对的主体、绝对的方向）也没有目的（绝对的终点、绝对的主体、绝对的方向和归宿）。因此，唯物主义哲学认为，要认识历史中发生的事情，就必须摆脱所有这些虚幻的范畴，并"着手对经验的事实进行具体的研究"（马克思），以发现这一具体进程的合理逻辑。唯物主义哲学同时指出，对这个具体进程的科学认识——它每一次都是不同的、首创的——不可能不求助于"没有主体的过程"（既没有起源，也没有目的）这个范畴。[1]

二 马克思主义是理论反人道主义

历史唯物主义是关于历史的科学，那么马克思主义在理论立场上必然是理论反人道主义。"从理论的角度来看，马克思主义既不是历史主义，也不是人道主义；在许多情况下，人道主义和历史主义都是建立在同一意识形态总问题之上……严格地讲，我应该说马克思主义是非人道主义和非历史主义。"[2] 不过对于阿尔都塞来说，马克思的理论反人道主义绝不止于清算费尔巴哈，或是整个古典哲学传统，他的斗争矛头还指向了资本主义社会以及它的历史哲学，并最终指向整个资产阶级的意识形态。马克思主义是理论反人道主义的，目的在于应对来自资产阶级意识形态的威胁，即人道主义概念所具有的意识形态迷惑性会从精神上使无产阶级缴械，进而将这一革命主体资产阶级化。因此，思想文化和意识形态层面的斗争最终

---

① 〔法〕阿尔都塞：《在哲学中成为马克思主义者》，吴子枫译，北京出版社，2022，第 80~81 页。

② 〔法〕阿尔都塞、巴里巴尔：《读〈资本论〉》，李其庆、冯文光译，中央编译出版社，2008，第 106 页。

也是革命政治的组成部分，阿尔都塞在 1975 年的《在哲学中成为马克思主义者容易吗?》（又称《亚眠答辩》）一文中详细地解释了他当时的忧虑。

> 马克思的理论反人道主义……意味着拒绝把对社会形态及其历史的解释植根于那种抱有理论企图的人的概念——就是说，作为开端性主体的人的概念，因为人们就在这个概念里找到了他的需要的开端（Homo oeconomicus［经济人］）、他的思想的开端（Homo rationalis［理性人］）、他的行动和斗争的开端（Homo moralis，juridicus et politicus［道德人、法律人和政治人］）。因为，一旦你从人出发，你就不可避免要受到唯心主义的诱惑，去相信自由或创造性劳动是万能的——也就是说，你只会完全"自由"地屈服在占统治地位的资产阶级意识形态万能的脚下，这种意识形态的功能就在于用人的自由力量的虚幻形式来掩饰和强加另一种力量——更加真实也更加有力的资本主义的力量。如果说马克思没有从人出发，如果说他拒绝了从人的概念里对社会和历史进行理论的推导，那么这是为了要和上述神秘化进行决裂——这种神秘化不过是以资本主义生产关系为基础的意识形态力量对比关系的表现形式而已。①

首先，阿尔都塞认为，要获得对某一对象的科学认识，就必须先与关于它的意识形态虚假意识相决裂。在马克思从青年时期走向成熟时期的过程中，就发生过这一重要的"认识论断裂"。在《关于费尔巴哈的提纲》与《德意志意识形态》中，具有严格科学意义的马克思主义理论，即历史唯物主义科学便同"一切把历史和政治

---

① 〔法〕阿尔都塞：《在哲学中成为马克思主义者容易吗?》，载陈越编译《哲学与政治：阿尔都塞读本》，吉林人民出版社，2003，第 217~218 页。

归结为人的本质的理论彻底决裂"①。在他看来，1845 年之前的马克思思想毫无疑问归属于"理论上的人道主义"。只是，以"人"的范畴作为世界某种本质的基始，是一种资产阶级的意识形态，是虚妄的"神话"，它绝不能被科学意义上的马克思主义所认同。阿尔都塞解释道，"以人这个术语的哲学意义来说，人处在其世界的中心，认识其世界的原始的本质和目的——以夸大的意义来说，这就是我们所谓的一种理论人道主义"②。阿尔都塞对人道主义精准的理解和把握，促使了他对认识主体和历史主体彻底摒弃，而这恰恰击中了费尔巴哈的软肋，也道破了青年马克思的思想实质。他认为，在马克思青年时期的重要著作《1844 年经济学哲学手稿》中，马克思在概念的使用、分析问题的方法、理论立场和逻辑出发点上都有着鲜明的费尔巴哈的痕迹，用阿尔都塞的话讲，这个时期的马克思理论无疑是"费尔巴哈的问题式"或"人道主义的问题式"。马克思运用这一"问题式"，从人性或人的本质出发，推演出劳动异化以及人扬弃这种异化最终向人的本质复归，获得全体人类的解放。这可以说就是一部完整的"人道主义"叙事史诗。

这种"人道主义的问题式"，是由两个重要的理论基点支撑："1. 存在着一种普遍的人的本质；2. 这个本质从属于'孤立的个体'，而他们是人的真正主体。"③ 阿尔都塞认为，这是一个相互补充而又断不能分割的稳定的理论框架。每个主体有着普遍的"人"的本质，而每个主体又是经验的孤立个人，这就是以"人"，或者我们说是以某种本质、某种同一性的诉求为中心的经验主义和唯心主义的完满组合。而这种"问题式"也是马克思之前的社会理论（从霍布斯到卢梭）、政治经济学（从配第到李嘉图）和伦理学（从笛卡尔到康德），以及一切唯心和唯物主义认识论的内在基本结构。这

① 〔法〕阿尔都塞：《保卫马克思》，顾良译，商务印书馆，2010，第 222 页。
② 〔法〕阿图塞（阿尔都塞）：《自我批评论文集》，杜章智、沈起予译，（台北）远流出版事业股份有限公司，1990，第 230 页。
③ 〔法〕阿尔都塞：《保卫马克思》，顾良译，商务印书馆，2010，第 223 页。

当然是科学的马克思主义所反感的理论观念，马克思本人在《关于费尔巴哈的提纲》中也开始与这个"问题式"决裂。马克思在 1845 年后的著作中将人的本质定义为"一切社会关系的总和"，并启用了一整套建立在崭新概念基础上的历史理论和政治理论，这就明确抛弃了他在前期所使用的抽象的"人的类本质"的观点。阿尔都塞就此宣布："就理论的严格意义而言，人们可以和应该公开地提出关于马克思的理论反人道主义的问题；……必须把人的哲学神话打得粉碎；在此绝对条件下，才能对人类世界有所认识。援引马克思的话来复辟人本学或人道主义的理论，任何这种企图在理论上始终是徒劳的。"①

结构主义方法，就是将"人"去中心化，并把主体还原为社会生活关系或结构之中的"某人"或者说是经验的非个人。这就开启了对人道主义话语，或者说是对主流同一性哲学的解构，深刻地批判了西方主流意识形态对自我形象的美化以及对"非己之物"的残酷规训。这同马克思主义自身追求理论的科学性，并坚决反对一切剥削压迫，揭露资本主义社会肮脏本质的理论做法在内在精神与理论气质上志同道合、高度一致。在对待人道主义与传统思辨哲学，在对抗资本主义意识形态与维护弱势群体的共同态度上，两种不同的理论形式奇妙地交汇在了一起，从而具有了理论与政治双重维度上的批判性。不过，阿尔都塞不认同青年时期的马克思思想，认为主体、人的本质、异化这些概念都还是资产阶级意识形态的话语，在这一点上，他只是得出了科学的马克思主义理论不能从抽象的"人"出发这一正确观点，但并不能就此得出科学的马克思主义理论彻底抛弃了"人"与主体的概念，也不能因此否认马克思青年时期的理论贡献，因为青年马克思从"人的类本质"出发对资本主义也做出了深刻的洞察和批判，阿尔都塞独断地做出的理论切割与取舍无疑是不恰当的。

其次，"理论反人道主义"观点的重要性更体现在对当时形势的

———————

① 〔法〕阿尔都塞：《保卫马克思》，顾良译，商务印书馆，2010，第 225 页。

介入中，其面向的是现实政治变化所带来的理论问题。在阿尔都塞的观察中，苏共二十二大宣布无产阶级专政已经在苏联结束，下一步的奋斗目标是从按劳分配的社会主义向按需分配的共产主义过渡。苏联社会现实的变化催生了社会主义的人道主义理论盛行，各国工人党开始放弃阶级斗争话语，转而讨论个人自由与权利，国家治理与法制等问题，甚至认为苏联的历史性变化意味着无产阶级专政在西欧也将采取和平的或短期的形式完成，"社会主义人道主义和资产阶级的或基督教的自由人道主义这两种个人人道主义似乎有了某种共同点……至于社会主义人道主义，它可以认为自己不仅批判了资产阶级人道主义的矛盾，而且更重要的是完成了资产阶级人道主义的'最崇高'的梦想"①。

但人道主义这一概念的广泛使用，正是阿尔都塞所忧虑的。社会主义人道主义在苏联可以也是唯一能承担的理论任务是表达对无产阶级专政已经结束的欣慰和对专政在过去曾被滥用的警醒，"它针对着'双重的'现实性：一种是已为生产力和生产关系发展的合理必然性所超越的现实性；另一种是本来就不应该要求超越的现实性，即'理性的不合理存在'的另一种形式"②。而理论界此时最需要做的并不是求助于"人的哲学"来解释历史任务与历史条件、经济基础与上层建筑间的不相适应，而是解决现实历史、经济、政治和意识形态上出现的新问题，以及制定社会主义国家在新的历史条件下新的组织形式。归根结底地说，"社会主义"是个科学概念，而人道主义本质上是个意识形态概念。因而，重回人道主义的解读无疑将马克思主义带入了更危险的境地。对于20世纪五六十年代的苏联与西欧共产党来说，依靠人道主义或许能在一定程度上帮助他们渡过眼前的理论困难，但社会政治领域与思想领域的不断变化③只能允许马克思主义在人道主义范式中稍作策略性的停留，否则就会把意识

① 〔法〕阿尔都塞：《保卫马克思》，顾良译，商务印书馆，2010，第217页。
② 〔法〕阿尔都塞：《保卫马克思》，顾良译，商务印书馆，2010，第234页。
③ 社会政治的变化：苏联认为自己即将迈入共产主义，而中国依然实行无产阶级专政，双方因此龃龉不断。思想上的变化：结构主义思想大潮兴起。

形态和科学理论混淆起来。

> 如果把人道主义这个意识形态概念不分场合和毫无保留地作为一个理论概念去使用，这却可能是危险的，因为人道主义这个概念无论如何总是使人想到意识形态的无意识，并且很容易同小资产阶级的思想命题混淆起来（众所周知，列宁曾预言，小资产阶级及其意识形态的寿命很长；直到现在，他们还没有被历史所埋葬）。①

至此，阿尔都塞触及了人道主义理论在政治问题上的关键点，他理论反人道主义的政治目的，就是要通过树立科学与意识形态的尖锐对立，为无产阶级清晰地画出底线——对于国际共产主义运动与苏联社会现实的变化，无产阶级必须深刻意识到人道主义只是现阶段用来救急的替代性理论，而绝不能就此沉迷于人道主义的解释中，放弃对科学理论的探索。不能不说，阿尔都塞在政治与理论上确实具备极敏锐的预见性，他的忧虑最终成为现实。1991 年苏联解体很大程度上正是由于意识形态层面的混乱，这个混乱的起点就是苏共二十大后苏共在意识形态领域的不断后退。阿尔都塞关于人道主义理论在社会主义国家的政治生活与思想生活上潜在的破坏性与迷惑性的提醒，在今天看来仍具有现实的警醒意义。

第二节　认识论断裂与结构主义的二重性

"哲学战场"就是与意识形态永不停止的斗争，它既是马克思主义理论斗争精神的体现，也是阿尔都塞保持理论与实践相统一的有效途径。但是，什么样的理论才能达到"哲学即政治"的标准，换言之，什么样的理论既具有理论的科学性和开放性，同时又保持理

---

① 〔法〕阿尔都塞：《在哲学中成为马克思主义者容易吗?》，载陈越编译《哲学与政治：阿尔都塞读本》，吉林人民出版社，2003，第 237 页。

论的政治性和策略性？什么样的理论才是革命的理论、改变世界的理论、回答"革命政治何以可能"之问的理论？认识论断裂作为重要的思想方法，不仅支撑了阿尔都塞对科学认识论的建构，为"革命政治何以可能"提供了第一个版本的答案；并且，"断裂"所代表的理论方法还保证了阿尔都塞通过不停的理论实践不断实现从哲学到政治的惊险跳跃，建构了一种独特的"哲学理论—意识形态斗争—政治行动"三位一体的理论表述方式。可以说，"断裂"虽然是阿尔都塞第一阶段理论中的核心概念，却贯穿了阿尔都塞哲学发展的全过程，成为构成其思想的方法论底色。

阿尔都塞认为，"理论断裂"是一切科学理论与革命实践的开始，正是基于这一方法论基础，他创制新的无产阶级话语霸权和革命方式的努力才得以可能。但"断裂"又是如何出现并运作起来的呢？事实上，支撑"断裂"成立的关键正是阿尔都塞对结构主义分析方法和毛泽东的矛盾分析法的嫁接使用。其中，结构主义为阿尔都塞提供了理论之"形"，毛泽东的矛盾分析法为阿尔都塞提供了理论之"实"。得出这一判断的原因在于，结构主义虽然具有强大的理论反叛性，但其仍是西方认识论传统中"解释世界"的理论话语，并不具备现实中的直接行动力，即理论在政治斗争中的直接在场性；而矛盾分析法则恰好弥补了前者的欠缺，毛泽东关于矛盾规律、对立统一和联结转化的揭示，对于事物的具体分析、轻重缓急、实事求是的认识，对于革命斗争时要审时度势、随机应变、相机行事的强调，极大地帮助了结构理论调整为可以"改变世界"的行动理论。两种理论方法的结合，使阿尔都塞真正具备了理论介入政治、理论与实践相统一的能力，也使他足以灵活应对各种意识形态哲学的挑战。对于这两种方法的结合运用，我们可以在他各个时期解读马克思、列宁、毛泽东、马基雅维利、卢梭等人的思想过程中清晰地看到。

一　认识论断裂再讨论

"断裂"，其概念原型为"认识论断裂"，是阿尔都塞第一批作品中的核心概念。在学界传统的讨论中，这一概念是指责阿尔都塞机械割裂马克思前后期思想，背离历史唯物主义实践原则的最主要证据。但随着近几年中文学界对阿尔都塞晚期思想的拓清，人们开始逐渐摆脱对阿尔都塞的标签化认识，认为阿尔都塞的理论并非严格科学意义或实证意义上的结构主义，而是极具政治能动性与历史开放性的激进行动理论。其中的关键，正是对"虚空"概念的高度重视，以及基于"虚空"对"认识论断裂"、"症候阅读"、"总问题"、"理论实践"、多元决定①等概念群所作出的重新解释。我们会看到：在 1965 年前后，阿尔都塞更为强调认识论断裂所产生的理论结果，即通过科学理论与意识形态的决裂来寻求一种普遍性的哲学认识论；而在自我批评时期，阿尔都塞则开始强调认识论断裂所表征的理论开放意义与政治斗争意义，即由理论"断裂"所制造出的"虚空"，打开了无产阶级的行动空间和斗争实践的可能性。阿尔都塞也正是根据这种方式重新阅读了列宁和马基雅维利等思想家的作品，并反驳了刘易斯关于马克思的意识形态化解读。到晚年的偶然唯物论时，阿尔都塞更是重点讨论"断裂"所代表的"虚空"含义，或者说，是偶然的虚空②，以及"新君主"在填补这一空位的过程中所带来的开放性的历史观以及激进政治行动的无限可能性。由此，"断裂"所代表的理论中的斗争以及科学理论的开始，转换为了"虚空"所代表的现实中的力量失衡（而造成的行动空场）以及政治革命实践的开始。③ 至此，阿尔都塞的理论逻辑就发展为了"哲学战场—断裂/虚空—科学理论与政治革命的起源/开始"，理论最终成为实践，哲学也成为政治。

（一）认识论断裂与结构主义的亲缘关系

学界之所以认为阿尔都塞的理论是结构主义的马克思主义，正

---

① 关于"多元决定论"概念的阐释，详见本书第四章。
② 〔法〕阿尔都塞：《马基雅维利和我们》，载陈越编译《哲学与政治：阿尔都塞读本》，吉林人民出版社，2003，第 473 页。
③ 关于"虚空"与"新君主"概念的阐释，详见本书第四章。

是源于认识论断裂与结构主义分析方法之间的亲缘关系。虽然他一再强调这一术语来自研究科学史的巴什拉，但支撑认识论断裂的"总问题"①、症候阅读、理论实践等概念都具有强烈的结构主义色彩。不过，阿尔都塞对"认识论断裂"的认识与使用期待在前后期有着明显的侧重转变。这一侧重的转变，除了外界的批评压力外，支撑其内核的结构主义方法起到了决定性的作用。这是因为结构主义在最根本的意义上也是一种分析方法，方法论的底色使结构主义同时具备总体性与差异性、建构性与解构性的二重属性。

阿尔都塞的第一阶段思想集中于《保卫马克思》和《读〈资本论〉》，其中的核心内容就是"历史是无主体的过程"、"理论反人道主义"和"意识形态没有历史"这三大命题的"无主体"和"反历史"的表态。理解这里的关键点在于阿尔都塞的哲学观，即他对于哲学的定义。在这一阶段，阿尔都塞笃定哲学的主题是意识形态和科学概念的对立，所以哲学必须负责解释科学的诞生过程以及科学的内容，这就意味着：第一，哲学面对的是科学，陈述的是科学之所是，所以马克思主义的哲学是关于科学知识的认识理论，而不是某种历史的或实践的哲学；第二，新科学的诞生，必定有方法论上的革命，所以马克思的哲学革命也必然是方法上的革命；第三，马克思的哲学理论与哲学方法上的这种"革命"就是"认识论断裂"。在具体的推证中，阿尔都塞正是围绕着"认识论断裂"展开。但是，此时阿尔都塞更看重的是"断裂"后形成的"科学认识论"，而非"断裂"本身所表征的方法意义。正如他所指出的："我们这里暂且不谈出现'断裂'的过程中起了作用的辩证法，换句话说，暂且不去论述为促使断裂出现而进行的理论加工工作……我们将集中分析断裂后的那个阶段，即科学业已建成的阶段。"② 这与1965年后关于"断裂"的使用语境明显不同。

不过，1965年的理论斗争结果并不成功，阿尔都塞低估了意识

---

① 在《读〈资本论〉》中，阿尔都塞承认"总问题"概念来自米歇尔·福柯。
② 〔法〕阿尔都塞：《保卫马克思》，顾良译，商务印书馆，2010，第159页。

形态对他思想的影响，犯了思辨理性主义的错误，这使得他开始不断调整理论斗争的方向和侧重。这就是我们在阿尔都塞此后的文本中所看到的，与前期为了哲学理论而牺牲政治实践的做法不同，阿尔都塞在后期乃至晚年时，都在尝试构建一种"理论介入政治"的直接可能性。换言之，在阿尔都塞的第一批作品中，无产阶级的理论旨在寻求一门总体性的严格科学，因而要避免各种类型的主体经验；那么到了后期，无产阶级的斗争话语则是在充满"偶然/机遇"的历史中探索灵活实用的斗争策略，阿尔都塞用了一个形象的比喻来解释他的观点："跳上一辆未知的火车，并在车厢中与偶然相遇的各色人等交谈、辩论、互相学习，最终使每个人都有所改变。"[1] 历史的开端充满了偶然与不确定性，但这并不是我们感到无助与沮丧的原因，无产阶级战士要学会利用历史的"偶然/机遇"（虚空），抓住机会、果断行动，打乱资本主义生产和资产阶级国家秩序。不难发现，后期的阿尔都塞已经将"认识论断裂"转化为了"偶然/机遇"，"断裂"所代表的理论上的与意识形态间的决裂也被置换到了"偶然/机遇"所代表的现实中的与传统政治秩序间的突然决裂。

事实上，能促成阿尔都塞后期思想调整的原因也正是结构主义分析方法的参与。阿尔都塞在第一批著作中对结构主义方法的认识与使用是有明显侧重的，他更看重的是"科学认识论"，而非"断裂"、"症候"或"理论实践"等概念本身所表征的方法意义。事实上，在具体的文本表述中，阿尔都塞的结构主义形象本就是非典型的。如果我们非要把结构主义视为保守的理性主义者，如列维-斯特劳斯的结构主义，试图依靠某种（语言学）结构模型建立对全部社会科学，即对历史与社会等研究对象都有效的科学模型，[2] 那么，阿尔都塞最为看重的无疑还是马克思的观点："不是把辩证法当作解释

---

[1]　〔法〕L. 阿尔都塞：《论偶然唯物主义》，吴志峰译，《马克思主义与现实》2017年第 4 期。

[2]　〔法〕克洛德·列维-斯特劳斯：《结构人类学》（1），张祖健译，中国人民大学出版社，2006，第 35～36 页。

既成事实的理论，而是把它当作一种革命的方法。"①

　　"症候阅读"与"总问题"是阿尔都塞在第一批作品中得出"认识论断裂"的核心概念。仔细阅读文本，我们会发现在阿尔都塞的具体表述中，"症候阅读"与"总问题"明显存在着两种解释：第一，如果"症候阅读"强调的是文本后潜藏的支撑结构与运作关系，即"总问题"，那么这种阅读法就是试图一次性"生产"出关于这一文本结构的认识理论。第二，但如果"症候阅读"强调的是文本中"症候"的存在，即不能被理论"总问题"所支配的剩余物——文本中突然出现的"空白、缺陷"，也就是"虚空"②，那么"症候"所凸显的就是对理论"总问题"进行改变的开始。在此基础上再来理解"认识论断裂"，"症候"表明的就是旧理论（意识形态）逻辑中断裂的存在，而在断裂之处则意味着为新理论的生长打开了空间。所以，通过对"症候"的阅读与发现，从而不停地实现理论的"生产"与突破③，"症候阅读"作为结构式的阅读方法却成了掏空结构"总问题"的有力武器。那么，围绕"认识论断裂"，"症候阅读"、"总问题"和"理论实践"这一概念群所表征的就不再是一种严格的知识体系的成立，而是将理论实践带入了一个无限动态生成的过程之中。马克思主义也就成为一种推动理论实践与现存哲学结构不断发展的动力理论，从根本上说，这是关于"理论生成的理论"，而只有当理论作为一种方法论才能具备这种敞开性。④正像巴里巴尔所指出的："这并不是告诉我们什么是断裂的'科

① 〔法〕阿尔都塞：《保卫马克思》，顾良译，商务印书馆，2010，第173页。
② 〔法〕阿尔都塞、巴里巴尔：《读〈资本论〉》，李其庆、冯文光译，中央编译出版社，2008，第10~11页。
③ 而非一种本质还原，关于结构的总体性理论也是一种本质还原。
④ 这与同时期结构主义对语言、文学等符号的分析如出一辙。在结构主义分析中，理论家更多的也是要不断突破原有理性活动的疆界，面对无意识，面对"他者"，面对能指话语背后所没有被言说出的东西。结构主义将研究的对象视为一种可以"解读"的"文本"（text），并寻找居于"文本"之后的无意识结构，进而探寻这一"他者"结构运作的规律以及自我调节的内部机制。也可以说，这就是一种文字的游戏（罗兰·巴特语）。

学'，也不是激起我们重新思考科学应该是什么的马克思的断裂的
特有明证。换句话说，而是要探究这种知识实践所包含的真理和
知识之果，但是这种知识实践又不必然具有真理和知识的概念。"①
阿尔都塞也曾多次表达，自己无意发展出一种具有总体统一性的理
论②，而是更看重"断裂"作为一种方法和彻底的斗争态度对于哲
学理论与政治实践的良性互动和不断发展的支撑：

> 在一八四五年的确开始了某种不可逆的东西："认识论的断
> 裂"是一个不归点，开始了某种不会有止境的东西。我写过，
> 这是一种"延续不断的断裂"，像在任何其他科学中一样，是一
> 个漫长的工作时期的开始。虽然前面的路打开了，但是它坎坷
> 不平，有时甚至颇为险峻，充满了各种理论事件（补充、修正、
> 改写），这种理论事件关系到对一种特殊对象即阶级斗争的条
> 件、机制与形式的科学知识。用较简单的话说，就是关系到历
> 史科学。③

或者更直白地说：

> 这只是开创了一个无穷无尽的历史的源头。像任何断裂一
> 样，这场断裂实际上是一种持续的断裂，在它内部可以观察到
> 各种复杂的重组。事实上，这些影响到基本概念及其理论成分
> 的重组作用，人们是可以在马克思的一系列作品中经验地观察
> 到的……不管我们是不是承认这个事实，我们今天仍然身处在
> 由那场断裂所标志并打开的理论空间中。像开辟了我们知道的

---

① 〔法〕巴里巴尔：《1996 年重版前言》，载〔法〕阿尔都塞《保卫马克思》，顾良
译，商务印书馆，2010，第 9～10 页。
② 〔法〕阿尔都塞：《今日马克思主义》，载陈越编译《哲学与政治：阿尔都塞读
本》，吉林人民出版社，2003，第 251 页。
③ 〔法〕阿图塞（阿尔都塞）：《自我批评论文集》，杜章智、沈起予译，（台北）远
流出版事业股份有限公司，1990，第 78 页。

其他两块大陆的其他断裂一样，这场断裂开创了一个永远都不会结束的历史。①

在这一点上，阿尔都塞的理论完全可以理解为是一种"未完成"或"始终进行中"的理论，也就是阿尔都塞口中的"理论实践"和"哲学实践"。换言之，阿尔都塞的理论魅力就在于它真正的开放性和可解读性，而这些理论特性的获得正是因为阿尔都塞归根到底是在为无产阶级谋求新的革命政治话语以及革命斗争方式的层面上对哲学进行的新定义。这就不难理解，为何在自我批评时，围绕"认识论断裂"等观点，阿尔都塞始终不做原则上的退步②。当然，在这一原则上不退步的原因还在于阿尔都塞对结构主义方法的看重与灵活运用。

结构主义方法能作为阿尔都塞思想的内在逻辑，实际上也正因为其自身具有鲜明的二重性，即强调结构的总体性逻辑与强调结构的差异性逻辑。③ 这种二重性就体现在结构主义时代的不同思想家中，结构主义的分析方法在不同人的手里，所承担的理论职能是不同的。对于更早的列维-斯特劳斯来说，结构主义的进路是实证主义的科学研究，结构分析是要将更多的"化外"之物纳入理性的认识之中，在不同社群组织间寻找共同的交流规则与程序，至于这些"同一与差异"的争论都是思辨哲学的话题，他所关心的只是这一方法能帮助人们获得多少科学的知识。因而"社会生活不同层面的分析必须进行下去，直到达到从一个层面到另一个层面的过渡是可能的程度；也就是说，阐述一种普遍符码，它能表达从每个层面上产生出来的特定结构的共同特征。如果最终达到这个程度，那么，随着普遍符码的出现，所有结构的不变性也就找到了。纷繁芜杂的文

---

① 〔法〕阿尔都塞：《列宁和哲学》，载陈越编译《哲学与政治：阿尔都塞读本》，吉林人民出版社，2003，第142~143页。
② 〔法〕阿图塞（阿尔都塞）：《自我批评论文集》，杜章智、沈起予译，（台北）远流出版事业股份有限公司，1990，第127页。
③ 或许存在第三种意见，结构主义是一种时髦的思想游戏。

化、语言和习俗就可以完全得到解释，即还原到人类本性的统一性"①。但对于其他数量更多的"非典型"结构主义思想家而言，结构主义在最初或许是为了在差异多元的研究对象中寻求普遍共通的结构关系，即承担提供科学认识的职能。但当他们发现差异性与多元化远比寻求某种同一性知识更有趣时，结构分析就会生产出非辩证的历史话语与非同一的主体认知②，即提供一种实证解释的目的是反对上一种解释，对事物的解释永远是变化生成的。如罗兰·巴特所言："（结构主义是）新的东西，也是一种思维（或者说，一种'诗学'），这种思维更多地探讨意义以何种代价和依据哪些途径才是可能的，而不是尽力赋予它所发现的对象以充实的意义。"③那么，结构主义为客观事物所提供的意义只具有可能性和偶然性。意义就是无意义，事实并不重要。在此意义上，结构主义就是实证主义和虚无主义（怀疑主义或解释主义，总之其拒绝关于真理和意见的区分）在人类理性中一种悖谬的混合，其总体性特征越彻底，其差异性倾向也就越强烈。

事实上，采用结构主义方法正是阿尔都塞在马克思主义哲学中去黑格尔化的努力，也是他努力改造黑格尔辩证法的必然结果。结构主义方法的巨大优越性就在于它不像辩证法那样需要时间的补充，或是需要在历史思维中经历"否定"的环节。结构主义作为一种方法，一种操作流程和技巧，能帮助理论使用者当时就能获得"否定"的效果。在某种程度上，强调共时性原则的结构主义方法更像空间化了的辩证法，或时间扁平化了的辩证法。"今天的辩证法不再固守

---

① 〔法〕文森特·德贡布：《当代法国哲学》，王寅丽译，新星出版社，2007，第136页。

② 注意，"非辩证"一词在理解结构主义上的重要限定作用。传统的辩证法仍固守着对肯定性或确定性的保持与希望。而结构的差异性逻辑只能在否定性含义上来理解，强调事物解释与意义上的差异性与暂时性，并反对向同一性的回归，甚至于更激进地认为理性也是一种"神话"，理性概念必须坚决地予以革新。理性秩序只是真实无序世界的一种特例，理性是一种偶然。

③ 〔法〕罗兰·巴特：《文艺批评文集》，怀宇译，中国人民大学出版社，2010，第260页。

于历史性及历史时间，不再固守于时间性结构如'正题—反题—合题'或'肯定—否定—否定之否定'……这是一种新的、悖论性的辩证法：它不再依附于时间性。"① 通过对结构性要素的重组安排，马上就能得到关于世界与社会的全新认识。这对于阿尔都塞的理论实践起到了非常大的支持作用，如果通过立时的理论方法，就能在揭露斗争对象的虚伪性的同时，获得关于意识与理论再造的可能。这无疑非常适用于形势复杂多变，且必须立刻做出政策应对的斗争背景，为理论介入政治提供稳定的入口。我们知道，对于阿尔都塞一定不能将其仅仅定位为一个西方马克思主义哲学家，而应将其个人履历纳入国际共产主义运动发展史中、将其思想履历纳入科学社会主义理论的大视野中予以全面考察。其原因就在于，阿尔都塞思想的斗争特质使其必须要有斗争方法和斗争策略的支持，方法问题之所以如此重要，就在于理论方法就是斗争策略。方法论的革命不仅能拆解思辨理论，还意味着哲学终于可以思考现实政治的真实情境与无产阶级政治实践的具体策略。在此，我们不仅回答了结构主义为何能够在整个 20 世纪 60 年代风靡各个人文与社会学科，更看到了东西方哲学与政治思想的奇妙相遇。

就像雅克·比岱在点评阿尔都塞时指出的那样："关于结构的再生产理论必然是关于结构改变的理论：其目的是揭露不变的条件——最后终结那种不变性的变化也在这种不变的条件中产生。阿尔都塞关于过程中的变化（比如向社会主义过渡过程中的变化）的思想，影响了他关于资本主义再生产条件的观念，也影响了关于结构的不变性的思想。说到底，它无非是一种理论，只不过有两个入口：再生产和革命。"② 结构不断进行着自我的再生产，意图永远复制结构自身的运转机制。但也正是因为结构的力量令人压抑，革命才需要打断再生产的进行。不难看到，结构主义的二重性不仅体现了结构现

---

① 〔美〕索杰：《第三空间：去往洛杉矶和其他真实和想象地方的旅程》，陆扬等译，上海教育出版社，2005，第 55 页。

② 〔法〕雅克·比岱：《法文版导言：请你重读阿尔都塞》，载〔法〕阿尔都塞《论再生产》，吴子枫译，西北大学出版社，2019，第 23 页。

象的思辨之维，也是阿尔都塞在理论实践中的一系列核心概念——认识论断裂、症候阅读、多元决定等，能够运转并发挥巨大战斗力的原因。

（二）毛泽东的矛盾分析方法

支撑"认识论断裂"出现和运作的另一个关键是阿尔都塞对毛泽东矛盾分析法的嫁接使用，"断裂"就是结构主义分析方法与毛泽东的矛盾分析法有机混合后的使用结果。正是凭借这两种方法的支撑，阿尔都塞突破了黑格尔辩证法的逻辑，完成了从前期的理论侧重到后期的实践侧重的转向，这成为他哲学思想中最锐利的武器。毛泽东对阿尔都塞的思想影响颇深，毛泽东关于中国革命的斗争经验以及灵活机动的高超谋略让阿尔都塞大为震惊。阿尔都塞甚至认为，毛泽东的思想使人们正面临着马克思主义哲学史上的又一次决定性革新。利用毛泽东思想完全可以更新关于马克思主义哲学的理解，并帮助人们结束党内理论界长期存在的经济教条主义和历史形式主义。阿尔都塞阅读毛泽东的《矛盾论》是在 1952 年，而此时他还没有介入关于哲学与政治革命的话题争论中。但我们很快就看到了他在此后的著作中对毛泽东哲学的赞美以及对毛泽东理论的援引嫁接。在巴里巴尔的描述中，我们可以一窥阿尔都塞思想中的毛泽东渊源。

毛泽东对于阿尔都塞来说似乎是一个"新列宁"：实际上自 1917 年以来，共产党的领袖第一次既是一位一流的马克思主义哲学家（即一位货真价实的哲学家），又是一位天才的政治战略家，他将革命力量引向了胜利，并显示了自己有能力用概念的方式对革命胜利的根据进行思考。因此，他是理论和实践相统一的化身。另一方面，毛的论述完全围绕着"事物对立统一的法则"进行，把它当作是"唯物辩证法的最根本法则"，而没有暗示任何别的"法则"，尤其是，毛还完全忽略了"否定之否定"这条在官方马克思主义当中最明显地从黑格尔"逻辑学"那里继承下来的法则。最后，在阐述"主要矛盾和次要矛盾""矛盾的主要方面和次要方面""对抗性矛盾和非对抗性矛盾"等概念，在阐述这些不同的项之间相互转化的可能性（这决定了它们在政治上的使用）时，毛没有满足于形式上的说明，而是大量提及中国革命的特殊性（尤其是中国革命与民族主义之间关系的变化）。①

毛泽东对于共时性矛盾（主次矛盾以及矛盾的主次方面的对立统一和相互转化）的分析、对于社会结构和政治力量间不平衡性的把握、对于时机和形势的掌控，以及对于历史发展趋势和革命不同阶段的任务规律的预判与认识都给了阿尔都塞极大启发。毛泽东曾指出："对于矛盾的各种不平衡情况的研究，对于主要的矛盾和非主要的矛盾、主要的矛盾方面和非主要的矛盾方面的研究，成为革命政党正确地决定其政治上和军事上的战略战术方针的重要方法之一，是一切共产党人都应当注意的。"② 毛泽东思想强烈地反对理论教条主义，强调哲学研究要实事求是、具体问题具体分析、理论联系实际，这都是理论与实践辩证统一、紧密结合的高超哲学智慧，为阿尔都塞创制新的革命政治话语并寻求政治斗争新方式提供了无尽的思想资源，也是他用以改造结构分析法并与之融合的突破口。巴里巴尔认为，毛泽东思想所代表的东方哲学智慧在很大程度上帮助阿尔都塞突破了西方本质主义的思维方式，发展出了复杂社会结构下的历史空间理论与历史发展学说：

　　阿尔都塞在这里把毛泽东变成了两种观念的持有人甚至是发明人。在他看来，这两种观念标志着与马克思主义中黑格尔遗产的"断裂"：一是关于一个总体（本质上是社会的、历史

---

① 〔法〕巴利巴尔：《中文版阿尔都塞著作集序》，载〔法〕阿尔都塞《论再生产》，吴子枫译，西北大学出版社，2019，第19页。
② 《毛泽东选集》第1卷，人民出版社，1991，第326~327页。

的总体，如 1917 年的俄国、20 世纪 30 年代的中国、60 年代的法国）的各构成部分的复杂性的观念，这种复杂性不能化约为一个简单而唯一的原则，甚或某种本质的表现；二是关于构成一切发展或过程的不平衡性的观念，这种不平衡性使得矛盾的加剧带来的不是"超越"（就像黑格尔的否定之否定模式一样），而是"移置""凝缩"和"决裂"。①

毛泽东极富灵活性和能动性的思想在本质上是突破一切教条主义束缚的行动理论，这无疑是对马克思主义理论的重大发展与创新。我们完全能够想象，这种东方谋略式的思维方法对于成长于西方学术背景下的阿尔都塞的震撼。诺曼·莱文曾对毛泽东这种东方式的辩证法评价道："辩证法将不在思想的领域而在行动的领域进行分析。辩证法不仅是一个可探究的公式，而且是一种行动的指南。要判断毛泽东是否继续和丰富了马克思主义的传统，必须以他是否遵守行动的辩证法为依据。"② 不难看出，毛泽东行动的辩证法恰好弥补了结构主义在能动性上的欠缺。我们知道，相较于传统的哲学社会科学理论，结构概念的特殊性（既非"人"又非"物"），使其在描述和解释社会整体结构的复杂性和内部要素的差异性上确实有着非常明显的理论与方法优势。但结构主义的劣势也同样突出，虽然结构主义蕴含着巨大的理论反叛性，但这种反叛性仍是认识论话语中的传统与现代的观点对峙。强调共时性和空间性的结构主义也就自然失去了历史哲学所特有的变革意识，因而结构分析仍是一种精致的现象学，旨在描述和解释世界而无法推动历史的革命性的变革。这一缺点使其无法满足阿尔都塞寻求现实革命突破的要求，也不能满足他对于哲学理论与革命实践紧密结合的需要。对于一位革命家来说，理论如果不能对时机和局势有较好分析，不能指导实践

---

① 〔法〕巴利巴尔：《中文版阿尔都塞著作集序》，载〔法〕阿尔都塞《论再生产》，吴子枫译，西北大学出版社，2019，第 21 页。

② 〔美〕诺曼·莱文：《辩证法内部对话》，张翼星等译，云南人民出版社，1997，第 403 页。

并介入现实政治，这一理论就依然不能称为革命的理论。在阿尔都塞看来，如果这种理论是马克思主义的理论，那这种马克思主义就一定是意识形态化的马克思主义，也就是他理论斗争的对象。

从 1965 年出版的《保卫马克思》一直到晚年遗稿《偶然相遇的哲学》，我们在阿尔都塞所有主要著作中都能看到毛泽东思想对于他理论的启发和支撑：首先，在阿尔都塞的"结构因果观"与"多元决定论"中，不论是关于社会事件复杂因果性的灵活分析，还是多元决定所揭示出的社会结构中存在着的不平衡性与差异性，这种力量与矛盾间主次地位的变化、复杂互动的关系以及具有各种偶然性的社会真实状态，都是对传统历史哲学和主体哲学的目的论与决定论的坚决拒斥。

其次，阿尔都塞在关于理论斗争中的阵地战和攻防战的表述中，也明确地使用了毛泽东的矛盾分析法和灵活机动的战略战术：

> 哲学不是由提出来供判断是对或是错的一些同质的命题所组成的整体。哲学是各种立场（论点）的一种体系，而且通过这些立场，它本身在理论的阶级斗争当中占有这些立场。它在涉及到敌人和反对敌人的斗争中占有这些立场。可是敌人也不是一种统一体：哲学的战场因而不是以对立"体系"的形式对于单纯的真理和谬误的理性主义对立所进行的一种再生产。不可能有同质的好的一方和坏的一方。通常双方的立场都是混淆在一块的……因此，如果说不是同时四面出击的话，那么在把所有的时间都"花"在占有正确立场的时候，至少一定要在几个战线上战斗，就是说既要考虑到主要的倾向也要考虑到次要倾向，既要考虑到主要的利害关系，也要考虑到次要的利害关系。①

---

① 〔法〕阿图塞（阿尔都塞）：《自我批评论文集》，杜章智、沈起予译，（台北）远流出版事业股份有限公司，1990，第 162 页。

再次，还体现在阿尔都塞于 20 世纪 70 年代关于再生产和意识形态国家机器的研究中。正是由于多元决定打破了原来官方教条中的经济决定论，经济基础与上层建筑间曾有的稳定关系被重新配置，意识形态在政治维度上拥有了更强的独立性。巴里巴尔就指出："早在《保卫马克思》和《阅读〈资本论〉》中，阿尔都塞就已经开始从社会形态各层级或层面的角度重建历史唯物主义了。'文化大革命'作为'群众的意识形态革命'，是要对意识形态上层建筑进行革命，这正如夺取政权是解决政治上层建筑问题，改造生产关系是解决经济下层建筑问题一样。而这场发生在意识形态上层建筑中的革命，从长远来说，本身将成为其他两种革命成功的条件，因而作为阶级斗争的决定性环节，它恰好在意识形态中展开。"①

最后，毛泽东思想还体现在阿尔都塞对无产阶级"新君主"的呼唤以及偶然唯物论的阐释中，阿尔都塞晚年的注意力集中于对"机遇""形势""君主实践"等概念的阐释和把握上，而这些以实践为主导的哲学理论更是毛泽东斗争艺术在阿尔都塞思想中的开花结果。

佩里·安德森在评价阿尔都塞的结构主义方法论时，曾将这种结构因果性与多元决定概念认为是得益于斯宾诺莎的哲学。② 不可否认，阿尔都塞确实是在公开的表态中承认这些思想借鉴于斯宾诺莎，但我们在考察了阿尔都塞思想中的毛泽东影响后，也绝不能忽略毛泽东思想的理论分量，尤其是在法共的指导理论逐渐放弃无产阶级专政并接受人道主义化改造之后。因而，与其说这是"关于上帝是内因的概念的世俗化解释"，还不如直接指出，阿尔都塞本就有一个世俗化的版本可供参考。因而，当阿尔都塞认定马克思的辩证法是对黑格尔辩证法的"颠倒"不过是一个隐喻时——"这只是用来表达马克思哲学与黑格尔哲学之间理论革命的一个隐喻……这被揭

---

① 〔法〕巴利巴尔：《中文版阿尔都塞著作集序》，载〔法〕阿尔都塞《论再生产》，吴子枫译，西北大学出版社，2019，第 24 页。
② 〔英〕佩里·安德森：《西方马克思主义探讨》，高铦、文贯中、魏章玲译，人民出版社，1981，第 84 页。

示出的理论革命并不是一种'颠倒',而是发生在用新的科学的总问题取代意识形态总问题的行动之中"① ——毛泽东思想或许就是这个隐喻的谜底。

二 理论断裂亦是政治断裂

借助于理论断裂,阿尔都塞彻底扭转了马克思主义理论的意识形态化倾向,并在破旧立新之中为建立新的无产阶级革命话语向前推进了一大步。在此基础上,阿尔都塞还进一步探索了如何利用理论的力量将革命实践引向胜利,从而努力践行着马克思"改变世界"的教导。阿尔都塞的"认识论断裂"有着真切的现实关怀,以时间和历史逻辑为内核的革命理论在西欧遭到了现实的巨大挑战。阿尔都塞不得不将视野转向东方,考察列宁、毛泽东所取得的革命胜利经验。他从列宁的"帝国主义发展的不平衡理论"以及毛泽东的"实践论"和"矛盾论"中得到了启示,以彻底的理论断裂揭示了社会历史发展的不平衡性和差异性,进而将这一理论模型带入具体的政治实践中,即对意识形态国家机器、偶然突发的事件和复杂多变的形势等作全新的把握。阿尔都塞中晚期的重要概念"意识形态国家机器""虚空""偶然/相遇""形势""事件"等便在这种理论话语中得到凸显。因而,阿尔都塞不仅在理论断裂之处接入了无产阶级的霸权理论,更在理论断裂之处寻找到了无产阶级政治革命的可能。

"理论断裂亦是政治断裂",虽然这一说法阿尔都塞在 1965 年的著作中就已提出,但也只有到他中晚期,尤其是阐发偶然唯物论时,理论中的斗争才能够彻底转化为现实中的斗争,这一论断也才能够称得上是"一份战斗性的教学文本"。② 这也就是阿尔都塞一直在意识形态中寻求"理论断裂"的原因,它意味着新政治力量的崛起和

① Louis Althusser, *The Humanist Controversy and Other Writings*, translated by G. M. Goshgarian, London: Verso, 2003, p. 175.

② 〔法〕雅克·比岱:《法文版导言:请你重读阿尔都塞》,载〔法〕阿尔都塞《论再生产》,吴子枫译,西北大学出版社,2019,第 20 页。

新革命阶级登上政治舞台的可能，而在此前的阶级斗争史中，最伟大的"理论断裂"，就是马克思主义理论的诞生以及这一革命理论指导下的工人阶级的联合运动。这同样也解释了，为何阿尔都塞后来在面对激烈的理论批评时始终未在"断裂说"上做原则性让步。他反复强调，这一"断裂"是马克思主义和资产阶级哲学之间的断裂，是马克思主义科学和资产阶级的意识形态哲学（人道主义、历史主义、进化论、经济主义、唯心主义等）之间的对立，是一场关乎无产阶级革命是否可能的生死攸关的理论斗争。

> 这一断裂是这样的一种断裂：这不是马克思跟一般意识形态所做的一种断裂，这是马克思不只是跟现有的意识形态的历史概念所做的一种断裂，而且也是跟资产阶级的意识形态、跟占主导地位统治的资产阶级世界观的意识形态（这种意识形态不只支配着社会实践，而且也在实际的和理论的意识形态里、在哲学甚至在政治经济学和空想的社会主义里占着支配的地位）所做的一种断裂。……因为他只能够跟整个资产阶级的意识形态断裂，因为他是从无产阶级意识形态的基本观念里、从这一意识形态变成现实的无产阶级首次的阶级斗争里取得灵感的。①

阿尔都塞不停反驳他的批评者，他认为这些资产阶级和小资产阶级的马克思主义者根本不懂得"断裂"所意味着的彻底的理论革命意义；这些哲学教授对阿尔都塞的批评仍是基于思辨的形而上学，他们关心的只是自己心中的马克思主义理论是否还纯粹，是否还完好如初，他们不断夸大阿尔都塞的理论主义错误，就是因为这些人根本看不到马克思的哲学革命同时也是一个历史事件和政治事件："我把'断裂'归结为一种简单的思辨理性主义对立；而我的大多数批评者却把它分解得不成样子！他们把断裂擦掉、抹去、删除、

---

① 〔法〕阿图塞（阿尔都塞）：《自我批评论文集》，杜章智、沈起予译，（台北）远流出版事业股份有限公司，1990，第140页。

加以否定。他们是何等起劲地在从事着这项排斥和破坏的工作啊!
让我们明确指出在马克思理论反省的形成过程中,的确存在着有几
分像的一个'断裂',这个'断裂'不但不是一种无足轻重的东西,
反而对整个工人运动史是极为重要的。而且在那些确认'断裂'事
实的人和那些想把'断裂'分解得不成样子的人之间,存在着我们
必须承认的归根到底的是一种政治的对立。"①

　　认识论的断裂不仅是理论上的"断裂",更是政治上的"断
裂"。事实上,包括"理论断裂"在内,阿尔都塞在 1965 年提出的
所有理论概念与理论方法都要在政治的维度来理解。阿尔都塞这种
彻底斗争化与政治化的哲学观就是为了让人们摆脱对马克思主义纯
理论式的思考,将马克思主义视作曾经而且当下仍在指导千千万万
劳动人民为争取自己的权益与解放,为反对内外敌人、争取民族自
由与国家独立而不懈奋斗、不懈抗争的革命理论。马克思主义不是
哲学教授们案头摊开的读本、口头表达的点缀、随手放置的玩物,
马克思主义是实践的理论、是劳动人民的心声,甚至可以说,马克
思主义代表的就是人民群众在革命、建设和改革中进行的伟大实践。
因而,与思辨哲学在理论上的对立就是与思辨哲学家们在政治上的
对立,从这一意义上讲,我们就能充分理解为何阿尔都塞在"认识
论断裂"等原则问题上毫不让步;他在自我批评时期所提出的"哲
学即政治"这一表述也是完全正确的。

---

① 〔法〕阿图塞(阿尔都塞):《自我批评论文集》,杜章智、沈起予译,(台北)远
　　流出版事业股份有限公司,1990,第 129 页。

第三章

自我批评与哲学政治职能的强化

　　我忘了谈论一个极为重要的问题，这个问题我们可以暂且称之为经验认识的问题。例如，列宁说过，马克思主义的灵魂就是"对具体情况作具体分析"。我既没有制订关于这个提法的理论，也没有给出这种理论的大致轮廓。①

　　在哲学一词的经典意义上不可能存在马克思主义哲学，马克思主义在哲学中带来的革命，在于以新的方式，根据历史唯物主义所知的哲学的真实性质，站在无产阶级的阶级立场上来实践哲学。②

第一节　理论侧重的转向

在阿尔都塞的哲学思想中，存在着一个"阿尔都塞的 Kehre（转

---

① 〔法〕阿尔都塞：《怎么办？》，陈越、王宁泊、张靖松译，西北大学出版社，2023，第188~189页。（也可参考〔法〕路易·阿尔都塞《哲学的形势和马克思主义理论研究》，吴子枫译，《国外理论动态》2014年第1期。两个版本翻译略有出入。）

② 〔法〕阿尔都塞：《在哲学中成为马克思主义者》，吴子枫译，北京出版社，2022，第306页。

向）"①。这是因为阿尔都塞的第一批作品并没有达到他想要的理论效果，他大大低估了传统哲学的同一性逻辑对自身思想的影响与渗透，最终造成了"哲学（理论）与政治（实践）对立"的尴尬局面。我们知道，传统西方理性主义哲学的一大特征就是设定了真理与谬误的等级制对立，这种崇尚"静观""同一"，排斥"实践""差异"的哲学观自柏拉图以来一直主宰着西方哲学史。马克思哲学的伟大之处就在于打破了旧哲学中这种自我沉醉的思想等级制，正如阿尔都塞在自我反思中意识到的："虽然马克思主义是理性的，但它却不是理性主义。"②但对于1965年的阿尔都塞来说，当他围绕"认识论断裂"概念宣布他发现了科学与意识形态对立的秘密后，他事实上是将马克思主义成为科学理论的希望寄托在了先成为"科学"的认识理论之上。而通过这一认识理论，人们唯一被允许获知的真相是——主体处于意识形态的"无意识之幕"中却茫然不知。要想突破这一无所不在的意识形态结构，就必须通过对意识形态概念的重新编码（"迂回"或从中"生产"）。那么，这种主客间"插入结构式的"或者说"结构中转型的"认识模型，实际上就仍是阿尔都塞所反对的同一性的哲学意识形态的思维传统。

因为：第一，它仍然强调主体是无法直接认识客观事物的，只能且必须通过科学的概念才能真正认识客体，而这些科学概念只能来自某一哲学家的思维给予；第二，主体任何意义上的实践行为都是"无意识的"，除了产生科学概念的"理论实践"，任何实践都是无效的虚假实践。因而，作为理论主体的阿尔都塞，在反对唯心主义的战斗中却暗自将自己设定为了新的本体与意义来源；他建立于"认识论断裂"和"科学与意识形态对立"基础上的"无主体"的

---

① 〔法〕戈什加林：《法文版序》，载〔法〕阿尔都塞《在哲学中成为马克思主义者》，吴子枫译，北京出版社，2022，第3页。（"Kehre"，德文，意为"拐弯处""转向"。）

② 〔法〕阿图塞（阿尔都塞）：《自我批评论文集》，杜章智、沈起予译，（台北）远流出版事业股份有限公司，1990，第139页。

哲学思想，无疑重启了关于真理的迷信。正如西蒙·乔特所指出的：

> 唯心主义都试图寻求一个共同的本体论和目的论：思考事物的存在就是思考事物的目的。另一方面，唯物主义不仅仅是唯心主义的对立面，正像阿尔都塞在自己的文章中所指出的那样，一门相反的哲学并没有改变这门哲学的结构、问题乃至意义；它们分享着同一种问题框架（问题式）。这样的唯物主义哲学也必将是"一个有着必然性和目的论的唯物主义，即幻化与伪装好的唯心主义。"① 一个真正的唯物主义者必须彻底摆脱唯心主义的问题框架。②

当然，在这个被称为"思辨的理性主义错误"③ 背后，也是阿尔都塞对结构总体性逻辑的痴迷。结构的分析方法确保了概念的科学性，阿尔都塞又确保了结构分析的科学性，在反对"主体"意识形态的同时又实质上恢复了主体的权威，他本人就是这一"新主体"的承担者。这一局面的发生再次凸显了哲学与政治、理论主体与政治行动之间关系的难题。这是阿尔都塞在 1965 年的理论实践中留下的最大的教训，也是他在此后的理论斗争中必须解决的问题。毕竟，在没有其他全新的概念与思维的介入下，以一种哲学语言来反对另一种哲学语言，阿尔都塞的反意识形态理论只会异化为另一种哲学意识形态，成为资产阶级意识形态辩证法的一个环节，最终扮演起"皇帝陛下忠诚的反对派角色"④。因而，为了能彻底摆脱唯心主义的问题框架，真正了解无产阶级政治实践的具体内容，阿尔都塞仅

① Louis Althusser, *Philosophy of the Encounter: Later Writings, 1978-1987*, edited by Francois Matheron and Oliver Corpet, translated with an Introduction by G. M. Goshgarian, London and New York: Verso, 2006, p. 168.
② Simon Choat, *Marx Through Post-Structuralism: Lyotard, Derrida, Foucault, Deleuze*, London: Continuum, 2010, p. 25.
③ 阿尔都塞把这种理论错误称为"理论主义倾向"（tendance théoriciste）或"理论主义偏向"（déviation théoriciste）。
④ 〔法〕阿尔都塞：《论再生产》，吴子枫译，西北大学出版社，2019，第 228 页。

仅通过宣布马克思主义理论是科学理论并不能一劳永逸地获得理论胜利，他必须放弃哲学能够囊括万物、解释一切的冲动，以更贴近政治斗争、更加彻底和极端的理论实践形式来进行哲学表达。"这种自我批评所推动的 Kehre，使阿尔都塞的思想重新回到了——如果可以这么说的话——十年前开辟的反-哲学的偏向的正道上。"① 阿尔都塞的"矫枉过正""哲学是理论中的阶级斗争""哲学都是有党性的"，都是其理论逻辑激进化的全新表达。这不仅直接导致了阿尔都塞哲学侧重的政治性转向以及对意识形态的机制、形式、作用和阶级倾向的进一步研究，同时也为无产阶级的政治想象注入了新的活力。

一　思辨理性主义的错误

阿尔都塞的出发点是，要真正了解无产阶级政治实践的具体内容，就必须摆脱对黑格尔同一性辩证法的依赖，改造并重塑马克思主义的历史唯物主义和唯物辩证法，从而揭示现代社会的运行机制与发展规律，进而制定出在新历史条件下无产阶级政治实践的具体策略。但在此过程中，阿尔都塞的理论却陷入了思辨的理性主义之中，成为他所反对的哲学意识形态的一部分。在阿尔都塞的第一批著作中，马克思的前后期理论被断裂对立起来，马克思主义成为统合科学知识体系的认识理论，任何关于主体能动的实践性要素都归于了意识形态。从思维根源上看，这正是受到了结构主义总体性逻辑的影响。结构主义虽具有反同一性逻辑的特质，但结构的总体性倾向却始终在理论深处坚持某种确定性（科学性）的寻求，是能充分容纳下差异性的同一性理论。"毕竟从思想史的视角看，主体哲学与结构主义并非只是对立性的否定关系，还辩证地存在着肯定性的关联。"② 因而，阿尔都塞"无主体"烙印

---

① 〔法〕戈什加林：《法文版序》，载〔法〕阿尔都塞《在哲学中成为马克思主义者》，吴子枫译，北京出版社，2022，第 11~12 页。

② 王文轩：《"无主体"的悖论：阿尔都塞结构主义马克思主义观的一个审视》，《中南大学学报》（社会科学版）2019 年第 6 期。

下的马克思主义历史科学就成为新的同一性哲学的"变种"，阿尔都塞本人成为这种新意识形态的代表。

（一）阿尔都塞的理论反思

反对抽象思辨的人道主义意识形态，却以同样抽象思辨的结构主义来替代，对革命实践的抽象辩护带来的只能是对革命实践的实质性驱逐，这就是我们对阿尔都塞前期的政治思想，即对其理性主义认识论错误的学理分析。在《自我批评论文集》中，阿尔都塞也对自己的这种理性主义的种种表现进行了反思。当然，他并不认为自己是结构主义者，而只承认自己与结构主义有某种"偶然的亲密关系"①。他认为主要的理论过失还是一种思辨理性主义的倾向，全部情形可以以几句话来概括：

> 我还是按照三种把我的理论主义（即思辨理性主义）倾向体现和概括的轮廓，把科学（各种真理）和意识形态（各种谬误）之间理性主义对立的这种"谬误"加以理论化：
>
> （1）一种关于科学（单数）和一般意识形态（单数）之间差异的理论（思辨性）概括。
>
> （2）"理论实践"的范畴（就在现有的背景中它有把哲学的实践归结为科学的实践的倾向来说）。
>
> （3）把哲学当作是"理论实践的理论"的（思辨性）论点——它把理论主义倾向发展的最高极至表现了出来。②

阿尔都塞只给出了"思辨的理性主义"错误包含的三种情况，并没有解释什么是"思辨的理性主义"。实际上，这种"思辨的理性主义"就是结构主义的总体性逻辑，阿尔都塞正是依靠

---

① 〔法〕阿图塞（阿尔都塞）：《自我批评论文集》，杜章智、沈起予译，（台北）远流出版事业股份有限公司，1990，第146页。

② 〔法〕阿图塞（阿尔都塞）：《自我批评论文集》，杜章智、沈起予译，（台北）远流出版事业股份有限公司，1990，第143页。

这一逻辑制造了"认识论断裂"① 来求证马克思主义的科学性。接下来,我们来逐一推敲阿尔都塞以上反思的内容:首先,从逻辑上看,关于"认识论断裂"的证明是一个无解的循环论。要区分"科学"与"意识形态",阿尔都塞就不得不从"科学著作"《资本论》中寻找两者"断裂"的依据。但《资本论》为何就是"科学著作"呢?因而,必须先论证《资本论》的科学性。如何论证?阿尔都塞认为,这就需要以科学的方法("断裂—问题式")来解读《资本论》,而解读的结果是发现马克思的科学性就是我们解读《资本论》的科学方法。我们用科学的方法来论证《资本论》的科学性,论证的结果是发现原来两者是一回事。也就是说,论证的前提就是论证的结论。其次,我们在提到"辩证法"的含义时,最浅显的理解是,两个事物或思想间存在某种时间与逻辑的关联。而如果马克思与黑格尔间的关系不是"辩证"的发展过程而是一次突然的"断裂",那么,我们便无法理解马克思是如何做到在完全"科学"的阶段竟仍然分享着和黑格尔没有任何关系的"辩证法"。一旦承认两者间存在关联,马克思对黑格尔的超越就是一个辩证的思想发展过程,而非产生全新科学的一次"断裂"。再次,由于"认识论断裂",科学的唯一内容就是"理论实践",即从意识形态中"生产"出科学概念,至于主体的能动性和实践性则归属于意识形态。那么,这就不可避免地产生理性主义的二元对立的观点——真理与谬误、理论与实践,并且为了前者而排斥后者,马克思主义的革命理论与革命实践之间彻底分裂。最后,围绕"认识论断裂"所产生的一系列问题,归根到底就是将马克思主义收缩为一种没有主体能动性和历史实践的"基础主义"认识理论,这就是阿尔都塞所承认的"理

---

① 当然,"认识论断裂"有来自巴什拉思想的影响,但这一概念在阿尔都塞1965年前后的使用语境中,是更倾向于表达"断裂"后的"认识论",而非"断裂"的意义本身。这同自我反思之后的运用情况明显不同。因而,强调"断裂"后形成的科学"认识论"是与"问题式"概念紧密相关的,而"问题式"无疑是一种结构主义思维,详见本书第二章第二节中的"认识论断裂再讨论"。

论主义"错误。①

> 我没有在所有的历史领域——社会、政治、意识形态的领域——解释这一历史事实，我把它归结为一个简单的理论事实，即在马克思一八四五年后的著作中可以看到的认识论上的"断裂"。结果，使我陷入了对"断裂"的理性主义解释中，按照把科学和意识形态之间进行思辨上区分的方式，按照简单的和一般的方式，把真理和谬误对立了起来。因此马克思主义和资产阶级意识形态的对立就变成只是这种对立的一个特殊的例子而已。由于这种归结和这种解释，阶级斗争便从思辨理性主义的这个舞台实际消失了。②

总之，阿尔都塞第一批作品的主题仍然是"哲学"而非"政治"，他将辩证唯物主义定义为理论实践。而在具体的理论实践中却与结构主义合作，重启了传统西方理性主义背景下的真理与谬误的对立，也就是"从最初、从柏拉图主义以来就固定的一种对立再提出来的笛卡尔类型的思想方法"以及"启蒙哲学中知识和无知相对立的思想方法"。③ 实际上，这也是结构总体性逻辑主导下的理论必然。结构主义之所以希望将事物和主体从意识领域中独立出去，纳入科学的结构概念下，其根本原因在于结构总体性理论仍然是面向"他者"的现象学，仍设法从客观事物中寻找理性的确定性认识。因而在给主体加括号的同时，不自觉地返回了柏拉图（既要返回柏拉图的理论，也要做柏拉图本人）。所以，结构主义的总体性逻辑仍是一种变相的主体同一性哲学，阿尔都塞成为他所反对的哲学意识形

---

① 王文轩:《"无主体"的悖论：阿尔都塞结构主义马克思主义观的一个审视》，《中南大学学报》（社会科学版）2019 年第 6 期。
② 〔法〕阿图塞（阿尔都塞）:《自我批评论文集》，杜章智、沈起予译，（台北）远流出版事业股份有限公司，1990，第 127 页。
③ 〔法〕阿图塞（阿尔都塞）:《自我批评论文集》，杜章智、沈起予译，（台北）远流出版事业股份有限公司，1990，第 138 页。

态的一部分。

当然，阿尔都塞也就以上的各种错误倾向做了澄清。在《自我批评材料》中，他承认在第一批作品中采用"认识论断裂"的方法来分析马克思的思想是十分粗浅的，许多论断还只是假设，还需要长期的研究和分析来支持。但他同时认为，在展现马克思哲学革命的问题上，即展现马克思哲学与资产阶级意识形态彻底决裂的问题上，不这样来表述，也是不行的。在当时的政治与理论氛围下，不使用这些词语就不能做任何事情："我们没有其他的词语，我们也没有更好的词语。"① 更为关键的是，阿尔都塞完全不同意在原则上做出让步，他认为不应仅仅把马克思的哲学革命在理论上加以理解，还要把它看作一个政治事件和历史事件，而他自己所做的理论表述正是记录了这一项伟大的事实——"理论实践也就是政治实践"，这一点是他为自己所做的最重要的辩护：

> 我想要保护马克思主义免受资产阶级意识形态实际的威胁。为此，就必须强调马克思主义革命的新性质；因此就必须"证明"马克思主义和资产阶级意识形态之间有一种对立，除非跟资产阶级意识形态彻底的和持续的决裂，并同这一意识形态的攻击进行坚持不懈的斗争，否则马克思主义就不能在马克思的思想中和在工人运动中发展起来。这个论点过去是正确的，现在也是正确的。②

阿尔都塞的最后结论是，不能因为怕陷入思辨的理论主义，就不提科学的马克思主义理论与意识形态理论的"断裂"。因为无论是在理论上，还是在政治立场上，马克思主义研究者有义务也有责任与这些资产阶级主观唯心主义和小资产阶级的马克思主义展开坚决

① 〔法〕阿图塞（阿尔都塞）：《自我批评论文集》，杜章智、沈起予译，（台北）远流出版事业股份有限公司，1990，第136页。

② 〔法〕阿图塞（阿尔都塞）：《自我批评论文集》，杜章智、沈起予译，（台北）远流出版事业股份有限公司，1990，第127页。

的批判，从而捍卫马克思主义的科学性。不难看到，强调无产阶级在理论实践中的直接参与性，并以政治第一性的角度来看待理论实践，这是阿尔都塞在1965年时还没有完全意识到的一点，也是他在此后展开自我反思时的总基调。

（二）错误根源：理论主体与实践主体的错置

如果以思辨的理性主义来定义阿尔都塞理论上的错误，那么这一错误反映在政治上，就是他试图以理论主体去完全替换实践主体，单纯以主体的理论性力量来替换活的经验中的实践在历史进程中发挥主要作用。因而，阿尔都塞科学主义认识论野心的政治错误本质是思想主体与实践主体的错置。即使他反复强调理论的政治意义以及现实实践对于哲学理论的优先性，阿尔都塞依旧没有摆脱哲学与政治、理论主体与政治行动之间关系的难题。事实上，阿尔都塞对这一错误的反思早在1966年的《哲学的形势和马克思主义理论研究》一文中就展现了出来①，并在1967年的《致读者》中，详细指出了在《保卫马克思》中被他所忽视的理论与实践相结合的问题：

> 尽管我突显了理论对于革命实践的极端重要性，尽管我因此揭示了各种形式的经验主义的错误，但是，我并没有探讨"理论和实践相结合"的问题，而这一问题在马克思列宁主义传统中具有举足轻重的地位。毫无疑问，我谈论了"理论实践"中理论和实践的结合问题，但是，我没有触及政治实践中理论和实践相结合的问题。说得更明确些，我没有考察这种结合的一般历史存在形式：马克思主义理论和工人运动的"融合"。我没有考察这种"融合"的具体存在形式（各种阶级—工会斗争的组织，这些组织指导阶级斗争的政党手段和方法等）。我没有明确地说明马克思主义理论在这种具体形式中所起的作用、占据的地位和扮演的角色：马克思主义理论在何处以及怎样干预

---

① 〔法〕阿尔都塞：《怎么办？》，陈越、王宁泊、张靖松译，西北大学出版社，2023，第190页。

到政治实践的发展当中，政治实践又在何处以及怎样干预到马克思主义理论的发展当中。①

在晚年的回忆中，阿尔都塞更是直接透露了自己在 20 世纪 60 年代从事理论工作时的真实想法："我总是宣称，我'作为哲学家干预政治，作为政治人干预哲学'，除此之外，别无奢望。事实上，人们可以从政治里，从我的行动和我的经验里，再次发现我的那些个人幻想游戏——孤独、责任、主宰——的确切作用……我自信掌握着关于党、关于党的领袖的实践的真理，这种幻想促使我在好几个场合扮演起'父亲的父亲'的角色。例如在给《新批评》写的一篇文章里，就居高临下地教训 1964 年的大学生。"② 这一关于自己理论形象的批评与其他思想家对他的评论也基本近似：

> 在很多人眼中，阿尔都塞似乎是马克思主义至高无上的救世主。他的事业有着太多的艰难险阻，那是一笔真正的赌注，等于把马克思主义置于当代理性的中心，同时又使它脱离了实践，脱离了黑格尔的辩证法，以使之超越以机械经济主义为基础的斯大林主义教条。为了实现这次转折，阿尔都塞采纳了结构主义，他把马克思主义描述成能够完成全球性知识整合，能够将自身置于结构范式中心的唯一思想形式。为此付出代价是，为了追上结构主义的乐队彩车，撇开了经验、心理之维、意识的模型和异化的辩证。……它把意识形态与由历史唯物主义所体现的科学区分开来。于是，一切科学都要在科学理性和辩证唯物主义哲学的基础上接受质疑，以便把自己从意识形态的束缚中解放出来。③

---

① 〔法〕阿尔都塞：《保卫马克思》，顾良译，商务印书馆，2010，第 254 页。
② 〔法〕阿尔都塞：《来日方长：阿尔都塞自传》，蔡鸿滨译，陈越校，上海人民出版社，2013，第 210 页。
③ 〔法〕弗朗索瓦·多斯：《结构主义史》，季广茂译，金城出版社，2012，第 366 页。

对于阿尔都塞来说，个人身份与现实政治中的各种束缚，使他急切地渴望在理论研究中完成向政治主体的身份转换，以至于在具体的理论运思中将理论的权威凌驾于实践的权威之上，甚至以理论主体去完全替换实践主体、替换党的组织在历史进程中发挥的重要作用。因此我们可以看到，阿尔都塞既无法解释他的理论程序中存在的循环，也无法论证"认识论断裂"的合法性。但这并不阻碍阿尔都塞宣布，如果我们能够证明《资本论》作为科学著作满足了一般认识论的规范，那么我们就可以完全用概念中的实践代替在意识中或活的经验中的实践，历史的发展是由概念体系间的"断裂"推动向前的。阿尔都塞认为："科学一旦获得真正确立和发展，它就不需要通过外部实践来证明它所生产的认识是否'正确'。"① 也就是说，马克思主义的科学性与真理性不必来源于实践，只需来自阿尔都塞所发现的"认识论断裂"；理论的权威不必来自现实政治，而只需要来自一个知识分子。"在如此重建的马克思主义中，在理论上最重要的和最后的权威就不再是政治的，而是学术的。最后的定论就应当由一个科学委员会来下而不是由共产党的政治局，因为第一个部门会理解为什么一个命题是科学的，而第二个部门极有可能陷入意识形态。"② 总之，这一系列理论操作仿佛只是为了配合阿尔都塞故弄玄虚的理论表演，或是证明阿尔都塞拥有着对理论与实践的至高无上的审判权。"理论介入政治"的铿锵誓言就退化为了实质上要成为广大人民群众"父亲的父亲"；能在巴黎高等师范学院的哲学课堂上就主宰政治生活的话，哪还要进党的政治局。

当然，我们并不否定，在任何理论包括革命理论的创制过程中，理论性的主体是不能缺席的。但这并不意味着我们需要一种否定实践的"理论包办主义"。在阿尔都塞的自我反思中，他就曾承认，思辨理性主义的哲学倾向就是一种唯心主义。我们知道，在西方思想

---

① 〔法〕阿尔都塞、巴里巴尔：《读〈资本论〉》，李其庆、冯文光译，中央编译出版社，2008，第47页。

② 〔法〕文森特·德贡布：《当代法国哲学》，王寅丽译，新星出版社，2007，第163页。

中，唯心主义的理论实质指的就是相信存在（being）等同于对存在的认识（being-known）。布伦茨威格就把这个词条定义为："唯心主义坚持形而上学可以还原为知识论。存在的证实在于确定存在是可知的；与实在主义依赖于对存在本身的直觉相比，这是一个有着值得赞美的明晰性的观点。"① 既然"存在＝对存在的认识"，那么谁来认识？是人民群众，还是一个理论天才？但不管怎样，我们都可以说，认识存在的是一个"我思"主体。因而，这个公式可以继续写为"存在＝对存在的认识＝我对存在的认识"。这最后的结论便是——存在是唯我的。这种"唯我论"可以归到"意识哲学"的传统中，而意识哲学就是一种唯心主义。笛卡尔说"我思故我在"（ego cogito, ego sum），这在阿尔都塞这里也仍然成立。既然存在是唯我的，那我也就必然垄断了关于存在的真理，"我"之外的其他主体要么听从于"我"，要么被"我"排斥成为"他者"。在此，阿尔都塞连面对的困境都是现象学的困境。这种面对现实存在与其他经验主体的"唯我态度"，其实就是一种同一性哲学，一种对规范性意识的痴迷，一种一元论的真理观。"我思"的绝对性对纯粹的、有序的、科学的理论的渴求，必然要排斥经验的、有瑕疵的但生动鲜活的普通人民群众的实践。这种学术霸权的极端表现就是将自己与无产阶级，将理论精英与人民大众彻底割裂对立起来，最终发展为危险的政治观点。这也就不难理解，五月风暴中"革命导师们"为何会集体缺席。因为阿尔都塞喜爱保持纯粹理论的马克思主义，喜爱把无产阶级作为纯粹的概念来把玩，喜爱留在无所作为的法共内部，喜爱高高在上做一位哲人思想家来指导人类前行的方向。学生们或许是正确的，因为阿尔都塞的理论确实把活生生的主体剔除在外，把鲜活的生活世界置于了冷峻的结构看管之下，其结果只能是行动实践上的保守主义。

值得注意的是，阿尔都塞在理论中体现出的这一危险的政治倾

---

① 〔法〕文森特·德贡布：《当代法国哲学》，王寅丽译，新星出版社，2007，第25页。

向，或许与他思想中始终存有的非唯物主义的宗教情结有密切的关联。作为天主教家庭成长起来的思想家，阿尔都塞早年深受宗教影响。"我完全可以说，在很大程度上，我是通过公教进行会的那些天主教组织，才得以接触到阶级斗争，因而了解马克思主义的。"① 这种对宗教和神秘纯洁性的痴迷一直隐藏在他的精神深处。即使在放弃了天主教加入共产党之后，我们仍能在他对马克思主义的纯洁性追寻中看到宗教般的情感，他内心深处的悲剧神秘主义也很难不让人联想到宗教的殉道精神。甚至于在他的卧室里，列宁的著作始终紧靠着圣女特蕾莎的著作。关于阿尔都塞，或许我们可以发问，他真的在其生命深处发生过变化吗？他可能一直是一个教徒，只是信仰的对象从天主教转向了马克思。

二　哲学是理论中的阶级斗争

在晚年的回忆性著作《来日方长：阿尔都塞自传》中，阿尔都塞曾对这一时期的思想情况和他前后期思想的调整过程有一个简练的总结：

> 在把哲学作为意识形态欺骗行径加以彻底批判（目的是：不再自欺欺人，这是我始终坚持的惟一的关于唯物主义的"定义"）的同时，我力图把这种批判与自身的哲学实践经验调和起来，先是得出了这样一类提法："哲学在政治这边代表科学，在科学那边代表政治"，后来又提出："哲学归根到底是理论中的阶级斗争"。这后一个提法自然招惹了众怒，但我始终恪守不渝。我根据自己的唯物主义观构成了一整套关于哲学的体系，认为哲学（在每门科学都有一些对象的意义上）没有对象，只有论战的和实践的赌注；于是，按照我同时建立的政治思想的模式，我致力于就哲学发展一种论战的和实践的观

---

① 〔法〕阿尔都塞：《来日方长：阿尔都塞自传》，蔡鸿滨译，陈越校，上海人民出版社，2013，第 219 页。

念：提出论点，用以反对现有的其他论点，这个 Kampfplatz 代表的是社会的、政治的和意识形态的阶级斗争场所在理论中的回声。①

在对前期观点的自我辩护与反思中，阿尔都塞逐渐认识到，科学理论只是激发无产阶级革命斗志的一个条件，而不是决定性的要素。无产阶级要取得革命斗争的胜利，就必须彻底地思考哲学的现实性，即这种思想理论中的斗争是阶级斗争的一部分。因而，强调哲学的斗争性，也就是强调哲学归根到底的政治属性，就意味着哲学话语总基调的必然变奏，这次话语的变奏主要从两个方面展开：第一，重思哲学与政治的关系，调整哲学的定义和功能，强调政治性对理论性的优先地位，并在政治第一性的基础上为自己前期的哲学观点予以辩护重释。第二，从列宁关于哲学的观点入手，探索一种新的革命政治话语和哲学直接介入政治的形式。总之，"1970 年 7 月，他（阿尔都塞）断言，是马克思的激进化从而是政治，在历史科学的产生中起决定性作用，而把政治翻译为哲学对于这一过程'必不可少'"②。

（一）从"理论实践的理论"到"理论中的阶级斗争"

阿尔都塞的思辨理性主义错误就是为了科学真理之故，而实际上牺牲了政治斗争。因而，调整哲学与政治关系的第一步就是翻转两者的顺序，在理论中突出阶级斗争的第一性。对于阿尔都塞来说，哲学不再是一种关于认识的科学，而是在理论领域与各种意识形态哲学展开直接的领导权争夺。阿尔都塞甚至指出，所有历史上真正伟大的哲学家都无一例外是谈论政治的，即使是那些唯心主义哲学家也都或多或少承认哲学实际上就是在理论领域中搞政治。因而，

---

① 〔法〕阿尔都塞：《来日方长：阿尔都塞自传》，蔡鸿滨译，陈越校，上海人民出版社，2013，第 178 页。

② 〔法〕戈什加林：《法文版序》，载〔法〕阿尔都塞《在哲学中成为马克思主义者》，吴子枫译，北京出版社，2022，第 29 页。

对于马克思以及马克思主义者来说，旗帜鲜明讲政治，更应该是我们的理论自觉与理论立场。阿尔都塞还引用了恩格斯在《德国农民战争》中的观点，认为阶级斗争有三种形式：经济形式、政治形式，还有理论形式。因而，当阶级斗争是在理论领域中进行的时候，这种斗争的表现就体现在哲学中。① 事实上，自我批评时期与"理论主义"时期哲学观上的不同，就在于阿尔都塞此时更为坚持哲学的"实用主义"观点：哲学即政治，方法即策略。这就体现在他将哲学的定义从"哲学是理论实践的理论"调整为"哲学是理论中的阶级斗争"。不过要看到，阿尔都塞只是调整了他的"哲学倾向/侧重"，更加突出哲学的政治立场和政治功能，并非放弃对马克思主义理论的重塑和理论斗争话语的探寻。阿尔都塞始终未改变他一直坚守的信条，即"理论介入政治"。

在阿尔都塞的第一批作品中，也就是在理论主义时期，阿尔都塞认为"哲学是理论实践的理论"。从这一定义出发，阿尔都塞产生了由（科学）理论中的实践代替（意识形态）现实中的实践的倾向②，引发了学界对其理论主义错误的批评。在详细阐述阿尔都塞哲学倾向调整前，我们还要再简单回顾一下"理论实践的理论"这一概念。在理论主义时期，阿尔都塞认为马克思创建了一门历史科学，这是一次科学史上的伟大发现，其重要意义丝毫不逊于历史上其他伟大的科学创举，但用以总结和认识这一历史科学的哲学并没有建立起来。同时，阿尔都塞坚决反对将马克思与黑格尔拴在辩证法上，认为伴随着科学理论（新问题式）的创立，马克思的哲学也与黑格尔以及之前所有的旧哲学彻底"断裂"（哲学革命）。因而，他的责任就是帮助马克思言说（症候阅读）他没有说出的哲学，即关于科学的认识理论。依据结构主义的分析方法，阿尔都塞进一步认为，

---

① 参见〔法〕阿图塞（阿尔都塞）《自我批评论文集》，杜章智、沈起予译，（台北）远流出版事业股份有限公司，1990，第49页。

② 前者归属于科学领域，后者属于意识形态领域，因而科学的理论实践就是为了与它的史前时期、意识形态的理论实践划清界限，这一过程也就是"认识论断裂"。阿尔都塞认为这是马克思与黑格尔彻底区分/断裂开来的标志。

我们不能根据马克思文本中说了什么（他自己的自我意识的呈现）就来认识他的哲学革命，这会掉入黑格尔辩证法的陷阱；我们必须使用症候阅读法来揭示这种意识背后生产着这种意识的整个过程。而这一"生产过程"即为"理论实践"，认识这一科学知识生产过程的哲学就是关于科学的认识理论，因而（马克思主义）哲学即辩证唯物主义就是关于理论实践的理论。而这种理论实践实际上是主客间"插入结构式的"或者是"结构中转型的"认识模型。这种仍属同一性哲学变种的认识论必然留下两个难题：第一，主体只能通过概念才能把握认识客体；第二，理论实践之外的任何实践都是无效的，因为这些形式都在意识形态营造的"无意识之幕"中。无疑，这种理论实践只肯定了思维工作的第一性，丝毫没有考虑客观实践在认识中的重要性，这显然与马克思的哲学精神背道而驰，也是阿尔都塞饱受争议的根源。

但阿尔都塞强调，"哲学倾向/侧重"的不同造成了他前期理论斗争尴尬局面出现的看法是可以站得住脚的。从"哲学归根到底是理论领域中的阶级斗争"① 得以成立的知识学条件看，阿尔都塞所准备的一系列概念、方法和论断，如认识论断裂、症候阅读、总问题以及历史是无主体的过程、理论反人道主义和意识形态没有历史等都没有完全失效，他只需将理论的定义和功能，也就是将哲学的定义和功能重新转换到政治角度，即强调政治相对于理论的优先性前提下，阿尔都塞可以迅速摆脱对他的意识形态倾向的指责，甚至反驳指责者并没有完全理解他的哲学用意。他是在"哲学归根到底是政治"这一总问题上来从事哲学话语的建构和意识形态斗争，而非创建另一个解释世界的形而上学理论。反而是那些意识形态专家基于对马克思主义的思辨理解来批判他哲学的斗争性和实践性，但这也正好凸显了他进行意识形态斗争的重要意义。因为，"理论领域的斗争不只是一句空话，它还是一种现

---

① 〔法〕阿图塞（阿尔都塞）：《自我批评论文集》，杜章智、沈起予译，（台北）远流出版事业股份有限公司，1990，第49页。

实，一种可怕的现实"①。意识形态专家们忽略了马克思主义的现实性，逃避这种可怕现实性对他们的责难，这种现实性就体现在理论中的斗争实则是现实中的阶级斗争在思想意识中的反映，理论中的斗争是为了夺取意识形态领导权从而支援现实中的阶级斗争。

> 除非与意识形态中阶级斗争的迫切要求相联系——换言之，与关于领导权、关于建立占统治地位的意识形态的中心问题相联系，人们就不可能理解哲学那个归根到底起作用的任务……哲学以其浓缩的、最抽象的形式……与诸意识形态同类相从，成为意识形态领导权即建立占统治地位的意识形态这个基本政治难题以抽象形式在实验中得到改善的某种理论实验室。在那里得到改善的还有理论范畴与技术，它们将使意识形态的统一——意识形态领导权的一个基本方面——成为可能。因为最抽象的哲学家所完成的著作并没有留在无生命的文字上：哲学以将要作用于诸意识形态从而改造并统一它们的那些思想的形式回复了它已从阶级斗争中作为必要性而接受下来的东西。②

哲学具有巨大的伪装性与隐蔽性，它使人们相信自己只关心至高的真理而与现实利益无关，但实际上是以自己独特的客观假象和模糊不清的概念范畴在思想中攻击它的敌人、占领人们的意识，最终夺取意识形态领导权从而影响所有人的选择与行动。由此可见，哲学有它的政治利益，也有它的阶级归属。哲学正是通过对词语、范畴、概念等认识工具的掌控，就是要在人们的思想中建立与现实阶级社会相应的支配性制度，并让其神秘化、思辨化、客观化，仿佛世界本应如此，使人们彻底丧失对现实进行改造的思想动机。因

---

① 〔法〕阿图塞（阿尔都塞）：《自我批评论文集》，杜章智、沈起予译，（台北）远流出版事业股份有限公司，1990，第84页。
② 〔法〕阿尔都塞：《哲学的改造》，载陈越编译《哲学与政治：阿尔都塞读本》，吉林人民出版社，2003，第241~242页。

此，哲学意识形态中的斗争绝不是无关紧要的、纯粹客观的争论，每个哲学中的词语概念都是"武器、炸药或者镇静剂和毒药。有时，全部阶级斗争在斗争中可以概括为支持一个词反对另一个词。某些词语彼此之间像敌人一样进行斗争"①。将现实带入理论，强调哲学的政治效果来突破哲学意识形态的"无意识之幕"，这不是一条新路，而是马克思早已实现了的哲学革命。但人们沉迷在意识形态的虚假性中，使得阿尔都塞必须将哲学定义为"归根到底是理论领域中的阶级斗争"，就是要以彻底的态度和"矫枉过正"的表达，将社会现实带到人们面前，提醒大家看清哲学意识形态的政治本质与阴谋目的，不忘马克思主义理论的教导和使命。

值得一提的是，阿尔都塞在辩护中不仅将自己第一批作品中出现的词语、概念重新作了斗争性的解读，甚至将辩护行为本身也政治化了。他不停地提醒读者，既然哲学就是政治、是理论中的阶级斗争，那么一切理论行为毫无疑问都是政治行为，都要研究形势对策、讲究战略战术。面对强大的资产阶级意识形态，任何试图争夺意识形态领导权的政治行为都有可能面临失败，反映在理论中就是必然要犯错误、要走弯路。但理论的错误和弯路未必不是无产阶级在政治斗争中不得不采取的策略，因而总结经验教训，也就是研究在哲学中犯过的错误和走过的弯路，无产阶级才能顺着正确的道路前行。"列宁引用狄慈根的一个令人惊讶的短语来结束这段话也绝不是偶然的：我们需要循着正确道路前进；但是为了循着正确道路前进，就必须研究哲学，即'错误道路中的错误道路'（der Holzweg der Holzwege）。说穿了，这意味着，如果不研究，如果最终没有一种关于哲学这种错误道路的理论，就不可能（在科学中，但首先是在政治中）有什么正确道路。"②

（二）从理论实践到哲学实践

在第一批作品中，阿尔都塞关于"哲学是关于理论实践的理论"

---

① 《马列主义研究资料》1983年第5辑（总第29辑），人民出版社，1983。
② 〔法〕阿尔都塞：《列宁和哲学》，载陈越编译《哲学与政治：阿尔都塞读本》，吉林人民出版社，2003，第135页。

表述极大地削弱了他理论的政治性与斗争性，使人误以为这不过是多了一种关于哲学的学术解释；而"哲学实践"则充分表达了他关于哲学的"政治实用主义"定义："哲学不是认识的方法论或对历史概念的辩证考察，而是一种'理论中的阶级斗争'，或更一般地说，是一种思想的战略运用。"① 可以说，从"哲学是关于理论实践的理论"到"哲学是理论中的阶级斗争"是阿尔都塞在理论斗争路线和理论总基调上的调整。而在微观的概念层面，阿尔都塞则是将"理论实践"修正为了更贴切的"哲学实践"，并以此来凸显马克思主义理论的政治斗争使命。这一调整正是通过深入解读列宁关于哲学的观点而完成的。

在《列宁和哲学》中，阿尔都塞提出了"哲学到底是什么以及哲学本身何以产生发展"的根本之问。他认为，马克思和恩格斯给我们的最大启示在于，哲学的发展不是意识形态专家们所认为的那样，是哲学理论内部，或者说是思想史内部的自行发展。哲学之所以产生、存在与发展都依赖于必要的客观现实条件，因而哲学理论的持续存在绝不仅仅是由于哲学内部的理论矛盾所推动，哲学外部的政治实践极大地影响并指引着哲学内部的理论发展。马克思对哲学的形式、目的和功能进行的根本改造，才使哲学能够呈现这种外部性并具备了彻底的现实性以及革命性。因而，马克思主义哲学同既往的资产阶级哲学意识形态决裂，它不是一种将实践纳入哲学来思考的"实践哲学"理论，而是一种新型的"哲学实践"理论。这一新概念赋予了哲学在"理论与实践"两个层面相互介入的可能性：理论反映着实践情况并指导实践的发展，同样，实践为理论提供经验材料并呼唤理论的创新；换言之，理论随着实践形势的变化而不断实践化自身，同样，实践也随着理论形势的发展而不断理论化自身。可以看到，"哲学实践"与强调理论体系化与学术自主性的传统"实践哲学"有着本质不同，"哲学实践"追求的是在革命政治的行

---

① 〔法〕巴利巴尔：《中文版阿尔都塞著作集序》，载〔法〕阿尔都塞《论再生产》，吴子枫译，西北大学出版社，2019，第11页。

动实践中建构鲜活的哲学理论，这就自然使哲学成为一种以理论方式进行政治介入的实践，同时也使政治成为一种以实践形式进行哲学介入的理论。正如阿尔都塞所说："真正的问题不在于马克思、恩格斯和列宁是不是真正的哲学家……真正的问题在于列宁通过倡导一种完全不同的哲学实践，使得那种（哲学）传统的实践本身成了问题。"①

马克思主义是真正的"哲学实践"的理论，因而，马克思主义哲学也就具备了与传统的哲学意识形态不同的显著特征："马克思主义哲学存在着，却又从来没有被当做'哲学'来生产。"② 马克思主义自身的理论创新与发展总是有着特殊的论战与斗争背景、总是针对某种历史和政治的环境，概言之，总是与哲学世界外部的真实世界——工人运动实践与革命政治实践相结合的产物。在阿尔都塞看来，马克思的理论革命就是对哲学意识形态和现实阶级压迫的双重斗争，其主动性和实践性首先就体现在与资产阶级意识形态的斗争实践中。传统哲学中关于整体、大全、逻各斯、开端、主体、意义等涉及理论真理性、自主性与系统性的表述与论证，在马克思主义理论面前都成了含糊不清的意识形态幻象，资产阶级的哲学意识形态就像"皇帝的新衣"，第一次遭到了嘲笑与彻底的拒绝。正像马克思恩格斯在《德意志意识形态》中所说："道德、宗教、形而上学和其他意识形态，以及与它们相适应的意识形式便不再保留独立性的外观了。它们没有历史，没有发展。"③

阿尔都塞认为，在马克思恩格斯之后，列宁继承并进一步推动了"哲学实践"的发展。作为革命者同时又作为哲学家，列宁比其他所谓的"哲学教授"与"理论家们"都更为清醒地认识到他的哲

---

① 〔法〕阿尔都塞：《列宁和哲学》，载陈越编译《哲学与政治：阿尔都塞读本》，吉林人民出版社，2003，第136页。
② 〔法〕阿尔都塞：《哲学的改造》，载陈越编译《哲学与政治：阿尔都塞读本》，吉林人民出版社，2003，第223页。
③ 《马克思恩格斯文集》第1卷，人民出版社，2009，第525页。

学战场的真正性质。因而，列宁绝不自欺欺人①，也绝不相信哲学是由各种理论体系与理论传统所构成的一个独立自主的王国。相反，列宁正是要向坚持这些观点的人挑战：在波诡云谲的斗争形势面前，在摧枯拉朽的无产阶级革命面前，哲学应该如何面对真实的历史与政治？阿尔都塞甚至直接效仿列宁，不断提出相同的问题：

> 怎么办？
>
> 列宁的老问题，开创了布尔什维克党的建设和实践。对一个懂得马克思主义理论的共产党人而言，这是个不同寻常的问题。
>
> 这是个政治问题。
>
> 怎么办，才能有利于引导和组织工人与民众的阶级斗争，使之战胜资产阶级的阶级斗争？②

所以，哲学只有勇敢地谈论政治与斗争，并在此基础上将哲学与无产阶级革命运动相结合，哲学才能重新带来"政治的马克思主义"与"哲学的政治化"③。哲学理论也不是给革命斗争强加一种压迫性的意识形态统一性，而是努力创造有利于无产阶级解放与人们自由发展的意识形态条件。无疑，阿尔都塞借助列宁关于哲学的观点，就是要将马克思主义哲学从各种意识形态的陷阱中重新带回激进的革命政治视域下。

可以说，"哲学实践"的特点是要求理论要越出哲学的内部，但又能介入哲学内的讨论；借用哲学体系应有的话语与概念，但又能完全体现并反映着现实的历史—政治形势，进而介入无产阶级政治实践。"哲学实践"的知识既是理论的又是实践的，既能介入哲学，

---

① "不自欺欺人"，这正是阿尔都塞所认为的关于"唯物主义"的唯一定义。
② 〔法〕阿尔都塞：《怎么办？》，陈越、王宁泊、张靖松译，西北大学出版社，2023，第5页。
③ Simon Choat, *Marx Through Post-Structuralism: Lyotard, Derrida, Foucault, Deleuze*, London: Continuum, 2010, p. 20.

又能干预政治，它的目的与任务并不是要构建一个完整的理论体系，而是在无产阶级的革命政治实践中发展出鲜活的哲学。"哲学实践"真正体现着哲学与政治、理论与实践的统一，而那些一直按照哲学意识形态沉思冥想的方式来解读马克思的人，自然无法理解这一既能生产哲学理论，但又归根到底不属于哲学领域的理论知识，因而也就无法发现马克思对于哲学发展的重大贡献。

"哲学不过是意识形态；它没有历史，看似在它里面发生的一切实际上都发生在它之外，发生在惟一现实的历史、人们物质生活的历史中。科学就是现实的东西本身，认识它，就需要通过行动打破掩盖着它的种种意识形态来揭示它：这些意识形态中首屈一指的便是哲学。"① 对于阿尔都塞来说，他只有通过代表现实中不同阶级利益、代表无产阶级夺取资产阶级话语霸权的理论斗争，才能打破这种虚假的哲学镜像对于无产阶级理论和实践的遮蔽，也才能加速资产阶级意识形态霸权与资产阶级政治统治的终结。这也正是列宁认识哲学、定义哲学和从事哲学的方式方法。应该看到，"哲学实践"关于理论与实践、哲学与政治关联互动的要求与强调，也成为阿尔都塞在此后的哲学思想中所坚持的核心原则。

（三）全部哲学都是有党性的

阿尔都塞明确反对哲学的自主性与真理性，将哲学看作"哲学实践"，主张哲学对政治的介入。针对哲学中的斗争，列宁曾旗帜鲜明地指出："在宰制全部的哲学史的大辩论即唯心主义和唯物主义的辩论中，所有的哲学都表达一种阶级立场、一种党性。"② 因而，在马克思主义的唯物主义与唯心主义的意识形态的斗争中，阿尔都塞自始至终都认为自己的文字与写作就是参与一场战斗。并且在这场旷日持久的战斗中，哲学的立场和原则首先就是这场战斗中的一个

---

① 〔法〕阿尔都塞：《列宁和哲学》，载陈越编译《哲学与政治：阿尔都塞读本》，吉林人民出版社，2003，第141页。

② 〔法〕阿尔都塞：《列宁在黑格尔面前》，载〔法〕阿图塞（阿尔都塞）《列宁和哲学》，杜章智译，（台北）远流出版事业股份有限公司，1990，第134页。

重要筹码。

因而，阿尔都塞完全同意列宁的观点："全部哲学都是有党性的。"① 既然要彻底地反对资产阶级的哲学意识形态，无产阶级就必须彻底地表达自己的理论观点，在这场理论斗争中首先占据一个理论的位置，再通过不懈的理论斗争同唯心主义不断地分割和划清双方的界限。事实上，明确地以党派属性、以立场和原则而非以哲学的方式来对待哲学，不仅提供了彻底思考哲学与政治的新开端，更重要的是把哲学意识形态的话语进行了直接的主题替换，迫使思辨的马克思主义以及其他唯心主义哲学都不得不跳出理论的沉思冥想，而直接面对真实的历史，即阶级社会中存在着的各种形式的阶级对立与阶级斗争。正因为坚持"全部哲学都是有党性的"，阿尔都塞也坚决反对所谓的"话语中立"或"学术无辜"，认为这些都不过是意识形态的谎言，说此话者要么是无意为之，要么就是心口不一。哲学包括哲学中的所有范畴、概念、推论、判断都夹带着政治立场和政治观点：

> 有人会说，这一切都不过是词语而已。但是这话说得不对。这些词语是在理论领域中的阶级斗争的武器。而且由于这是整个阶级斗争的一部分，由于阶级斗争的最高形式就是政治的阶级斗争，因此，哲学中所用的这些词语也就是政治斗争的武器。列宁曾经写道："政治是经济的浓缩表现。"我们也可以这样说：哲学归根到底是政治的理论缩影。……在哲学中所发生的一切事情归根到底不仅在理论中会有政治后果出现，而且在政治中即政治的阶级斗争中也会有政治后果跑出来。②

所以，哲学中的争论实则就是代表不同阶级利益的政治势力在

---

① 〔法〕阿尔都塞：《列宁和哲学》，载陈越编译《哲学与政治：阿尔都塞读本》，吉林人民出版社，2003，第165页。

② 〔法〕阿图塞（阿尔都塞）：《自我批评论文集》，杜章智、沈起予译，（台北）远流出版事业股份有限公司，1990，第49~50页。

争夺意识形态领导权。唯物主义和唯心主义两种不同哲学倾向背后也就是不同阶级利益的冲突，两种哲学派别都希望通过掌握意识形态的领导权来对其他主体对象进行思想干预，从而改变现实中的阶级力量对比，最终为本阶级谋取最大利益。那么，对于哲学这个"战场"，无产阶级就不得不参与，也必须参与，并且还要在明确党派属性、立场和原则的前提下谋求在战场中逐渐强大本阶级的声音与力量。

总之，引入列宁哲学并直言"哲学的党性"，并非阿尔都塞的心血来潮，而是其哲学观点的一贯延续（哲学即政治）以及他在理论实践中所采取的基本策略（矫枉过正），同时也是阿尔都塞将"哲学与真理"的关系转换为"哲学与政治"关系的关键一步。这一理论表态在西方哲学界甚至是西方马克思主义哲学内部都引起了不小的争议。时至今日，许多学院派的哲学家也并不认为列宁有什么深刻的哲学思想。但这正是阿尔都塞深思熟虑，也是极具理论危机意识的表现。如果马克思主义者不能正视自己的思想来源，更严重地说，忽视曾经指导无产阶级革命实践走向成功的理论，那马克思主义者与无产阶级就可能真的会失去意识形态领导权。因而，重提列宁思想，将哲学的阶级属性和党派属性赤裸裸地展现在人们面前，阿尔都塞就是要用这种"矫枉过正"的极端方式提醒无产阶级及其政党，要时刻警惕自己的意识形态安全问题，不能将极富现实性和斗争性的马克思主义交给资产阶级来改造和言说，使其钝化成为"温良恭俭让"的批判理论。当然，不仅阿尔都塞，甚至列宁也曾意识到关于哲学中两大阵营的对垒以及哲学党性的提法可能会引起争议，但这些争议恰恰说明，马克思主义本就不是所谓的"哲学"，而是关于阶级社会与阶级斗争的理论。正因为如此，马克思主义者才能够自认为是"辩证唯物主义者"。①

不过要指出的是，阿尔都塞从列宁关于哲学的观点中所得到的

---

① 〔法〕阿尔都塞：《列宁和哲学》，载陈越编译《哲学与政治：阿尔都塞读本》，吉林人民出版社，2003，第135页。

启发，只是帮助他进一步弄清了应该如何认识哲学的"战场"性质，以及理论化表述政治实践的方法和过程，换言之，是初步掌握了一个革命家和行动派在运用理论分析乃至理论介入政治上的大致做法和行动策略。"哲学的党性"也只具有它的话语意义，还不具备充实内容，因而，对于如何将这种理论实践方式与集体的政治行动联系起来，阿尔都塞还没有办法予以清晰的解释。对于这种理论介入形式的完整陈述，则有赖于阿尔都塞关于意识形态国家机器、形势、虚空、偶然/机遇等概念的清晰认识，而这要到 20 世纪 70 年代乃至更晚期的哲学中才能完全表达出来。此外，这一时期的理论表述也要放置在时代背景中来加以把握。1968 年"五月风暴"的突然爆发，无疑极大地促进了阿尔都塞思想的转变与成熟，使他看到思想与意识形态领域的动荡完全可以促进社会革命的爆发。而进入 20 世纪 70 年代后，法国共产党却逐渐脱离了无产阶级革命与无产阶级专政的政治路线，作为始终关心党的思想路线与前途命运的普通党员，阿尔都塞希望自己的理论工作可以为党的思想创新作出贡献。因而，阿尔都塞在继续强调马克思主义理论的政治性与斗争性的同时，也开始构思是否能从创新理论入手，来引领政治革命的到来，即将理论斗争转变为现实的革命斗争，实现由理论向实践的飞跃。可以看到，对这种全新的无产阶级革命方式的思考，就构成了阿尔都塞后期思想的重要部分。

三　"无主体"的危机与"行动主体"的回归

阿尔都塞的最初想法是发展出一套科学的哲学认识理论，来抵抗资产阶级意识形态对马克思主义的侵蚀。但最终的理论效果证明，阿尔都塞不但没有达到自己想要的斗争预想，反而自身陷入了意识形态的错误之中，在科学的马克思主义理论身后重新树立起了一个更为隐秘的"理论主体"。这就是阿尔都塞的哲学思想在第一阶段面临的理论困境，我们也可以说是关于"无主体"理论的危机。从根本的意义上说，阿尔都塞的哲学思想所要达到的最佳理论效果就是"哲学即政治"，也就是在政治实践中实现理论的直接在场性。不难想象，这种直接的在场性不可能是"无主体"的在场，关于革命政治的理论一定要有"行动主体"的参与。阿尔都塞正是意识到了此处理论的不合理，所以在接下来的理论建构中，便重新将无产阶级的革命主体地位请回。可以说，试图构建一种"无主体"的科学认识理论正是阿尔都塞陷入意识形态圈套的根本原因。

但接下来的理论出发点更加苛刻，革命斗争需要行动主体，但这一行动主体却要随时警惕被资产阶级意识形态所俘获。如何才能在这一紧张的争夺之中，保持革命主体的斗争性呢？阿尔都塞似乎只有一条路可走，那就是在理论实践与政治实践中永远保持战斗姿态。因为任何对这一主体的定性讨论都可能被意识形态的同一性逻辑所俘获，只有坚持反抗一切制度性和组织化的安排（无论是意识形态的还是政治的），坚持"具体情况作具体分析"（l'analyse concrète de la situation concrète）①，无产阶级才能保有革命者的资格，甚至绝对地说，是斗争决定了无产阶级是其所是。在一定意义上，关于人/主体的本质的讨论可以被认为是部分回归了，当然这里的人/主体更为侧重政治能动性的内涵。这不能不让人感慨思想史的奇妙，即使时间已经过去了半个世纪，即使此时的知识界都在远离黑格尔，但科耶夫的洞见仍然会被时代所验证：

> 人，虚无在存在（时间）中的实际呈现，是行动，也就是斗争和劳动：——而不是其他东西。知道自己是虚无（没有永存，无神论）的人，是一种在存在中成为虚无的虚无。人能在现在（Gegenwart）中得到满足（Befriedigung）；公民（Bürger）在国家中得到满足。一个进行斗争和劳动的人：就是拿破仑军队中的士兵劳动者。

---

① 〔法〕阿尔都塞：《怎么办？》，陈越、王宁泊、张靖松译，西北大学出版社，2023，第6~7页。

> 人是行动，他的直接的起点——也是他的目的，是产生行
> 动的欲望，也就是对给定存在的破坏和否定。①

人/主体被无产阶级所替代，关于人/主体的本质讨论被强调斗
争的行动主体所替代，这就构成了阿尔都塞在"后主体"时代的哲
学"主体观"。关于这一态度，阿尔都塞在《答刘易斯》一文中有
相当清楚的表述。阿尔都塞集中反驳了刘易斯的观点："1. 是人创
造了历史；2. 人是通过'否定的否定'，经由把现有的历史重新加
以创造、'超越'已经创造出来的历史的办法，来创造历史的。"②
阿尔都塞认为，刘易斯这个关于创造历史的人神（man-god）实质上
仍是萨特式的陈词滥调——人的自由是超越（否定、扬弃）历史的
绝对力量。这个模型是柏拉图以来所有唯心主义的哲学家的官方信
仰，更是资产阶级"自由哲学"的观点。刘易斯这两个论点实质是
涉及两个问题：第一，谁创造了历史；第二，如果是人，那人又是
怎么创造的历史。这两个论点的逻辑中始终暗藏着一个"主体"，并
假定了历史是一个主体行动的结果，这仍是一种本质同一性的哲学
思维。如果我们认为马克思也是按照这个逻辑来答题，那就必然陷
入意识形态家的圈套，仿佛无产阶级就是这个历史主体。

阿尔都塞使用了"总问题"的分析方法，认为马克思完全突破
了刘易斯的理论体系，是在另一个总问题下思考和解决这一难题。
一个真正的马克思列宁主义者的观点应该是：是群众创造了历史，
而历史的原动力是阶级斗争。阿尔都塞认为，当马克思说是群众创
造了历史的时候，他并不是要重新设定一个抽象的主体，因为群众
本就是个集体概念，群众内部人员众多，来源多样，不可能有一个
统一抽象的人格主体来代表群众集体。因而，"是群众'创造'了
历史，不过'阶级斗争是历史的原动力'。刘易斯的问题：'人怎样

---

① 〔法〕亚历山大·科耶夫：《黑格尔导读》，姜志辉译，译林出版社，2005，第
102页。
② 〔法〕阿图塞（阿尔都塞）：《自我批评论文集》，杜章智、沈起予译，（台北）远
流出版事业股份有限公司，1990，第53页。

创造历史?'，马克思列宁主义是用把他的唯心主义哲学范畴拿完全不同的范畴换掉的办法进行回答"①。所以，问题就不能再以"人"的角度来发问，不再是谁创造了历史。同样，与之相关的"创造历史""否定之否定""超越"等思辨哲学的概念与论断也就被取消了。马克思列宁主义是把群众、阶级斗争和革命等新概念摆在了第一位，在这一总问题下，历史的"主体"消失了，历史是无主体的过程。当然，这并不是说马克思列宁主义看不到现实的人，恰恰是它看到了那些在资本主义生产关系中被剥削被压迫的无产阶级，看到了他们只有通过革命、通过组织自己的政党并在其领导下夺取政权才能解放自己的现实。所以，才拒绝回答这些意识形态问题。

总之，阿尔都塞认为，阶级斗争第一性的革命观点才是真正唯物主义的论点，也是所有唯物主义者的崇高信仰。但需要指出的是，我们在阿尔都塞反驳刘易斯的观点中，要特别留意他为了区别于意识形态中"人"（man）的概念而开始使用虚无的"某人"（one）概念。这是一个明显的去阶级化信号。所以，理论自身的生长逻辑必然要将阿尔都塞不断推向激进化，虽然他仍在不断强调，意识形态斗争是无产阶级革命现实可能性的入口，无产阶级是革命斗争的主人，但考虑到此时阿尔都塞已开始进行的意识形态的主体臣服机制研究和对马基雅维利的"新君主"思想的借用，后阶级革命时代的革命可能性问题已开始在阿尔都塞的思想中酝酿，并最终在后马克思主义的激进政治思潮中蔓延。

试想，如何突破无所不在的意识形态的制度性运行机制并抓住转瞬即逝的革命机遇，这已不是集体性的阶级革命理论，而是阶级虚无主义和个人英雄主义的奇怪混合。因而，激进理论虽然带来了无产阶级斗争实践的可能性，扩宽、丰富了革命政治的行动空间和方式方法，但它同时也将传统认识中的阶级革命极大地混淆了，毕竟当斗争参与者与斗争方式日益多元之后，再指认某场革命是属于

_____

① 〔法〕阿图塞（阿尔都塞）：《自我批评论文集》，杜章智、沈起予译，（台北）远流出版事业股份有限公司，1990，第60页。

哪一阶级的就变得非常困难。阶级斗争事件化、运动化，最终让位于新社会运动与各种人权运动的趋势也就在所难免。巴里巴尔曾对此评论道："这些自我批评反映着阿尔都塞想通过其理论手段，把对1968 年五月事件及当代其他一些事件的解释引入到扩大了的马克思主义理论场中的企图，在此，剥削以及无产阶级斗争的各种条件是'最终的决定者'。但更广泛地说，仍然存在着最终把理论当做实践的困难（不论理论有多么的重要）。"①　毫无疑问，阿尔都塞在哲学中所捍卫的无产阶级革命政治信念却在自己的理论实践中存在着被消解的风险。

　　除了理论自身的发展逻辑，法国在 20 世纪 70 年代的一系列政治思想形势的变化，也给阿尔都塞思想中的激进政治暗流提供了时代注脚。法国共产党先是在"五月风暴"中集体缺席，接着便在 1976 年 2 月举行的法共二十二大上，公开宣布放弃"无产阶级专政"的政治主张，并批评了以"广泛发动群众，武装夺取政权"为中心的无产阶级革命方式。一方面是法共在阶级革命问题上的不断后撤，一方面是资本主义的欧洲日益繁荣。伴随着工人群众的物质生活水平的不断提升和政治经济权利得到保障，阶级革命与斗争意识也日益淡漠，附者寥寥。从思想领域看，整个 20 世纪60 年代统一告别"主体"的学术事业也开始大潮退去，进入 70 年代之后，随着结构主义转向后结构主义与解构主义，被整个 60 年代所认可的"科学"标签也被弃之如敝屣。"无主体"的事业联盟内部也逐渐出现分化。70 年代的罗兰·巴特出版了他的《文之悦》，"文之悦"这种自 1 我之悦使得主体重新回归他的理论视野；福柯也逐渐成为一名人权斗士，并且从对生命权力的探讨进一步发展到了自我的伦理学；而拉康更是自始至终都没有彻底抛弃过对主体的依恋。

　　此外，进入 20 世纪 70 年代后，马克思主义理论在法国的影响

---

①　〔法〕巴里巴尔：《1996 年重版前言》，载〔法〕阿尔都塞《保卫马克思》，顾良译，商务印书馆，2010，第 15 页。

更加式微。1976 年的法国《新观察家》中就出现了这么一句话："十年前，他们是马克思和可口可乐的一代。现在，只剩下可口可乐了。"①阿尔都塞在整个 20 世纪 60 年代从事理论斗争事业，即在马克思主义内部祛除主体，尽其所能地使马克思主义保持对人道主义的警觉，坚决捍卫马克思主义的科学性与革命性，却被现实政治打了一记响亮的耳光。危机依旧来自苏联——1973 年 12 月法国出版了苏联作家索尔仁尼琴的《古拉格群岛》。这是西方研究苏联政治体制的重要事件，同时也是"无主体"事业的重要转折，这本书的出版预示着马克思主义在西方的进一步衰落。毕竟人们不可能既迷恋于"社会主义"的美好理想，却同时不考虑"社会主义"的实践现实。自此，西方学术界开始重新回归传统价值，"主体"开始被找回，民主也被更多的人谈起。人们将目光更多地投向了人权保护，尤其是现代政治社会下的各种人权运动，而不再是传统的阶级对立与阶级革命。主体重新回归，只是这里的主体再也不会是传统形而上学的主体了。

第二节　意识形态国家机器理论

哲学理论与革命实践的分离给阿尔都塞的理论斗争造成了极大被动。可见，理论获得对于政治的直接在场性，即实现哲学即政治、哲学实践与政治实践的完全统一是异常艰难的。马克思主义经典作家早已表明哲学并不能被作为"哲学"来生产它自己，它存在与发展的原因来自外部，来自鲜活的斗争实践，这既是阿尔都塞提出"哲学实践"概念的初衷，也是他努力挣脱唯心主义哲学的话语框架，以及进一步推动马克思主义理论发展的方向性指导。但缺乏现实革命参与的阿尔都塞是如何保证哲学介入政治的呢？哲学层面的理论斗争怎样影响甚至引领现实政治行动呢？这也就是探讨哲学即政治、思想斗争就是政治斗争的关键难点所在。答案很简单——理论联

---

① 〔法〕弗朗索瓦·多斯：《解构主义史》，季广茂译，金城出版社，2012，第 340 页。

系现实、哲学走向外部，从哲学研究走向社会实证研究，从抽象的
认识论讨论转向探讨具体的政治实践。

　　整个 20 世纪 70 年代阿尔都塞的思考都是在自我批评的基础上，
来为马克思主义理论危机和国际共产主义运动危机寻找解决方案。
阿尔都塞从列宁的著作以及"五月风暴"的爆发中得到了启示。第
一，列宁曾指出："一切革命的根本问题是国家政权问题。不弄清这
个问题，便谈不上自觉地参加革命，更不用说领导革命。"① 而列
宁、葛兰西和毛泽东事实上都早已教导无产阶级革命者，对占统治
地位的意识形态展开斗争，归根到底是因为无产阶级的最终目的是
要推翻产生这种虚假意识形态的剥削制度和保护这一制度的国家机
器。因而，马克思主义者和工人群众要遵循这些基本原理，探索新
的革命政治话语和无产阶级政治实践的方式，不断思考当代发达资
本主义条件下的共产主义战略。第二，"五月风暴"的突然爆发，让
阿尔都塞敏锐地察觉到，现代国家在具备强大镇压性的同时也存在
着极端的脆弱性，无产阶级由意识形态入手进行实际的政治干预，
推动夺取国家政权并坚持无产阶级专政的战略方针完全可行。马克
思主义者有必要就此重新拟定无产阶级革命斗争的方式、策略、任
务和目标，在哲学意识形态领域展开斗争，从内部扰乱资产阶级意
识形态的合法性树立，打断其意识形态的制度性实践和权力运行机
制，从而创造革命的现实可能性。

　　基于此，阿尔都塞将理论注意力投入对当代资本主义社会形态
的科学分析中，主要探讨了两项内容，即意识形态的一般属性和意
识形态国家机器的运行规律。在《论再生产》一书中，阿尔都塞得
出：意识形态在当代社会早已成为一种物质性的存在，并与国家机
器深度融合，不仅具有制度性的实践机制，还是维护资本主义社会
生产关系再生产的主要手段。不难看出，阿尔都塞是在发展了的马
克思主义空间地形学的基础上，进入马克思原有的关于资本主义社
会形态的经典分析框架深处进行了创新性解读。通过将意识形态与

① 《列宁全集》第 29 卷，人民出版社，1985，第 131 页。

国家机器相联系，阿尔都塞体系化地建构了自己的国家理论与党的组织与行动理论，不仅阐明了在西欧发达资本主义国家向社会主义过渡的长期性，还提出了无产阶级如何利用资产阶级的国家机器为自己的政治目标提供服务的斗争方案，并回答了在过渡阶段坚持意识形态长期斗争以及必须推翻资产阶级国家机器的必要性与行动战略。

> 掌握一些让我们能够在具体的历史中对革命看得更清楚一点的概念（以最终建立关于革命史的科学，因为目前的革命史与其说是科学，不如说更接近于编年史），包括完成了的革命和有待完成的革命；以便在有待实现的条件下，通过无产阶级专政建立属于自己的意识形态国家机器，为向社会主义的过渡，即向国家及所有国家机器消亡的过渡作切实的准备，而不是在多多少少由"被审查过的"称呼所掩盖了的"矛盾"中裹足不前。①

当然，在方法论的支持上，阿尔都塞从列宁的"帝国主义发展的不平衡理论"以及毛泽东的"实践论"和"矛盾论"中得到了很大启示，即通过一次彻底的理论断裂揭示出社会形态结构以及历史发展的不平衡性和差异性，进而将这一理论模型带入具体的政治实践中；换言之，阿尔都塞在理论断裂之处接入了无产阶级的霸权理论，更在理论断裂之处寻找到了无产阶级政治革命的可能性空间。

《论再生产》一书的价值是不言而喻的，巴里巴尔曾评价说："这个文本已经成为、并将继续是阿尔都塞最重要的文本之一；是要描绘他的思想特征就必须参考的文本之一；是使用了烙有他自己名字的'印记'因而可被直接辨认出来的那些概念（这里的'意识形态国家机器''意识形态唤问'，其他地方的'认识论断

---

① 〔法〕阿尔都塞：《论再生产》，吴子枫译，西北大学出版社，2019，第318页。

裂'‘症状阅读’，等等）的文本之一；最后，它铭刻进了马克思主义、结构主义和后结构主义的后继传统中，成为当代哲学仍在继续研究的文本之一。"① 而苏联思想家在描述 20 世纪 70 年代法国马克思主义的理论发展时，也认为："在批判现代资产阶级哲学和意识形态的同时，法国马克思主义者对马克思主义哲学问题进行了大量正面的研究。对社会发展过程、从一种社会经济形态向另一种社会经济形态过渡的理论的研究得到了特别的发展。对政权、科技革命、家庭、学校等问题的社会政治的，经济的和社会学的研究大大加深了。对辩证唯物主义（特别是辩证法和认识论）、科学的历史和理论的研究加强了。"② 这些评价都在告诉我们一个事实，即阿尔都塞在这本著作中所从事的研究，对于他的理论生涯以及对于整个西方马克思主义理论谱系而言，都占有非常突出且特别的地位。

需要补充的是，整个 20 世纪 70 年代阿尔都塞的思考都始于 1969 年的《论再生产》一书。正是在该书中，阿尔都塞提出了自己的研究计划。他希望回答"什么是哲学""什么是马克思列宁主义哲学"，但为了回答好这一问题，他必须兜一个很大的圈子，先回答"什么是社会"③，及完善马克思的社会结构形态理论，这也就是《论再生产》［该书的另一书名是《论上层建筑（法‐国家‐意识形态）》］一书的基本内容。而关于第一个问题的回答，实际上贯穿于整个 20 世纪 70 年代阿尔都塞的各类文本中，所以，虽然《论再生产》这一文本在时间上更早，但考虑到阿尔都塞的原初逻辑，本书在结构逻辑上将《论再生产》一书的内容阐释置于了阿尔都塞对于哲学与政治关系的讨论之后。

---

① 〔法〕巴利巴尔：《法文版序：阿尔都塞和"意识形态国家机器"》，载〔法〕阿尔都塞《论再生产》，吴子枫译，西北大学出版社，2019，第 3 页。
② 〔苏〕А. Г. 梅斯里夫钦科主编，苏联科学院哲学研究所编《当代国外马克思列宁主义哲学》（下），中共中央编译局研究室译，社会科学文献出版社，1986，第 404 页。
③ 〔法〕参见阿尔都塞《论再生产》，吴子枫译，西北大学出版社，2019，第 45、74 页。

一　关于生产条件的再生产

从思想史的角度看，阿尔都塞对于再生产、国家理论和意识形态的论述，很大程度上扩展了马克思主义在这三个议题上的讨论范围。尤其是重新肯定了马克思主义关于意识形态在资本主义制度中所承担的职能的判定，即强调统治阶级利用意识形态消除政治统治与经济剥削的联系，从而确立国家的合法性与自主性。阿尔都塞的重要贡献在于他大大改进了经典马克思主义理论中关于经济基础与上层建筑的社会模型，不仅更为细致地阐发了社会各层面领域与要素之间的相互关系，而且讨论了这些层面领域与要素（生产方式、劳动力、生产关系、意识形态等）的再生产问题，因而，也是对马克思的社会空间理论进行了重新配置和改造。实际上，这正是经典马克思主义未曾阐释的问题。

第一，经典马克思主义并没有深入研究上层建筑对经济基础领域的再生产功能，也就是说，上层建筑的再生产功能其实也是促成经济基础领域变革的一个组成部分，只有在这种不断的再生产的积累中，经济基础才能保持稳定状态或进入革命状态。第二，经典马克思主义只分析了经济领域不可调和的矛盾而导致的社会革命及上层建筑的变革，却对上层建筑的再生产功能对经济领域矛盾的化解，没有更多的论述。而当代发达资本主义社会就是在这种"化解"中不断地推迟着革命的到来。[1] 因而，当资本主义社会危机没有发生，革命也远未到来之时，无产阶级又该如何分析资本主义社会的上层建筑及其功能，从而制定夺取国家政权的方式和策略呢？所以，必须探索新的理论来重新理解当代发达资本主义社会，"阿尔都塞给国家意识形态结构所下的定义，催生了许多特定的研究领域，这些领域可以更为广泛地阐明社会现实"[2]。

---

[1] 参见林青《阿尔都塞激进政治话语研究》，复旦大学出版社，2015，第8页。

[2] 〔法〕弗朗索瓦·多斯：《从结构到解构：法国20世纪思想主潮》下卷，季广茂译，中央编译出版社，2004，第227页。

　　阿尔都塞完全是从马克思主义理论内部出发，通过发展并修订"生产方式""生产力""生产关系""社会分工"等一系列核心概念，重新揭示了当代发达资本主义社会内部的运行机制以及剥削的秘密，并在此基础上深度思考了无产阶级革命斗争的可能方式。在理论展开的过程中，阿尔都塞充分发挥结构主义分析法和矛盾分析法的优势，对经典马克思主义中关于社会的"经济基础—上层建筑"的空间模型进行了新的要素配置。

　　阿尔都塞认为，根据马克思列宁主义的观点，生产方式是生产力与生产关系的统一，每一个具体的社会形态都有着多种生产方式，因而每一种统一中也都有着属于自己的生产力和生产关系。当然，每一个具体的社会形态中只有一种生产方式居于统治地位，因而就有主次（矛盾）之分，居于统治地位的生产方式决定了这一社会形态的性质。并且，由于存在多种生产方式，"统一"也就有着两种类型的"统一"，即某一生产方式中生产力与生产关系的内在统一，以及被统治的生产方式与占统治地位的生产方式之间矛盾的统一。那么，与"统一"相对，也就存在着两种类型的"不相适合"，也就是说，生产力与生产关系的不相适合的矛盾是产生阶级革命的原动力时，"它不是或不仅是指某一种特定的生产方式中的各种生产力与生产关系不相适合，而是（并且最有可能是）指在那种社会形态中所有生产方式的各种生产力与当时占统治地位的生产方式的生产关系之间存在矛盾"[①]。阿尔都塞认为，对这一易混淆的两种类型的"统一"和"不相适应"的区分，才符合我们对于每一个具体社会形态的经验观察，即每一个社会形态都存在着迥异的差异性、不平衡性以及各种矛盾的对立，体现于经济、政治和意识形态方方面面。而这种对社会复杂性的认识，正是无产阶级科学认识当代发达资本主义社会形态的前提与基础。

　　那么，针对这样一个复杂的社会统一体，其实就可以得出一个关键结论：如果社会生产力并未抵达触及革命的临界点，那么，在

---

① 〔法〕阿尔都塞：《论再生产》，吴子枫译，西北大学出版社，2019，第81页。

既有生产力条件下，是生产关系而非生产力对社会形态起决定性作用。① 那么同样，在上层建筑与经济基础的统一体中，如果整个生产方式没有抵达触发革命的临界点，经济基础虽然"归根到底"② 决定着上层建筑的基本形态，但在经济基础中，"是生产关系在现有生产力的基础上并在它的物质限度内起决定作用"③。无疑，在关于某一具体形态的社会生产方式的考察中，阿尔都塞最终让人们鲜明地记住了一个观点：在现有生产力不变的状况下，是生产关系对社会整体起决定性作用，所以生产关系是我们认识生产力以及整个经济基础的突破口，这一观点也正是阿尔都塞想要强调的基础性观点。

我们知道，在马克思主义的经典观点中"生产力＝生产资料＋劳动力（统一）"，其中生产资料又包括劳动对象和劳动工具。这一理论公式的提出，对于现实政治的介入是非常有效的。将生产资料与劳动力在概念上进行明确区分，就是在提醒无产阶级，在资本主义生产方式中，生产资料不属于劳动者，而是由外在于劳动过程的资本家掌握，而剥削与资本增殖就产生于其间。换言之，正是由于马克思对于两个理论概念的区分，才实现了对于资本主义社会剥削本质的揭示以及对于现实政治的介入。但资本主义本身也在不断发展，在当代发达的资本主义社会，剥削呈现出哪些新形态，尤其是剥削关系还能够维持的关键机制是什么？在这些剥削形式中，又有哪些是经典马克思主义所忽略的地方呢？阿尔都塞认为，当代发达资本主义生产关系的剥削性质不仅表现在它对于剩余价值的榨取，而且通过劳动的社会分工形式形成了关于劳动的意识形态压迫和新的异化，这一新的变化是剥削关系能够在当代继续发挥作用的关键程序。

---

① 〔法〕阿尔都塞：《论再生产》，吴子枫译，西北大学出版社，2019，第82页。

② 关于"归根到底"，可参见恩格斯1890年9月致约瑟夫·布洛赫的信，《马克思恩格斯文集》第10卷，人民出版社，2009，第591页："根据唯物史观，历史过程中的决定性因素归根到底是现实生活的生产和再生产。无论马克思或我都从来没有肯定过比这更多的东西。如果有人在这里加以歪曲，说经济因素是唯一决定性的因素，那么他就是把这个命题变成毫无内容的、抽象的、荒诞无稽的空话。"（注释转引自〔法〕阿尔都塞《论再生产》，西北大学出版社，2019，第82页。）

③ 〔法〕阿尔都塞：《论再生产》，吴子枫译，西北大学出版社，2019，第83页。

问题的关键就在于"社会分工"。在众多经济学家与技术主义者看来，分工是纯技术现象，但阿尔都塞从意识形态角度给出了完全不同的看法。他认为，劳动过程中所谓的技术分工、科学化组织与专业性管理纯粹是一种障眼法，是资本家在与工人阶级的阶级斗争中所使用的头号意识形态论据，是被"经济主义—人道主义"的意识形态所灌输后产生的意识后果。这些关于劳动的"技术"分工的事实不仅是剥削产生的原因，更是让工人阶级甘愿处于被剥削状态的手段。对于这种所谓"纯技术性"的劳动分工形式以及剥削形式，阿尔都塞从三个方面对其意识形态本质进行了论证。

第一，在资本主义社会，不同的工作岗位是按照阶级划分提供给人们的。越是到生产部门中的高层岗位，资本家本人及其代表所占的比例就越大，这在当代发达资本主义社会中几乎已成为一种常态。所谓劳动的技能性分工不过是把一部分人圈定在工人的等级上，而给另一部分人直接赋予各种高级职位的"伪分工"。第二，这条关于劳动分工的阶级界限之所以常常被大家所忽视，就是因为还有另一条界限，来自某种"知识"的官方权威与禁令，即出于科学化、专业化等生产的要求，并为方便剥削而设定好的"本领与技能"。这些禁令来自专家、学者以及高层的工程师或管理者，他们的知识性权威保证了生产关系中社会分工的稳定秩序以及被宣布为"技术性"分工的有效延续。第三，在任何生产性组织中，都存在着这些与警察无关但实际上又起到镇压性作用的权威存在。更关键的是，如果没有这种镇压性的存在以及对这种镇压性权威的认同，劳动过程便不可能被组织起来。其中的奥秘就在于，这种镇压性的权威之所以能发挥作用，或者说，大家之所以感觉不到这种镇压性的存在，其隐秘性的根源就在于，这种镇压性是内在于劳动分工内部而非来自上级或外在的"他者"机构，是通过生产劳动过程中的当事人来"执法"的。从事这一监视性和镇压性岗位的人员正是负责劳动组织的当事人，如管理员、工程师、质量监督员、检测员等；同时，辅助他们开展工作的是一系列完备的制度法规，如罚款、换岗、给予或取消奖金、追责、赔偿、升迁或解雇等，这些完备的制度性实践流程和绵密的"技术性"岗位设置为工人阶级编织了一张无法逃脱的生产分工大网。

可以说，这是一幅极其细致的社会分工图谱，也是一套令人绝望的社会压迫机制。"这是一种雇佣过程的'政治控制'（如果不是警察控制的话），并且涉及的始终是对工会代表或工会战士的'监视'，以及对他们的解雇（甚至是被滥用的解雇）。"① 因而，社会分工不仅是社会生产领域的现象，其还具有鲜明的政治性，并且只有在加入对意识形态要素的考量之后，这种阶级性与政治性才被更鲜明地揭示出来。那么，在这种劳动分工图谱中，如果具体到一家企业，它的人员就可以分为以下三种：第一，保障生产功能的工人，也就是严格意义上的无产阶级；第二，保障剥削功能但同时又保障生产功能的人，即工程师、技术人员和生产经理等；第三，保障镇压功能的人，其中又分为保障镇压功能与剥削功能混合在一起的人（即第二种人），也可能是单纯保障镇压功能的人，如反对工会斗争的底层治安人员等。② 至此，阿尔都塞关于当代资本主义社会中"生产—剥削"机制是如何运行的问题就给出了完整的答案：

> 生产—剥削得以"进行"，首先并首要是因为无产阶级和其他雇佣劳动者不占有任何生产资料，仅仅是为了生存，才不得不受雇去从事那对自己进行剥削的生产。……生产—剥削得以"进行"，还靠了生产资料的现实配置，靠了逮住劳动者并以无可抗拒的方式把自己的节奏强加给劳动者的"流水线"。……生产—剥削还靠资产阶级的"劳动"意识形态来"进行"。因为它是一种资本家的阶级斗争的意识形态，所以首先承受其后果的是工人。这种"使工人们运转起来"的意识形态在本质上包含以下要素，幻象也好，欺骗也罢，只要没有被工人的阶级斗争所

---

① 〔法〕阿尔都塞：《论再生产》，吴子枫译，西北大学出版社，2019，第 108 页。
② 参见〔法〕阿尔都塞《论再生产》，吴子枫译，西北大学出版社，2019，第 112 页。

克服，它们就获得"成功"，它们是：（1）资产阶级的法律幻象，根据这种幻象，"劳动已经通过工资得到了偿付"；（2）相应的法律—道德的意识形态，即必须"遵守自己的工作契约"，并通过契约来制定企业内部的秩序规则；（3）技术—经济的意识形态，即"在劳动分工中必须存在不同的岗位"以及占据那些岗位的不同的个人。……生产—剥削最终还要通过追加一定量的镇压来进行。①

无疑，在保障"生产—剥削"得以运行的这些机制中，关于劳动的意识形态要远比政治镇压更能让工人们进行劳动。这也就解释了为什么在当代资本主义社会形态中工人阶级斗争不会再自发发生，也解释了为什么经济领域的阶级斗争也必然是一场不断扩大的反剥削斗争，不仅要反对生产中遇到的现实剥削，还要反对辅助和保障这些现实剥削的"资产阶级的劳动意识形态"的压迫。所以，在当代资本主义社会形态中从事阶级斗争的无产阶级战士，就必须意识到："为了消灭他们自己意识中和他们同志的意识中的这种神秘化，他们不得不一点一点地反对这种意识形态，并日复一日地重新开始同样的战斗。"② 可以说，生产的过程与场所是剥削的过程与场所，但同时也是无产阶级进行经济斗争和意识形态斗争的过程与场所，这些斗争都是根植于经济领域但同样具有重要政治意义的斗争。

最后，回到阿尔都塞所提出的"生产条件的再生产"命题。关于生产条件的再生产也就是关于生产力和现有生产关系的再生产，其中关于生产力的再生产还包括生产资料的再生产与劳动力的再生产。而根据阿尔都塞对于整个生产过程以及剥削机制的分析，对于经典马克思主义的再生产理论就需要做如下补充：对于劳动力的再生产，不仅仅要保障其再生产的物质条件，还要使得劳动力必须是

① 〔法〕阿尔都塞：《论再生产》，吴子枫译，西北大学出版社，2019，第113~114页。（引文有删减）
② 〔法〕阿尔都塞：《论再生产》，吴子枫译，西北大学出版社，2019，第114页。

训练有素的、专业化的、具有职业良知并遵守职业道德的人。而对于这种劳动力合格能力的再生产在当代资本主义社会形态中，已很少通过现场的直接生产实践来实现，而是更多地通过生产之外，即通过资本主义国家或资本家的企业所开办的学校、教育系统和职业培训系统来完成。更重要的是，这种教育和培训除了培养真正必要的劳动技能之外，还要培养劳动的意识形态，即尊重劳动的社会分工以及各种劳动规范，并培养职业荣誉感。

> 劳动力的再生产不仅要求再生产出劳动力的合格能力，同时还要求再生产出劳动力对遵守既定秩序的各种规范的服从，即一方面为工人们再生产出对占统治地位的意识形态的服从，另一方面为从事剥削和镇压的当事人再生产出出色地运用占统治地位的意识形态的能力，以便他们能"用语词"来保障统治阶级的统治。①

总之，劳动力的再生产包括两个方面，不仅要再生产出他的"能力"，还要再生产出他对于占统治地位的意识形态的臣服。并且，只有在这种意识形态的保障下，关于劳动力的合格能力的生产才能有效地进行下去。

二 国家和意识形态国家机器

在阿尔都塞的哲学实践中，哲学研究与社会科学研究互相支撑拱卫，呈现交替向前的态势。因而在《论再生产》一书中，阿尔都塞开篇即讨论了"什么是哲学"，也就是说，阿尔都塞在他这本系统研究资本主义社会形态的书中，是以首先讨论哲学的性质问题开始的。而阿尔都塞就是要从这本著作的结构安排上凸显他在哲学中进行理论斗争的"政治—理论"特性。"是时候对马克思列宁主义哲学进行总结了——恢复马克思列宁主义哲学的全部革命力

---

① 〔法〕阿尔都塞：《论再生产》，吴子枫译，西北大学出版社，2019，第129页。

量（或赋予它这种力量），使其能够行使作为革命的武器的意识形态和政治功能。"① 因而，对马克思国家理论的发展、对意识形态所承担的国家职能与保障再生产的职能的考察，所有这些关于当代资本主义社会形态的科学研究都是为了协助阿尔都塞重返"永恒的哲学战场"。

　　阿尔都塞认为，国家理论是马克思主义中的一个重大空白。"我们必须坦率地说：确实不存在任何'马克思主义的国家学说'……国家怎样保证阶级统治？国家机器怎样产生作用？无论马克思还是列宁都没有开始分析这些问题。"② 而在阿尔都塞看来，国家理论是探讨社会上层建筑、无产阶级夺取国家政权的方式以及如何向社会主义过渡等问题的基础理论，它的缺失极大地影响了无产阶级革命实践的发展。因为，"没有（关于国家的）革命的理论，就不会有革命的运动"③。区别于经典马克思主义的再生产理论，阿尔都塞突出了意识形态在"生产—剥削"的过程中以及生产条件的再生产过程中所扮演的重要角色，从而将劳动力的再生产问题从马克思的经济学视域置换到了社会政治领域，考察在资本主义的教育体系和国家操控下劳动力再生产的过程。阿尔都塞认为，资本主义条件下的劳动力再生产，从根本上来说，一方面是把劳动者对占统治地位的意识形态的自觉顺从态度生产出来，另一方面则是生产出能熟练运用这种意识形态的统治者和剥削者。那么，意识形态作为资本主义社会形态中辅助阶级统治的重要工具，它与国家是什么关系？考虑到意识形态在生产中所扮演的镇压角色，其是否已经成为国家统治的一部分？如果是，他的统治形式、统治机制与统治特点又是什么？对于这些问题的回答，就是阿尔都塞对于马克思主义国家理论的重要发展和补充。

---

① 〔法〕阿尔都塞：《论再生产》，吴子枫译，西北大学出版社，2019，第52页。
② 〔法〕阿图塞（阿尔都塞）等：《自我批评论文集（补卷）》，林泣明等译，（台北）远流出版事业股份有限公司，1991，第239页。
③ 〔法〕阿尔都塞：《论再生产》，吴子枫译，西北大学出版社，2019，第173页。

（一）意识形态国家机器

阿尔都塞认为，经典的马克思主义作家已经就国家理论给出了大致的草图：对国家机器与国家政权要加以区分，国家政权归属的变化不一定就意味着国家机器也会随之改变；所有政治的阶级斗争都是围绕国家政权展开的，对于无产阶级来说，就是要先夺取国家政权，进而根据自己的阶级利益与革命目标利用既有的国家机器或建立属于无产阶级的国家机器，并为最终消灭国家（包括国家政权与国家机器）做准备。不过，阿尔都塞认为，这些理论只具有描述性质，对于国家机器内部更为复杂和差异性的机制分类和运行规律，经典的马克思主义并没有说的更多，而阿尔都塞要做的就是精准论述国家机器中的一个重要组成部分，即保障再生产得以有效进行和统治者进行有效统治的制度性条件——意识形态国家机器。

意识形态国家机器是与经典马克思主义理论中所指认的镇压性的国家机器相对的，其主要职能就是国家隐性地通过一些组织和机构宣传有利于自己统治的意识形态，从而掩盖现实的经济领域与政治国家中真实存在的阶级剥削和阶级统治。在意识形态国家机器的清单上，有教育机器、家庭机器、宗教机器、政治机器、工会机器、传播机器、出版—发行机器、文化机器①等各种的现代制度性安排，并通过这些安排向人们宣传和灌输有利于统治的观念思想，不断生产出顺从于现代资本主义生产关系所要求的合格"主体"。在此意义上，不论是个人还是群体要么被意识形态国家机器塑造为"劳动者"，要么被塑造为"统治者"，从而在事实上都是资本主义制度的"服从者"。那么，时刻处于意识形态包围之中的人们，哪还有独立自主的"主体性"。

在此，阿尔都塞通过意识形态国家机器概念为一个非常重要的历史事件给出了自己的解释，这一事件也是意识形态问题之所以如此急迫地摆在阿尔都塞理论议程中的重要原因。1968 年爆发的"五

---

① 〔法〕阿尔都塞：《论再生产》，吴子枫译，西北大学出版社，2019，第 174 页。

月风暴",是法国二战以来面对的最大的一次国家危机。但就是这场几乎颠覆了法兰西第五共和国的"革命",却在戴高乐的一场演讲中草草收场了,国家权力完好如初,仿佛什么都没有发生过。那么,这场运动为何没有发展为真正的革命?作为革命主体的无产阶级及其政党为何整体缺席呢?马克思主义在这场运动中又为何没有发挥出它的理论效能,这是否说明马克思主义理论存在着严重的不足呢?而意识形态国家机器概念正好填补了马克思主义的理论空白。尤其是他提出学校和整个教育系统都属于意识形态国家机器,更使人深切地感到意识形态国家机器所发挥的强大功能,因为该运动的主要参与者更多的是学生和知识分子。事实上,早在《列宁和哲学》中,阿尔都塞就曾对哲学教师与知识分子有过精彩的评论:

> 哲学教师是教师,即这样的一些知识分子:他们在一种给定的教育制度中被雇用,服从于那个制度,作为群体履行着反复灌输"占统治地位的意识形态价值"的社会功能。至于在学校和其他机构中可能有一定量的"游戏",使得个别教师可以用他们的教学和思考来反对这些既定的"价值",这个事实也并没有改变哲学教育功能的群体效果。哲学家是知识分子,因而也是小资者,他们作为群体服从于资产阶级和小资产阶级意识形态。①

主动服从于占统治地位的意识形态,正是人们在年复一年的知识灌输和职业技能培训之后被意识形态国家机器所驯服的体现。阿尔都塞还举了一个例子,他认真考察了当代法国国立高等院校的教师和学生的培养与选拔机制,认为其中就充满了政治的意识形态规训。法国国立高等院校的教师都必须通过国家统一的考试机制的选拔,并依据官方认可的课程大纲来进行教学。而对于学生的考核,也必须是通过充分体现着"平等主义理想"的毕业考试来完成。同

---

① 陈越编译《哲学与政治:阿尔都塞读本》,吉林人民出版社,2003,第170页。

一时间、同一地点、同样的考试大纲、同样的试卷与同样规格的答题纸，这就不难理解法国人对毕业考试制度的崇拜。在某种程度上说，对意识形态国家机器中一些特定流程、机制和仪式甚至会产生"拜物教"般的迷信。

此外，关于意识形态国家机器，阿尔都塞还主要澄清了两个细节问题。首先，为什么把家庭、宗教、文化机构等私人机构列入意识形态国家机器之下？阿尔都塞的解释是，人们所认为的"公私之分"不过是建立在资产阶级法权这个"总问题"之内，而他所谈论的意识形态国家机器则是在阶级对立与阶级斗争的"总问题"之下，资产阶级的法权概念完全无法囊括甚至是在故意掩盖阶级间的对立关系。比如，在法权上隶属于私人部门的杂志、广播和电台，虽然经常表达自己的"独立"观点，也刻意标榜自己的独立自由属性，但它们非常清楚，"应当在什么时候（也就是说每天，并且在'重大日子'非常露骨地）配合资产阶级国家的政治，以适合各自公众的变体形式，传播资产阶级国家的永恒的意识形态弥撒的伟大主题，即国家的意识形态的伟大主题"①。因而，这些机构或组织无论公私都是总体的意识形态国家机器中的一个部件而发挥着自己专有的功能。

其次，对于任何国家机器来说，都存在着镇压性和意识形态性的双重功能。在镇压性的国家机器中，镇压性是它的主要方面，但它也辅之以意识形态的功能：其对内通过镇压但更多的是通过意识形态来反复灌输和培训自己的新成员，对外则主要通过镇压但同时也通过"商讨""谈判""说服"来发挥作用。而在意识形态国家机器中，意识形态功能是它的主要方面，但它也辅之以镇压性的功能，例如各种类型的处罚。总之，"在所有国家机器……当中以及它们之间，镇压和意识形态化之间建立了一些非常微妙的、或公开或心照不宣的结合形式；而这些非常微妙的结合形式，可以说明在各种各样的国家机器之间建立的那些明显的契约关系和明确的（或甚至暖

① 〔法〕阿尔都塞：《论再生产》，吴子枫译，西北大学出版社，2019，第182页。

昧的）客观共谋关系"①。

最后，阿尔都塞回到了无产阶级革命和社会主义国家建设的实际问题中，并严肃地探讨了"意识形态国家机器的脆弱性与坚固性"② 问题。阿尔都塞认为，意识形态国家机器之所以具有脆弱性，是因为意识形态国家甚至诸意识形态国家机器内部、某一意识形态国家机器所生产出来的"意识形态的各种亚形态"（更具体的意识形态，即某个人、某个机构部门的意识形态）之间总是存在各种差异，这就不可避免地产生各种矛盾与不协调，而无产阶级正好可以抓住这些矛盾或者利用诸意识形态国家机器之间的矛盾空隙，展开意识形态层面的斗争，从意识形态国家机器内部分化瓦解它。这就是意识形态国家机器比镇压性国家机器相对脆弱的原因。但与此同时，阿尔都塞也提醒无产阶级意识形态国家机器在具有脆弱性的同时也具有格外强大的生命力，其坚固性尤其体现在更换旧有的意识形态国家机器困难重重。在阿尔都塞看来，建立新的意识形态国家机器必须先搞清楚这是一套怎样的新宣传系统、新教育系统、新文化娱乐系统等，要深入建立新的意识形态国家机器的各种细节当中来考虑，还要培养一批忠诚能干的新的意识形态干部，从而在新的意识形态国家机器中不断进行理论和思想的革新。换言之，更换旧有的意识形态国家机器必须通过每个苏维埃公民和意识形态干部艰苦的甚至是每时每刻的斗争，并永远保持着高度的无产阶级觉悟与危机意识，旧的资产阶级的意识形态才能最终过渡到新的无产阶级的意识形态。阿尔都塞写下了很长的一段话，来提醒无产阶级即使夺取了国家政权也绝不能放松在意识形态问题上的警觉：

列宁完全清楚，"政令"不能解决问题，哪怕它来自高层。他也清楚：要建立新的 AIE③，不存在先天的、事先完全准备好的

① 〔法〕阿尔都塞：《论再生产》，吴子枫译，西北大学出版社，2019，第193页。
② 〔法〕阿尔都塞：《论再生产》，吴子枫译，西北大学出版社，2019，第195页。
③ AIE 是阿尔都塞使用的"意识形态国家机器"的法文缩写形式。

计划和路线；这是一件每时每刻都要做的工作，更确切地说，是一项包含巨大风险的漫长实验，必须投入全部智慧、想象和政治忠诚；这是一场不容丝毫懈怠的漫长斗争，是一场不能只靠有限的行政手段，而要靠深入细节的智慧，靠教育、说服和耐心的解释才能完成的斗争；这是一场不能靠少数战士——哪怕他们非常清醒非常勇敢，而是要通过求助于群众、求助于他们的判断力、他们的反应、他们的首创精神和他们的发明，才能完成的斗争。①

所以，在无产阶级专政国家里，如果发生在意识形态国家机器中的斗争不彻底、不取得完全的胜利，那么旧的意识形态国家机器的人员和运转机制就会被保留下来，那它就会持续不断地向广大革命群众反复灌输和渗透资产阶级或小资产阶级的意识形态，其最终必然钻入无产阶级专政国家的生产关系和政治上层建筑中，从内部威胁工人阶级政权。这就解释了为什么列宁在俄国苏维埃社会主义革命胜利之后仍有挥之不去的忧虑，因为无产阶级在夺取了国家政权并摧毁了资产阶级的镇压性国家机器之后，如何摧毁旧有的意识形态国家机器，建立属于无产阶级的思想文化和教育等意识形态国家机器，这不仅关系到苏维埃政权的稳固，更关系到共产主义事业的未来。事实上，阿尔都塞所发出的极具危机意识的警告正是列宁在晚年推行一系列国家和意识形态改造政策的初衷。如果不时刻提防资产阶级在各个方面的反扑，资本主义生产关系最终会通过"小生产"的残余和复活而得到再生产。正是"由于这一切原因，无产阶级专政是必要的，不进行长期的、顽强的、拼命的、殊死的战争，不进行需要坚持不懈、纪律严明、坚定不移、百折不挠和意志统一的战争，便不能战胜资产阶级"②。

（二）法律的、政治的与工会的意识形态国家机器

在马克思主义经典作家的理论中，国家首先是作为镇压性的国

---

① 〔法〕阿尔都塞：《论再生产》，吴子枫译，西北大学出版社，2019，第 199 页。
② 《列宁选集》第 4 卷，人民出版社，2012，第 135 页。

家机器而存在。在阿尔都塞关于马克思主义的国家和国家机器理论的补充中，他进一步对国家机器概念之下的压迫事实进行了精准分类，提出了镇压性的国家机器和意识形态的国家机器间的区别，认为意识形态已具备了国家机制化的实践形式，并对意识形态国家机器所发挥的国家功能做了详细的解释。与镇压性的国家机器表现为一个集中化的实体不同，意识形态国家机器是复数的存在，诸意识形态国家机器具备各自相对的独立性，其中尤以法律的①、政治的与工会的意识形态国家机器最为突出。

在《马基雅维利的孤独》一文中，阿尔都塞曾指出：

> 从 17 世纪开始，资产阶级整合出了一套令人敬畏的政治哲学，自然法哲学，它封闭了其他一切东西……建立这套哲学的基础，是那些源于法律意识形态，源于个人作为主体的权利的概念。这套哲学试图从法律意识形态赋予人类主体的那些属性（自由、平等、所有权）出发，在理论上推论出实在法和政治状态的存在……这完全是一个意识形态的和政治的世界……资产阶级的意识形态家用自然法的语言，讲述他们国家童话般的历史，这个历史从自然状态开始，并在战争状态中持续下来，直到用社会契约实现了和平，产生了国家和实在法。这个历史纯属神话，……国家无非就是法律，像法律一样纯洁，而这个法律又是出自人类自然本性的东西，那么还有什么能比国家更有人性呢?②

---

① 需要指出的是，在《论再生产》一书中，法律的意识形态国家机器部分优先于对国家和国家机器的讨论，这是符合阿尔都塞的理论论证逻辑的。因为在资本主义社会中，法律在维护生产和生产关系的再生产中发挥着最为直接的作用，沟通着经济基础与上层建筑两大领域。但为了行文便利，笔者将法律的意识形态国家机器置了国家和国家机器的讨论之后，以更便于直观呈现阿尔都塞的意识形态国家机器思想。
② 〔法〕阿尔都塞：《马基雅维利的孤独》，载〔意〕葛兰西《现代君主论》，陈越译，上海人民出版社，2006，第 112~113 页。

法律有着无可争议的意识形态虚假性，但阿尔都塞认为，我们目前对于"法"① 所进行的分析仍然是一种描述性的分析，还未达到关于"法"的理论本身的讨论门槛。在阿尔都塞看来，法与资本主义生产关系的关系非常密切，从资本主义生产关系在封建制度下萌生、壮大并最终成为统治性的生产关系的史实来看，资产阶级法权在资本主义生产关系的运行中始终拥有着独特的地位。法到底是属于上层建筑还是属于生产关系，一直都存在着争论。针对"法是什么"这一问题，阿尔都塞认为法有三个特性：第一，法具备系统性和完备性，"法必然呈现一套天然地倾向于无矛盾和内在完备性的系统"②。如果法律自身内部包含各种矛盾以及偏差，法律就无法自洽，进而会被人们刻意找出漏洞导致法律体系的崩溃。第二，法具备形式性。"法必然是形式的，因为它不是取决于买卖契约中法人之间交易的内容，而是取决于这些交易的契约的形式，即由在法面前形式上自由和平等的法人的行为所规定的形式。正因为法是形式的，所以才能够被系统化，趋向于成为无矛盾的和完备的。法的形式性以及它的相应的系统性构成了它的形式的普遍性：法对于任何在法律上被定义和承认为法人的人都有效，并能为他们所援引。"③ 也正是由于法的形式性，阿尔都塞呼应了马克思对于法的经典判断——必须将生产关系与资产阶级法权严格区分开来。在马克思看来，法正是通过在自己的规范性正义或形式正义中掩盖据以存在的生产关系才得以存在。针对这一重要的区分，阿尔都塞还探讨了一些复杂而又重大的理论与现实问题，涉及科学社会主义理论的基本原则以及如何向社会主义过渡等问题。

他认为用生产资料集体所有制或社会主义所有制来定义社会主义生产关系，是巨大的错误。因而，社会主义革命就是将生产资料

① "法"原文"Le Droit"，"droit"有"法""权利""公正的""正当"等含义，也译为"法权"。转引自〔法〕阿尔都塞《论再生产》，西北大学出版社，2019，第 140 页。

② 〔法〕阿尔都塞：《论再生产》，吴子枫译，西北大学出版社，2019，第 142 页。

③ 〔法〕阿尔都塞：《论再生产》，吴子枫译，西北大学出版社，2019，第 144 页。

的私人所有制转变为集体所有制的想法也是错误的，因为生产资料归谁所有的问题不是生产关系的问题，而是法权问题。把两者混淆起来，必然带来现实经济与政治生活的混乱。阿尔都塞认为，马克思从来没有用生产资料是否归集体所有来定义社会主义的生产关系，因为马克思拒绝一切虚假形式的法权，更拒绝用法权来定义社会主义生产关系。任何法权概念从本质上说都是商品关系的法权，因而最终都是资产阶级的剥削术语，是不平等关系在人们话语意识中的体现。阿尔都塞指出，马克思对社会主义生产关系的革命性思考，是用由自由的"联合的"人对生产资料的集体的或共同的占有来定义社会主义生产关系。对于这一问题的理解偏差，为社会主义国家的建设以及向社会主义过渡的现实问题带来诸多困扰。就当时（20世纪六七十年代）的社会主义国家而言，是坚持生产资料的国家与集体所有、实行计划经济，还是按照马克思所说的劳动者对生产资料的直接"占有"、实行"工人自治"与"经济民主"？前者是苏联所代表的经济体制，也可以称之为国家计划主义；后者则更多地存在于捷克斯洛伐克、匈牙利与南斯拉夫等中东欧社会主义国家，它们允许在国家计划的大背景下适度扩大商品经济的规模来保证一定层面的商品"自由"占有。阿尔都塞认为这些做法毫无疑问都是不正确的，因为我们共产党人现在面对的不是社会主义的生产关系，而是过渡阶段的关系。

当然，阿尔都塞也认为他的建议必须有一系列的政治和理论条件为前提，而他只是对当时社会主义国家所进行的建设提出了自己的一些看法，并不是真正否定这些探索。因而，阿尔都塞认为无产阶级还是要重温列宁的教导，毕竟在无产阶级专政时期，还存在着国家、法权以及商品交换。那些希望跳过无产阶级专政，不愿意进行过渡阶段长久建设的人，都是空想社会主义者，是小资产阶级盲动性的代表。

在这个阶段，所谓的社会主义法权在形式上仍然是不平等的、资产阶级的法权，国家所有和合作社所有都只是一些暂时的形式，无产阶级专政也只是暂时被采用，目的是为建立未来的社会主义生产关系作长期、耐心和持久的准备。[①]

第三，法具备镇压性。"要强制就要惩罚，要惩罚就要镇压，所以必然要有镇压性机器。这个机器就存在于狭义的镇压性国家机器当中。它的名字叫作：警察、法院、罚款和监狱。法和国家正是由此而成为一体的。"[②] 不过在阿尔都塞看来，法的具体实践不仅仅靠镇压，在绝大多数情况下，"法只通过法律意识形态+道德意识形态的补充的联合作用"[③] 就可以保证法律被遵守。换言之，法具有双重属性，它既属于镇压性国家机器，也属于意识形态国家机器。这就引出了阿尔都塞对于法的第三个特性的补充，也是他关于"法"极富创见性的观点。

关于法律—道德的意识形态国家机器，阿尔都塞认为，在日常生活中，契约双方之所以遵守契约条款，并不仅仅因为有镇压性国家机器中的"宪兵"的存在，毕竟宪兵不会出现在每个契约的签署与执行现场。双方遵守条款是因为双方拥有"诚实""可靠""守约"等契约精神。所以，人们"自愿"服从法律、履行条款义务的关键在于，法律的实践不一定必须通过镇压性国家机器来保障，它还有一套使自己"自动运转"起来的补充性的保障机制；换言之，法作为系统完备的形式体系，但它并不能独自存在，而必须同时依赖于另一套辅助性保障机制才能将自己的强制效能发挥到最大限度。这一套保障机制就是法律—道德意识形态。正是后者扮演着不在场的"宪兵"角色，是"宪兵"在更广泛的应用场合的"代表"。在中国古代典籍中，有一个成语"悬法象魏"。《周礼·秋官·大司寇》载："正月之吉，始和，布刑于邦国、都鄙，乃县（悬）刑象

---

① 〔法〕阿尔都塞：《论再生产》，吴子枫译，西北大学出版社，2019，第149页。
② 〔法〕阿尔都塞：《论再生产》，吴子枫译，西北大学出版社，2019，第154页。
③ 〔法〕阿尔都塞：《论再生产》，吴子枫译，西北大学出版社，2019，第326页。

之法于象魏，使万民观刑象。挟日而敛之。"含义大致为：大司寇在
每年的正月初一将国家新颁布的法令悬挂在宫门外的城楼上，供万
民观看学习，十日之后收走。这是中国古人通过一种极具仪式性的
活动来起到普法和规训万民的作用，这种做法的重点在于，它不是
等人犯法后进行事后性的法律制裁，而是进行预防性的普法尊法教
育，从而避免人们违法行为的发生。这一成语与阿尔都塞关于法律
的意识形态国家机器的论述在形式上极为相通，即关于法的意识形
态就像"日晕"一样可以辅助性地保障并扩大法律的外延性影响。

　　最后，阿尔都塞给出了关于"法"的全部认识：在资本主义生
产关系条件下，法律—道德的意识形态在实践的意识形态领域中占
统治地位。法的本质功能主要是保障生产以及保障生产关系再生产
的意识形态国家机器的有效运行。但法也只有通过法律—道德意识
形态才能发挥这些功能，即通过自己的意识形态在人们的意识中唤
问法律主体来协助保障生产关系的再生产。任何资本主义国家都是
通过两者的综合作用，来保障资本主义生产关系的有效运行以及生
产关系的再生产，且意识形态还可以有效帮助掩盖镇压性国家机器
的真正面目。"法律—道德的意识形态和作为其实现的法律的意识形
态国家机器在资本主义社会形态中所起的决定性作用——它是把上
层建筑与下层建筑结合在一起并把上层建筑结合进下层建筑的特殊
机器。"① 正是由于同时具有上层建筑的功能，但又通过唤问直接参
与生产实践的主体深入经济基础中，法以及法律—道德的意识形态
就像"拉链"一样使经济基础与上层建筑两大结构相互咬合嵌在
一起。

　　总之，通过对生产关系的再生产、法律的和其他的意识形态国
家机器的研究，阿尔都塞终于可以阐明一些科学社会主义理论以及
国际共产主义运动发展中的棘手问题，比如，苏联国家建设中出现
的一系列问题、人道主义思想的泛滥。对于苏联存在的一些问题，
阿尔都塞可以这样解释：由于苏联忘记了意识形态上层建筑在生产

---

① 〔法〕阿尔都塞：《论再生产》，吴子枫译，西北大学出版社，2019，第331页。

关系再生产中所扮演的重要角色，放松了在无产阶级的意识形态国家机器中维护社会主义生产方式并开展阶级斗争的努力，单纯地采用经济决定论来解释和指导一切工作，因而陷入经济主义也就忘记了意识形态中还存在着阶级斗争，而忘记了阶级斗争就必然会产生人道主义的思潮。这不仅是斯大林以及苏共长期以来的错误，而且还是自第二国际以来一些社会民主党领导人如考茨基等人一直在犯的错误。在阿尔都塞看来，如果社会主义国家及其政党再这样继续麻痹大意下去，必然会对社会主义的建设事业和无产阶级的革命事业造成无法弥补的损失。在此，我们通过阿尔都塞的理论分析，几乎已能看到 20 世纪 80 年代末 90 年代初东欧剧变、苏联解体的悲剧。

（三）政治的和工会的意识形态国家机器①

在阿尔都塞的考察中，现代资本主义国家被分为镇压性的国家机器与意识形态国家机器两大部分，两大部分相互渗透，每个部分都同时具有另一部分的属性与职能。因而，资本主义国家的政治体制安排都具有高度的意识形态属性，即拥有完备的法律体系和运作程序，呈现高度的法制化与程序化色彩，在多数情况下，已不需要直接动用镇压性的国家机器而仅仅依靠政治权力机关的意识形态国家机器就可以履行镇压的职能。这也正是阿尔都塞从意识形态角度来认识资本主义社会的政治体制，并把在政治的和工会的意识形态国家机器中的斗争上升为无产阶级在"过渡时期"最可能采取的阶级斗争形式的原因。在阿尔都塞看来，拟定这两个领域内的斗争策略不仅是现阶段无产阶级的首要任务，而且关乎西欧国家是否能向社会主义过渡的历史命运。

阿尔都塞认为，存在着一个专门的政治的意识形态国家机器，这一国家机器是通过资产阶级国家的意识形态在选举系统、政党政治、行政机关、议会机构等政治体制安排中的实现而建立起来的。

---

① 阿尔都塞所说的工会，不仅仅指作为工人组织的"工会"，还指所有因共同利益而联合起来的同行组织，因而也可译为"……联合会"或"……协会"。

在阿尔都塞的考察中，资本主义国家的意识形态是一些基本价值的集合（来自政治、经济、宗教、法律、道德等领域），有四个基本主题即"民族主义、自由主义、经济主义和人文主义"①，诸意识形态国家都以各自的形式贯彻和体现着这些主题。与政治的意识形态国家机器相同，工会的意识形态国家机器也渗透和体现着资本主义国家的意识形态。阿尔都塞认为，资本主义社会中同样存在着数量众多、有着等级差别并以保护同行利益为己任的不同行业的工会的意识形态国家机器。这台机器贯彻着两项核心意识形态：第一，保护同行利益；第二，保护同行利益也就是保护公众和民族的利益。这就自然符合了资本主义国家的意识形态的一个重要主题："普遍利益和民族利益存在于企业的自由和对伟大道德价值的保护中。"②

阿尔都塞认为，无产阶级必须在政治的意识形态国家机器中开展斗争。由于无产阶级政党是在资本主义国家的意识形态国家机器名下进行活动，因而它必然是作为资本主义国家的意识形态国家机器的一部分而存在，是得到了资本主义国家的合法性承认的组织。因而，它合法地享有资产阶级国家所规定的一系列权利，如自由表达、自由结社、自由出版等权利。③ 但无产阶级必须清醒地认识到，无产阶级绝不能因为自身享有各种"权利"而主动加入资产阶级国家的意识形态系统，绝不能认为自己是作为资产阶级国家的意识形态国家机器的构成"部件"而存在。同时，无产阶级还要警惕，在资产阶级的意识形态国家机器内部进行思想文化与意识形态斗争绝不能落入"阶级合作"和"改良主义"的陷阱，听任自己被资产阶级的意识形态国家机器所同化，成为一个"议会迷"或将自己限制在国家事务的管理中。无产阶级要坚持以政治的意识形态国家机器

---

① 〔法〕阿尔都塞：《论再生产》，吴子枫译，西北大学出版社，2019，第278～279页。

② 〔法〕阿尔都塞：《论再生产》，吴子枫译，西北大学出版社，2019，第243页。

③ 在阿尔都塞看来，这些权利不是绝对的，而是有着极大的限制性，甚至资本主义国家经常会撕下虚伪的面具，采取例外的措施或直接动用镇压性的国家机器对无产阶级的组织活动进行干预，这些事情在历史上比比皆是。

内部的斗争来支持和推动政治的意识形态国家机器外部更大范围的斗争，即通过利用政治的意识形态国家机器，如参与政府、参加各种选举以及开展议会斗争等，改变无产阶级的政治权力与话语地位从而影响政治的意识形态国家机器外部的阶级力量对比，最终为掌握国家政权、摧毁镇压性的国家机器和推翻资本主义社会做准备。总之，坚持毫不妥协的阶级斗争立场，但同时又讲究灵活机动的策略战术（通过政治的意识形态国家机器内部的斗争，影响和推动政治的意识形态国家机器外部的，即资产阶级民主合法形式之外的阶级斗争），无产阶级在反对资产阶级的斗争中，必须把握好原则性与灵活性的辩证统一关系。

　　事实上，阿尔都塞对于现阶段无产阶级斗争方式的选择以及在向社会主义过渡的问题上，充分贯彻了他关于社会历史发展的不平衡性观念的认识，同时也体现了他基于"形势"判断而采取的灵活的斗争姿态与革命策略。阿尔都塞非常清楚无产阶级所处的历史环境与阶级斗争的战场特点，尽管他反复强调绝不能将阶级斗争的全部形式化约为意识形态国家机器内部的意识形态斗争，"不存在通往社会主义的议会道路"①，阶级斗争虽然是围绕国家机器来展开，但无产阶级的最终目的是为国家的消亡做准备。但实际上，阿尔都塞也充分认识到了在政治的意识形态国家机器内部展开斗争的必要性与可行性，并把意识形态重要性上升到了在此前的经典马克思主义作家中所没有的高度。阿尔都塞认为，在政治的意识形态国家机器内部展开斗争是向社会主义过渡必须采取的路线和行动。阿尔都塞接受了列宁的革命策略："列宁说过，要通过革命，就必须懂得预见和接受过渡期，并懂得进行过渡期实践。"② 这一过渡期的实践也就是在资产阶级的民主机制内部进行议会和政党斗争："对于工人阶级的党来说，关键的是依靠资产阶级自身承认的政治权利（法），来达到反对资产政治的公开斗争的鼓动和宣传效果；因而，关键的是利

① 〔法〕阿尔都塞：《论再生产》，吴子枫译，西北大学出版社，2019，第229页。
② 〔法〕阿尔都塞：《论再生产》，吴子枫译，西北大学出版社，2019，第231页。

用资产阶级民主的旗号，帮助越来越多的群众，为了社会主义民主，投入到迟早要推翻资产阶级民主的行动中去。"①

这正是苏维埃革命期间，列宁领导下的布尔什维克在"民主的过渡时期"所采取的正确策略，即参与资产阶级国家的议会活动，但并不把党的活动限制于政治的意识形态国家机器内部，而是利用议会政治这一有利条件，放手发动群众，最终取得了十月革命的胜利。因而，对于阿尔都塞来说，在当代资本主义国家中，无产阶级必须高度重视在政治的意识形态国家机器内部的斗争，这是当前形势下必须采取的战术策略，"不利用所有的斗争形式——包括合法的形式，甚至还包括议会民主的形式即选举的形式——不仅是愚蠢，而且是犯罪"②。但同时，无产阶级也要将这一领域的斗争纳入党的整体革命战略之中，充分借助议会、学校、广播、电视和报纸杂志等教育与传播机器，利用这些合法的平台训练和动员广大人民群众，随时为夺取资产阶级国家政权并把它改造为社会国家政权而准备。

此外，对于无产阶级如何在工会的意识形态国家机器中开展活动与斗争，阿尔都塞认为，在工会的意识形态国家机器中所进行的斗争是在经济基础领域中直接进行的经济斗争。因而，这一领域的斗争情况归根结底地决定着无产阶级所有政治斗争的前途命运以及阶级社会整体发展的历史走势。因而，无产阶级在经济领域的工会活动必然会受到资产阶级的特别监视以及强力压制，从事经济的阶级斗争的工人组织也无法像从事政治领域的阶级斗争的工人组织那样，能迅速地取得合法地位以及收获显著的经济效果，这就极大地增加了无产阶级在经济领域开展斗争的难度，所以这必然意味着经济领域的阶级斗争是漫长和艰苦的"持久战"。

　　无产阶级和资产阶级之间的阶级战争……那是一场持续的、

① 〔法〕阿尔都塞：《论再生产》，吴子枫译，西北大学出版社，2019，第237页。
② 〔法〕阿尔都塞：《论再生产》，吴子枫译，西北大学出版社，2019，第234页。

每天都要进行的极其艰难的战斗，一种没完没了的、不能放弃的壕堑战，它常常被占据前台的壮观的政治战斗所掩盖。但在暗地里无声进行的没完没了的血淋淋的壕堑战，却是经济的阶级斗争。①

因而在这种形势下，党必须认识到经济领域中的工会斗争的极端重要性，必须走出在政治领域相对光鲜舒适的"斗争环境"，走出在议会和政府机关内每日程序化的治理琐事，为真正地推翻资本主义国家机器以及为国家消亡做经济上的斗争准备。因而，党必须参与经济领域中的工会斗争，必须使自己的基层组织出现在企业中、深入劳动实践的第一线，在那里密切联系工农群众、广泛开展组织动员，为经济战线上的工会成员争取更好的物质与福利条件。同时，党在工会的意识形态国家机器中开展活动与斗争，还必须时刻提防资产阶级意识形态对于工农群众的渗透，提防出现单纯的经济斗争偏向以及工联主义、改良主义、阶级合作等错误的政治斗争路线。总之，党只有把政治的阶级斗争深深地、不可逆转地植根于经济领域中的工会斗争，为之制定正确的斗争策略并坚持正确的路线方针，这才能成为"革命斗争的金子般的准则"②。

（四）意识形态国家机器与无产阶级革命

就阿尔都塞而言，阶级斗争不仅表现为经济和政治领域的斗争，还表现为意识形态领域的斗争。意识形态领域的斗争不仅成为经济和政治领域阶级斗争的有益补充，甚至已表现为阶级斗争的核心领域并引领革命政治的前进方向。如此看来，这就在无产阶级的革命实践维度中开拓了一个崭新的实践空间，重新激活了马克思主义的政治逻辑和革命话语。这一突破自然也要求对整个现实社会的理解重新概念化，把社会各领域都纳入对资本主义社会的整体分析之中，而这些工作恰好填补了马克思主义关于国家理论的空场。具体来说，

① 〔法〕阿尔都塞：《论再生产》，吴子枫译，西北大学出版社，2019，第262页。
② 〔法〕阿尔都塞：《论再生产》，吴子枫译，西北大学出版社，2019，第271页。

阿尔都塞通过对法律、政治、工会的意识形态国家机器的考察，充分论证了在这些意识形态领域中斗争的必要性：首先，它是可能的，也是充分可行的；其次，它是持久的，也是艰苦的；再次，这些斗争又是非常重要的，因为它能帮助无产阶级及其政党积累政治经验、磨砺战斗意志、锻炼自己的队伍、扩大自身的影响；所以最后，它必须是优先的，不仅要为革命上的最后行动做思想准备，还因为意识形态国家机器是国家机器中最脆弱的部分，在当下形势下无产阶级能够大有作为。不难看出，阿尔都塞在对意识形态国家机器的详细分析中，已把意识形态领域的斗争同直接的政治行动和革命实践缝合在了一起，为无产阶级思考革命实践问题提供了一套新的行动方案和革命逻辑。

事实上，阿尔都塞认为单纯依靠马克思关于"经济基础—上层建筑"的"空间理论"来表述经济基础与法律、国家、意识形态的上层建筑的关系是远远不够的，这一分析模型无法有效解释生产关系的再生产问题。只有真正认识了上层建筑的功能以及这种功能的运行机制，才能理解保障这一再生产的条件（通过镇压性的国家机器）和再生产本身（通过意识形态国家机器）。阿尔都塞给出了全新的关于上下层"建筑"间的空间关系模型。这不再是简单的经济基础决定上层建筑，上层建筑对经济基础有反作用；而是上层建筑"再生产"着经济基础得以运行与延续的条件。这整个上层建筑的核心是国家，且分为两个部分——作为阶级镇压力量和作为阶级意识形态化的力量。因此，可以得到一个初步的结论：一个具有特定生产方式的社会形态的稳定延续，就取决于保障该社会形态下生产关系再生产的上层建筑的有效运转，即"作为镇压性国家机器和意识形态国家机器统一体的阶级国家的延续"①。

阶级革命是什么？阿尔都塞认为要根据马克思列宁主义的教导，政治斗争是围绕掌握国家政权展开的，革命就是打碎旧的国家机器进而改变旧的生产方式。因而，要想抛弃旧有的生产方式，建立新的生产关系，就必须中断这一生产方式的再生产条件。这就需要

---

① 〔法〕阿尔都塞：《论再生产》，吴子枫译，西北大学出版社，2019，第299页。

对保障旧有生产方式的国家机器发起进攻，夺取国家政权。如果发起进攻的革命主体是无产阶级，那么这场革命就是社会主义革命，国家机器就掌握在了无产阶级的手中，建立的国家就是无产阶级专政的国家。但阿尔都塞同时也指出，基于意识形态国家机器的新理解，还必须为这个经典的革命理论补充一个新角度，即还要包括在意识形态国家机器中展开的阶级斗争。如果国家机器有两个部分，分为镇压性的国家机器（只有一个）和意识形态的国家机器（存在多个），那么，革命的阶级斗争也就有两个任务，争夺镇压性的国家机器和争夺诸意识形态国家机器。而显然，相对于镇压性的国家机器，"意识形态国家机器要脆弱得多"①。

这一点不难理解，镇压性的国家机器是统治阶级的最后屏障，而诸意识形态国家机器则是通过意识、观念、价值等对人的精神层面产生作用，显然要脆弱得多。但诸意识形态国家机器的这一特点，也为无产阶级开展阶级斗争带来了可能。毕竟在相对硬性约束较少的诸意识形态国家机器中展开斗争，不仅可能，还能持久地开展下去。同时，即使资产阶级国家没有爆发危机、镇压性的国家机器无比强大，但无产阶级仍可以通过在意识形态国家机器中的阶级斗争，积累政治经验、磨砺战斗意志、锻炼自己的队伍。至此，阿尔都塞也终于为自己的哲学干预找到了持续性的现实入口。

既然无产阶级可以在诸意识形态国家机器中开展斗争，那么如何开展？又需要注意什么？阿尔都塞首先认为，与经典马克思主义的认识不同，意识形态并非仅仅存在于各种观念里，意识形态是一种名副其实的物质性的存在：

　　那些"观念"所具有的绝对不是一种理想的、观念的或精神的存在——就像关于观念的意识形态试图要人们相信的那样——而是一种物质的存在。……意识形态不存在于被设想为是"精神世界"的"观念世界"中。意识形态存在于一些机构和这些机构

---

① 〔法〕阿尔都塞：《论再生产》，吴子枫译，西北大学出版社，2019，第304页。

的实践中。我们甚至恨不得更明确地说：意识形态存在于一些机器和这些机器的实践中。①

正是由于意识形态广泛地存在于这些物质性的机器实践中，意识形态国家机器便也实现了一种外在于它们自己的意识形态，即关于统治阶级的各意识形态主题的统一，阿尔都塞称之为"国家的意识形态"。这些"国家的意识形态"和意识形态国家机器作用的对象就是在社会生产以及再生产中的具体参与者——无产阶级，这些作用不仅体现在他们的意识中（如观念、想法），也体现在他们的无意识中（如风俗，礼仪）。并且，意识形态国家机器是由占统治地位的意识形态所掌握，这就暗示着在这一国家机器中，还存在着被统治的意识形态，也就是被统治阶级的意识形态。由此，在意识形态国家机器中，就存在着隶属于各个社会阶级的意识形态，成为"你方唱罢我登场"、各方观点力量博弈的平台。

至于如何在诸意识形态国家机器中展开斗争，答案也就非常明朗了，就是在每个意识形态机器（尤其是在家庭、学校、教会）所固有的形式中展开。因而，阿尔都塞得出结论："在各种形式的意识形态国家机器中展开的阶级斗争，大大超出了这些机器的范围。"②这一结论的得出，可以说是阿尔都塞把意识形态从经济基础的附属地位中独立出来，将意识形态定义为意识形态国家机器，并进行泛政治化解读的逻辑必然。但这一结论也标志着阿尔都塞由此走向政治激进化的道路。试想，既然意识形态已经渗透到生活中所有的实践领域、唤问着每一个个体，那么，是不是任何意义上的对社会现存秩序的反抗都可以被认定为是在意识形态国家机器中展开的阶级斗争呢？如果是这样的话，那何必还要定义阶级斗争的目标与对象？任何意义上的反抗行动都成了政治行动但并非阶级斗争，任何反抗的主体也都是历史的政治主体但并非一定是无产阶级。在此意义上，

---

① 〔法〕阿尔都塞：《论再生产》，吴子枫译，西北大学出版社，2019，第309页。
② 〔法〕阿尔都塞：《论再生产》，吴子枫译，西北大学出版社，2019，第311页。

阿尔都塞为无产阶级寻找革命可能性的初衷就很可能成为瓦解无产阶级与无产阶级政治行动的现实。

此外，阿尔都塞还说明了为什么意识形态中的阶级斗争"领先于"其他的阶级斗争。阿尔都塞回顾了近代以来几次重大的社会革命：1789 年法国大革命、1917 年俄国社会主义革命和 1949 年胜利的中国革命。[①] 他发现，经济中的斗争总是在暗处的，因为这一领域是在"归根到底"的层面上决定着历史的进程，因而总是缓慢的、不显著的；而政治的斗争最终会在光天化日下进行，为了争夺国家政权而进行激烈的战争；但意识形态的斗争通常是领先于甚至是遥遥领先于公开形式的政治斗争，因为在政治斗争之前，意识形态的斗争会在思想中、观念中，在传播与出版的国家机器中展开激烈的争鸣。这也就解释了为何每次大的社会革命前，总是有漫长的意识形态的阶级斗争，这些斗争都为政治上最后进攻作了充分的思想准备。因而，思想大繁荣、大争论、"大鸣大放"，这都有可能是社会革命来临前的"预兆"。

可见，阿尔都塞不像当时的很多亲共产主义的哲学家一样，选择游走在党外，仅把自己定义为一个具有道德义务的共产主义理想者，而非一个马克思主义者。阿尔都塞明确希望这些理论主张能够介入当时的政治形势。在对阿尔都塞的评价中，巴里巴尔认为阿尔都塞所代表的正是当时数量非常少的马克思主义者，原因就在于：他的理论"仍然具有进行思考和行动，并进而产生真正效果的能力"[②]。实际上，在《论再生产》一书的"告读者"中，阿尔都塞就已经旗帜鲜明地表达，这本书就是在为马克思列宁主义哲学的革命性作证明，就是让其能够恢复作为革命武器的意识形态和政治上的斗争功能。阿尔都塞始终满怀希望，他写道：

---

① 阿尔都塞颇有一种"知识考古学"的意味，产生这种联想也不无道理，阿尔都塞时时关注着福柯的研究，甚至把福柯的有关著作视作革命形势来临前的征兆。（参见〔法〕阿尔都塞《论再生产》，吴子枫译，西北大学出版社，2019，第 316 页。）

② 〔法〕巴里巴尔：《1996 年重版前言》，载〔法〕阿尔都塞《保卫马克思》，顾良译，商务印书馆，2010，第 2 页。

只要意识到帝国主义所陷入的这场史无前例的危机，就足以从中得出它无法残存的结论。帝国主义的各种矛盾和它的受害者已经扼住了它的咽喉，人民已经对它发起了进攻。我们将进入一个社会主义在整个大地上取得胜利的世纪。只要注意到不可抵抗的人民斗争的洪流，就足以得出结论：在或远或近的期限内，经过一切可能的曲折（包括国际共产主义运动的严重危机），革命已然提上议事日程。一百年之后，甚至或许五十年之后，世界的面貌将为之一变：革命将在全球占上风。

因此，给那些走向共产主义的人（他们的数量越来越多），特别是给那些来自工厂、农村和学校里的年轻人提供各种工具，让他们用马克思列宁主义的理论和阶级斗争的经验来武装自己，已经刻不容缓。马克思列宁主义哲学就是那些工具中的一种，因为它是一种革命的哲学：它是唯一革命的哲学。①

在彻底思考了意识形态的运行机制之后，阿尔都塞感到离革命的希望仿佛更近了。但是，一个几乎悖论性质的问题便马上出现：意识形态的"无意识之幕"无所不在，意识形态国家机器的生命力也格外强大，可革命斗争所需要的革命主体，如何才能在这种随时会被资产阶级意识形态所俘获的情况下产生出来呢？在这一紧张的争夺之中，无产阶级如何才能保证自己的革命主体性呢？阿尔都塞似乎只有一条路可走，就是不断保持意识形态的斗争状态，即通过不断制造理论中的"断裂"来时刻提醒无产阶级保持斗争意识，随时投入战斗。因而，阿尔都塞必须回答两方面的问题：第一，如何继续制造理论中的"断裂"；第二，无产阶级如何通过这一"断裂"通达革命行动。我们将看到，20世纪70年代以及整个晚年的时光，阿尔都塞在思考这两个问题时，不得不将理论实践与斗争实践不断推向激进化。因为从理论逻辑上看，无产阶级的革命主体地位必须

---

① 〔法〕阿尔都塞：《论再生产》，吴子枫译，西北大学出版社，2019，第318页。

被不断超越，只有彻底反抗，甚至是反抗一切制度性和组织化的安排，主体才能保有革命者的资格。

（五）关于意识形态一般的理论

通过对意识形态国家机器的系统性考察，阿尔都塞解决了无产阶级革命政治在当下的行动战略与斗争路线，但对于他在理论斗争中所面对的对象——"意识形态"究竟是什么，即关于意识形态的机制、形式、作用、存在方式等问题还缺乏哲学层面的心理性分析。只有彻底弄清这些理论问题，阿尔都塞才能真正地澄清马克思跟资产阶级意识形态的断裂，以及马克思为无产阶级所建立起的新的革命政治话语和阶级斗争方式。我们可以在此重新作一次简单梳理：以 1965 年的《保卫马克思》为代表，阿尔都塞第一阶段的理论主题是在马克思主义哲学内部发展一种关于科学的认识理论；而自我批评之后，阿尔都塞的理论主题转为在马克思主义内部发展出一套侧重于政治行动的斗争理论。事实上，早在《保卫马克思》中阿尔都塞就已提出，人类的社会结构大致由经济、政治与意识形态组成。其中，意识形态是一种超历史的且具有物质性的存在，与人类社会相伴始终，没有意识形态的表象体系与想象机制，人类社会就无法存续下去。甚至于根本无法想象无意识形态的社会，即使共产主义阶段也必须有与彼时的生产力和生产关系相适应的意识形态形式。在《论再生产》中，阿尔都塞继续探讨了两项主要议题与一个理论目标即再生产、主体唤问以及作为最终目标的无产阶级革命，而其中的主体（化）问题则主要涉及意识形态的主体臣服机制。阿尔都塞的意识形态理论取得了巨大的思想突破，它提升了意识形态在无产阶级政治实践中的地位，开启了马克思主义理论分析与批判当代资本主义社会的新角度，响应了他对于哲学的"实用主义"定义——"哲学是理论中的阶级斗争"，并从意识形态话语间力量的对比与斗争的角度，重新复兴了葛兰西的"领导权"概念。

巴里巴尔曾说："它（意识形态）构成了阿尔都塞哲学事业的

中心，构成了其与作为话语和作为科学的哲学的关系的中心。"① 可以说，意识形态概念是阿尔都塞勾连"哲学与政治"两大命题的中间环节。在阿尔都塞的思想中，意识形态的中介作用体现在两个方面：第一，从横向的理论框架看，意识形态是将哲学中反对同一性的争论纳入现实中的阶级斗争的中间环节；第二，从纵向的思想历程看，意识形态是由前期的过于强调哲学的理论性倾向（即偏执于在理论中制造科学与意识形态的断裂对立），转向后期强调哲学直接参与政治斗争（即强调意识形态领域是阶级斗争的优先对象与场所）的中间环节。理解意识形态这一中介作用的关键性意义在于，它不仅驳斥了阿尔都塞思想存在前后期断裂的指控，更重要的是阿尔都塞借助这一概念摆脱了前期思辨理性主义的束缚，为构建新的革命政治话语打开了一个新局面，真正地找到了"哲学介入政治"的现实入口。

从学术史的角度看，"意识形态"（idéologie）是由法国启蒙时期哲学家特拉西第一次使用，不过对意识形态真正意义上的研究则来自马克思，马克思关于社会意识形态的讨论奠定了现代学术对意识形态问题探讨的起源。阿尔都塞认同马克思对意识形态的基本看法，但他同时认为，如果要解释当代政治与社会的状况，就必须改造并重建马克思的历史唯物主义，其中一个重要的着力点就是意识形态。我们知道，马克思是以经济关系为基底，以阶级分析法为评判标准来指认意识形态的虚假本质。在马克思看来，社会生活中一切观念的事物本质上是经济上占统治地位的阶级意志的体现，其在一定的客观物质实践的基础上产生，并随着生产实践的发展而不断变化。意识形态的职能是为了掩盖资本主义的剥削本质以及尖锐的阶级矛盾，用虚假的意识形式来反映真实的社会关系的本质。但随着经济关系的发展与阶级对抗的升级，意识形态必然要被扫入历史的垃圾桶。因而，意识形态在马克思的理论中并不具有独立的位置。但在 1965 年《保卫马克思》中，阿尔都塞对意识形态问题的理解已与马克思有了很大不同。他不仅认为意识形态具有独特的物质性

---

① 〔法〕阿尔都塞：《保卫马克思》，顾良译，商务印书馆，2010，第12页。

（虽然"归根结底"仍是经济关系起决定性的作用），是社会历史中的共时性存在，而且对意识形态内部的结构和逻辑规律做了细致的分析，并据此指出，在现代社会的阶级斗争中必须时刻依据政治形势的变化来制定意识形态政策。

在此基础上，阿尔都塞继续开展对现代社会意识形态结构的研究。在《论再生产》一书中，阿尔都塞就此前的意识形态观点做了一次更详细的整理。与此前更为强调在科学的对立视角中探讨意识形态的路径稍显不同，阿尔都塞首先明确了一个最基本的观点：马克思的意识形态理论是在意识形态中进行阶级斗争的理论。"从为《莱茵报》撰稿时开始，他就先以激进的左翼意识形态家的姿态、然后以空想共产主义者的姿态、与他的敌人即另一些意识形态家展开了一场意识形态斗争。"① 因此，在阿尔都塞看来，马克思理论之路的"起源/开始"也是出于意识形态斗争实践，因而也自然是政治斗争实践。但阿尔都塞同时也认为，马克思的著作中虽然有许多关于意识形态的理论要素，却没有产生一种"关于意识形态一般的理论"②。而这，就是他要努力的方向。不难看到，阿尔都塞将此前关于意识形态的科学研究，即形成关于意识形态的一般性理论，置于了更明显的政治斗争视域之下。这种侧重性的调换在关于法、国家与无产阶级革命的讨论中体现得非常明显。

除了关于意识形态镇压性的描述外，阿尔都塞"关于意识形态一般的理论"的核心观点是"意识形态没有历史"。但这一观点在马克思看来是错误的。如果意识形态的一般理论是关于各种具体意识形态（宗教、道德、法律等）的一般性表述，而各种意识形态理论最终又是取决于社会生产方式的历史，那么这一观点毫无疑问是错的。阿尔都塞也承认这是一个悖论，但认为是表面上的悖论。他的理由是，马克思恩格斯在《德意志意识形态》中就已清楚地表达："道德、宗教、形而上学和其他意识形态，以及与它们相适应的意识

---

① 〔法〕阿尔都塞：《论再生产》，吴子枫译，西北大学出版社，2019，第 336 页。
② 〔法〕阿尔都塞：《论再生产》，吴子枫译，西北大学出版社，2019，第 340 页。

形式便不再保留独立性的外观了。它们没有历史，没有发展。"① 所以，阿尔都塞的解释是，马克思说明了意识形态的虚幻性，它是基于许多物质的、具体个人的具体历史的想象性的建构物。因此，意识形态的历史是在它之外的。这意味着：第一，意识形态其实什么都不是；第二，意识形态没有历史也可以如此理解——意识形态没有属于自己的历史。因而，阿尔都塞诠释了上面所承认的"意识形态没有历史"在表面上是悖论的原因。各种意识形态有属于自己的历史，但这与同时主张意识形态一般没有历史是并行不悖的。前者是马克思恩格斯在《德意志意识形态》中一个纯否定的表达，而后者则是阿尔都塞做出的一个绝对肯定的表达。

> 意识形态的特性在于，它被赋予了一种结构和一种发挥功能的方式，以至于变成了一种非历史的现实，即在历史上无所不在的现实，因为这种结构和发挥功能的方式以同样的、永远不变的形式出现在我们所谓的整个历史中，那么意识形态没有历史这个提法就具有了肯定的意义。②

不能不说，阿尔都塞对于意识形态的理解相对于马克思而言具有极大的突破性。理解这一论断的关键还是在于结构主义的分析方法上，阿尔都塞说，马克思是以"实证主义"的态度揭示了意识形态的虚幻性，但这种实证主义是"实证主义—历史主义的观点"③，他的论点并不由此得出。结合阿尔都塞的分析，我们其实可以断定，他所采取的其实是"实证主义—结构主义"的观点。在对于意识形态与社会空间结构（经济基础与意识形态上层建筑）的分析上，阿尔都塞将马克思纵向/历史性的空间结构转换为了横向/共时性的空间结构，经济基础对意识形态的纵向决定转换为了意识形态相对于

---

① 《马克思恩格斯文集》第1卷，人民出版社，2009，第525页。
② 〔法〕阿尔都塞：《论再生产》，吴子枫译，西北大学出版社，2019，第343页。
③ 〔法〕阿尔都塞：《论再生产》，吴子枫译，西北大学出版社，2019，第343页。

经济基础的横向悬浮。正是由于结构主义分析方法的加入，阿尔都塞才能在一般的意义上对意识形态做出科学的定义，得出意识形态没有历史，或者说，在整个历史上（有阶级斗争的历史）意识形态具有永恒不变的一般形式的结论，在这一点上，阿尔都塞完全延续了自己在《保卫马克思》中强调科学的认识理论的基本态度。

在有了关于意识形态一般理论的基本判定（或者说，有了关于意识形态研究的基本结构草图）之后，阿尔都塞接着讨论了关于意识形态的客观结构、特殊逻辑和实践作用。也就是回答意识形态是如何在最微观的层面上达至具体的个人，只有对这一具体运行机制予以揭示，关于意识形态一般的理论才能形成从抽象到具体、从一般到微观的有效解释闭环。

不过在此之前，阿尔都塞先提出了两个论点。

论点一：意识形态表述了个人与其实在生存条件的想象关系。但这里的理解难点在于："人们为了对'自己表述'他们的实在生存条件，为什么'需要'对这些实在生存条件进行想象性置换呢？"① 阿尔都塞给出了他与青年马克思对此问题的解释比较。青年马克思认为产生这一问题的原因在于支配着人们自身生存条件的物质异化，即已经异化了的社会（其本质是异化的劳动）使人异化。但阿尔都塞重复了他在《保卫马克思》中的观点，即产生这一问题的原因在于"关系的关系"这样一种二重的关系设置。② "所有意识形态在其必然作出的想象性歪曲中所表述的并不是现存的生产关系（及其派生出来的其他关系），而首先是个人与生产关系及其派生出来的那些关系的（想象）关系。因此，在意识形态中表述出来的就不是主宰着个人生存的实在关系的体系，而是这些个人同自己生活于其中的实在关系之间的想象关系。"③ 这点不难理解，在《保卫马

① 〔法〕阿尔都塞：《论再生产》，吴子枫译，西北大学出版社，2019，第475页。
② 其实，这种对意识形态的自我无意识机制的发现，对主体与意识形态关系的翻转，直接得益于结构主义时期的精神分析学，阿尔都塞在社会历史领域中放大了拉康哲学的影响力。
③ 〔法〕阿尔都塞：《论再生产》，吴子枫译，西北大学出版社，2019，第356页。

克思》中，阿尔都塞就指出意识形态作为一个意识表象体系，是属于人类整体性的意识产物，但对于个人来说，反而是"无意识"的。意识形态不属于个人意识，而是作为人类世界的构成要素结构性地施加于人自身。这样的话，意识形态作为事实性和客观存在的历史场景，对于个体而言，自然具有了结构问题式的意义和个体意识形式的生产功能。这就是主体意识看似与意识形态有关的原因："因为人类通过并依赖意识形态，在意识形态中体验自己的行动，而这些行动一般被传统归结为自由和'意识'。总之，人类同世界——包括历史——的这种'体验'关系（不论参加政治活动与否）要通过意识形态而实现，甚至可以说，这种关系就是意识形态本身。"①

所以，人们为什么要对这些实在生存条件进行想象性置换呢？答案是：不得不进行这种置换。因为在主体进行思考、做出语言表达的一瞬间，意识形态的话语体系已帮他编码（再生产）好了所有的答案。反过来说，没有意识形态人们将无法思考、无法表达。由此，一个问题也就紧接着出现。为什么这些个人为自己作出的关于他们与社会关系的关系的表述必然（也就是不得不）是想象的呢？这就涉及阿尔都塞给出的论点二。

论点二：意识形态具有一种物质的存在。展开来讲，那些所有看似构成了意识形态的观念、意识、想法、理论、语言等其实质并不是思想或精神上的存在，而是物质的存在。这里的"物质"要在实践意义上去理解，即任何一种观念意识都必然存在于主体的各种实践行动中；同样，如果将范围扩大至社会层面，则任何一种意识形态都存在于一种意识形态国家机器的某项实践或多项实践之中。因此，对每个具体主体的实在生存条件进行想象性置换的想象性关系即意识形态本身是一种物质的存在。那么，一个主体的所有言行举止最终都依赖于意识形态国家机器所做出的选择，都是意识形态为主体"量身定做"而成。但作为行动的发出者——"主体"却以为自己是在完全清醒的意识下做出的自由选择。这无疑是对依赖于

---

① 〔法〕阿尔都塞：《保卫马克思》，顾良译，商务印书馆，2010，第230页。

"主体"直观"表现"与"体验"的现象学、人道主义学家乃至整个西方传统同一性哲学的强烈嘲讽，其认为人们的意识与意识表述的现实之间有着直接的因果联系，细微的差别可能只是主体对客观之物的认识是虚假的。而实际上，其奉之于神位的"主体"不过是意识形态国家机器置于前台的"木偶"。而意识形态则是"人"通向"主体"的过程，即"主体化"的过程中必不可少的结构性中间物。

> 我们要说，仅就某个主体（某个个人）而言，他所信仰的那些观念的存在，是物质的，因为他的观念就是他的物质的行为，这些行为嵌入物质的实践中，这些实践受到物质的仪式的支配，而这些仪式本身又是由物质的意识形态机器所规定的——这个主体的各种观念（好像碰巧！）就是从这些机器里产生出来的。[①]

换言之，意识形态作为客观的物质结构实则在社会意识中扮演着特殊的角色，人们只有在无意识的意识形态中才能与客观世界产生关系，并获得"主体意识"这种实则是无意识的特殊认识。因而，意识形态与主体的关系绝不仅仅是主体产生自我意识的简单对应关系。真实的情况是，意识形态根本就不是主体清醒自觉的意识形式，其反映的不是主体与自己相联系的客观事物的关系，而是主体体验这种关系的方式，即是"关系的关系"这样一种二重的关系设置。意识形态作为在主客之间硬性插入的结构性中间物，已无须通过人们的意识，就能将其作用和影响强加于主体之上，而主体却误认为意识形态是自身能动地反映世界的产物，是再自然不过的意识呈现。[②]这无疑是一个非常深刻的洞见，人们对自己所谓的"主体"身份就

---

① 〔法〕阿尔都塞：《论再生产》，吴子枫译，西北大学出版社，2019，第361页。
② 在这种二重的关系设置中，意识形态也不是只有想象的成分或"体验"的关系，它也包括主体对客观世界的真实反映。那么，意识形态就是包含了人类对其真实生存状况的真实反映与虚假反映的多元决定的统一。那么，这种不均衡的结构统一性赋予了意识形态"非主体"的能动性，同时也是解释统治阶级意识形态领导权的关键。参见〔法〕阿尔都塞《保卫马克思》，顾良译，商务印书馆，2010，第230页。

是通过渗透着意识形态规范性的各种仪式所支配的实践活动而不断得到确认与刻画。因而，在资本主义社会中，主体享有的所谓"自由"也不过是在统治阶级的意识形态所统摄的实践中享有着的虚假自由。

　　至此，阿尔都塞重新将"问题式"概念搬出①，认为在新的认识视野下，讨论意识形态时一些概念就消失了，如观念，另一些概念则可以保存，如主体、意识、信仰、行为，而新出现的概念有实践、仪式、意识形态国家机器。而在这些保留与新出现的概念中，最具决定性的中心词是主体的概念。阿尔都塞依次写下了两个逻辑相连的论点："1. 没有不借助于意识形态并在意识形态中存在的实践；2. 没有不借助于主体并为了一些主体而存在的意识形态。"② 而第二点，就是阿尔都塞要表达的核心论点，即关于意识形态运行机制的揭示，在这一机制中，主体居于最中心的位置。事实上，从《皮科罗剧团，贝尔多拉西和布莱希特（关于一部唯物主义戏剧的笔记)》、《马克思主义和人道主义》到《一封论艺术的信》、《意识形态和意识形态国家机器（研究笔记）》等一系列文本，阿尔都塞一直在不停地思考"主体化"问题，也就是主体的想象性构成问题。并且在前期的研究中，阿尔都塞已经把这一结果的原因锚定在了意识形态上。只不过，直到这里，阿尔都塞才终于揭晓他关于意识形态运行机制的研究——意识形态把个人"唤问"为主体。

（六）意识形态的主体唤问和镜像复制机制

　　意识形态的运行机制既是意识形态对主体的控制机制，同时也

---

① 值得注意的是，阿尔都塞不是在"认识论断裂"的前提下使用"问题式"概念。虽然他仍旧认为这些旧概念的消失以及新概念的出现，充分证明了马克思的哲学不是对黑格尔哲学的"颠倒"。但在此处，"问题式"已不是严格对立意味上的概念使用。阿尔都塞用了更形象但也是结构主义常用的比喻：这不是一种颠倒而是一种改组（横向的、共时性的、空间平行意义上的改组）。参见〔法〕阿尔都塞《论再生产》，吴子枫译，西北大学出版社，2019，第 362 页。

② 〔法〕阿尔都塞：《论再生产》，吴子枫译，西北大学出版社，2019，第 363 页。

是主体的自我臣服机制。阿尔都塞对此解释道，因为主体与意识形态的关系是双重构成关系，一方面主体是构成所有意识形态的基本范畴，另一方面所有意识形态的功能就在于"构成"具体的主体，且后者是前者的原因。所以，正是仰仗这种双重构成关系，意识形态才能发挥它的功能。

要理解这一运行机制，阿尔都塞给出了两个最重要的概念：主体唤问和镜像复制。这是两个极具精神分析意味的概念，解释了关于意识形态的承认机制，也暗示了阿尔都塞与拉康的密切关联。在此，我们必须先介绍一下拉康思想，来加深对阿尔都塞这两个概念的理解。拉康哲学是一种深刻的反主体的主体哲学，在他的精神分析学中，主体是一个虚假自欺的幻影，在主体自身的建构和认同过程中都要被嵌入一个异在的"他者"，个体只有通过这个第三方的"他者"才能获得自身的主体性。当然，至于这永远横亘在主体间无法消弭的第三方——"他者"，是语言结构还是意识形态已经无所谓，重要的是，主体的中心性和自足自主性将从何谈起呢？这无疑是一种令人非常着迷的学说。阿尔都塞一生饱受精神困扰，从20世纪50年代起，他就一直在接受精神治疗，这种对心理治疗的依赖使他逐渐对精神分析产生了浓厚的兴趣。因而在面对主体问题时，阿尔都塞首先想到的就是得到拉康的帮助。[①]

拉康本人的思想极为庞杂且存在前后期的演变，仅就处理他与阿尔都塞之间的思想关系而言，笔者将简单介绍一下拉康的"镜像阶段理论"。拉康于1949年发表了他的《镜像阶段》（The Mirror Stage）[②]，

---

① 之所以说拉康的哲学是无主体的主体哲学，原因在于他的理论旨在否定性地阐述主体形象的虚幻，但仍希冀有主体真我的存在。因而，阿尔都塞在此所展示的拉康的分析方法，也是有选择和改动的。阿尔都塞与拉康的关系曾非常亲密，也深受拉康思想的影响，他于1964年发表了《弗洛伊德与拉康》一文，1963～1964年，二人直接合作在巴黎高等师范学院的乌尔姆校区开办了关于精神分析的研讨班，因而当阿尔都塞在1965年高呼"回归马克思"之时，他也同时痴迷于雅克·拉康"回归弗洛伊德"的研究。这也就不难解释，无论是症候阅读，还是唤问主体、镜像复制等概念，我们都可以从中看到拉康的身影。

② 早在1936年拉康就写出了这篇文章，但直到1949年才真正发表，因而我们现在看到的是拉康自1936年始经过13年不断发展并修改后的成文。

在这篇主要论述主体自我形成的过程与机制的论文中，拉康认为，主体形成于自我对幻想的"主体性"的误认之中。在 6~18 个月，婴儿从漠不关心开始逐渐注意到镜子中稳定的自体形象①，但这一形象既让他着迷又使他困惑，因为这一形象虽密切联系于他的自体感，却又外在于自身。不过，相较于自己对自己身体的支离破碎的体验，这一具有完整统一和良好掌控感觉的外在形象明显让他感到快乐和满足，于是便逐渐认同该"镜像"（也可称其为"他者"，即小写的"other"）作为其自体形象。不过这一认同也是对建立在虚假幻想基础之上的"自足自主"的主体形象的误认，且这一形象从根本上说是"异化性"的。并且，对这一"异化性"主体形象的误认还开启了个人自我永恒的异化命运，其原因就在于，主体的建立从一开始就要与自体处于竞争的关系之中，希求获得更完整的自我必须与支离破碎的自身相冲突，而这就同样意味着每个在世之中的个人为了维持自己的主体性，就必须不断地得到"他者"的承认，因而我们自身永远活在"他者"的目光之中。"在对他者形象的认同与对他者形象的原始竞争之间存在着一种原始的冲突，正是这种冲突开启了一种辩证的过程，从而把自我与更加复杂的社会情境联系了起来。"② 镜像阶段之后，主体还要"被迫"认同"父名"（"Name-of-the-Father"，为一个隐喻意义上的能指）并受其唤问，并最终在文化社会中彻底异化。总之，主体是一种虚假自欺的幻影，在主体自身的建构和认同过程中始终被嵌入了一个异在的"他者"。

再来看阿尔都塞的解读。他认为，在日常生活中，我们总是已经被承认为是主体，这种承认存在于一切生活仪式之中（如互相问候），但为什么主体必然是构成这种仪式也就是意识形态的基本范畴，而意识形态也总是存在于构成具体主体的过程中呢？答案就是："所有意识形态都通过主体这个范畴发挥功能，把具体的个人唤问为

① "镜子"只是一个比喻，借以表达任何具有反射婴儿形象功能的"镜面"，如父母微笑的脸。

② 〔英〕肖恩·霍默：《导读拉康》，李新雨译，重庆大学出版社，2014，第 38 页。

具体的主体。"① "主体" 概念的提出，既是满足构成意识形态的基本要求，也是保证意识形态把个人构成 "主体" 的关键。而这其实是一种双向的构建，在这双向的构建中，包含了作为中介的意识形态在个人中间 "招募" 主体或把个人 "改造" 为主体的所有功能。由于意识形态是永恒的，那么 "个人总是——已经是主体"② 也就不言而喻了。并且，这种不言而喻也恰恰是意识形态所要达到的效果，这种再自然不过的事就是意识形态将再自然不过的影响强加于主体之上。在日常生活中，主体间互相承认对方的主体性（如互相问候），意识形态正是通过这种方式使主体不断地重复实践意识形态所默许的各种仪式，并最终使其成为一种 "集体无意识"。在这里，意识形态便具有了将个人唤问为主体的能力，实现这一目标的根本保障就是意识形态假借 "主体之名"。而生活中的每一个仪式都是意识形态唤问主体的场所。

不难看出，"个人总是——已经是主体"，这个判断明显是拉康式的。阿尔都塞在这里使用了同拉康几乎一样的口吻，描述了孩子在他人（父母，兄弟等）的目光中、在家庭意识形态的各种生活仪式中被构建成一个主体的过程，孩子本人也将在其一生中扮演由这些意识形态为他提供的各样角色。阿尔都塞还举了一个例子：他指出，在基督教的各种实践和仪式中，个人虽被询唤为一个宗教的主体，但事实上，在此过程中，只存在一个 "独一的、中心的、大他者主体（Autre Sujet）"，即上帝。这个 "大主体"③ 唤问服从于他自己的主体，而被唤问之人，则承认自己的主体之身，自动臣服于 "大主体" 并作为一个被驯服的 "小主体" 而存在。那么，上帝才是真正的主体，信徒只不过是上帝的 "镜像反映"。所以，"所有意识形态的结构——以一个独一的、绝对的大主体之名把个人唤问为主体——都是镜像的，也就是说像照镜子一样，而且还是一种双重镜像的结构：而这种镜像的重叠

———————

① 〔法〕阿尔都塞：《论再生产》，吴子枫译，西北大学出版社，2019，第 368 页。
② 〔法〕阿尔都塞：《论再生产》，吴子枫译，西北大学出版社，2019，第 371 页。
③ 或译为 "大写的他者"。

是意识形态的构成要素，并且保障着意识形态功能的发挥"①。这也就是说，大主体——可以是上帝、类本质、绝对精神等——在镜像关系中不断唤问臣服于他的小主体，而每一个小主体又都通过大主体（意识形态）来确证自己的存在或获取他人的认可，这个过程就是意识形态的运行机制。至此，我们可以看到，阿尔都塞对从笛卡尔以来的现代西方的主体传统进行了彻底的颠覆，当笛卡尔说"我思故我在"时，阿尔都塞可以引用拉康的哲学告诉人们：真相其实是"我在我不思之处思，我在我不思之处"。②

意识形态的这种镜像结构最后达到的结果便是：

1. 把"个人"唤问为主体；2. 小主体与大主体相互承认，小主体们之间的相互承认，以及主体的自我承认，以及 3. 这种绝对的保证，即一切都确实会这样，上帝确实是上帝，彼得确实是彼得，只要小主体对大主体完全臣服，对他们来说就会一切顺利：他们将得到"回报"。③

三　唯物主义政治美学

阿尔都塞在意识形态（国家机器）中的一个细分领域，阐释了一种与意识形态的艺术与审美习惯相对抗的"唯物主义政治美学"。通过"间离结构"与"审美变形"两个概念，阿尔都塞试图解读出"真正的艺术"中所包含着的差异性的艺术效果，并表明此目的就是要在艺术与审美中"占据一个代表政治的位置"，发展出符合无产阶级政治需要的艺术理论。总之，通过"唯物主义政治美学"这一课题，阿尔都塞就可以从科学与艺术、理性与感性两个方面实现封堵

① 〔法〕阿尔都塞：《论再生产》，吴子枫译，西北大学出版社，2019，第378页。
② 阿尔都塞和拉康在"镜像复制"和"主体建构"的具体陈述上并不完全一致，阿尔都塞用意识形态即一个"大他"直接替换掉了拉康在主体建构中更为复杂的界说，不过在对"他者"结构的肯定上，两者是具有一致性的。
③ 〔法〕阿尔都塞：《论再生产》，吴子枫译，西北大学出版社，2019，第379页。

资产阶级意识形态可能渗透的领域，而且在理论领域开辟了另一个广阔的战场。①

（一）何谓"真正的艺术"

在马克思实质上创立了意识形态学说之后，运用历史唯物主义的基本方法对艺术、美学和文化现象展开研究，一直是审美意识形态理论中方兴未艾的话题。但阿尔都塞之前的资产阶级学者甚至包括大部分研究马克思主义的思想家，在探讨文化艺术对象时都并未摆脱直接的表现主义，即没有检讨"精神—物质""意识—存在"这种主体直接呈现客体的认识方式所具有的意识形态虚假性。在阿尔都塞看来，这种审美与艺术理论仍然深受法国的唯灵论与现象学传统的影响，仍是以主体意识理论为核心的资产阶级唯心主义美学。

> 这种反动的唯灵论哲学依然是我们今天的沉重负担；我们的任务就是与之作斗争，并为其受害者平反。正是这种形势规定了我们在哲学上的任务，并使这些任务成为必然。因此，我把对唯灵论的所有形式（特别是宗教意识形态和艺术意识形态以及后者在我国所孕育的所有美学著作）的斗争都算在这些任务当中。②

因而，在唯心主义理论的主宰下，审美与艺术也成为意识形态国家机器的一个部门，成为保证资产阶级国家规训人民与保证再生产的关键。按照西方马克思主义的理论传统，审美与艺术领域是反抗资本主义意识形态侵蚀的最后领地，如果这一领域也被意识形态化，人们的审美活动就需要通过意识形态灌输来实现，更严重地说，意识形态灌输将通过审美活动来实现，那么，人们将彻底丧失批评

---

① 这部分的论述主要集中于《皮科罗剧团，贝尔多拉西和布莱希特（关于一部唯物主义戏剧的笔记）》《一封论艺术的信》《抽象画家克勒莫尼尼》《论布莱希特和马克思》四篇论文中。
② 〔法〕路易·阿尔都塞：《哲学的形势和马克思主义理论研究》，吴子枫译，《国外理论动态》2014年第1期。

资本主义体制的自由力量，沉沦为资本主义剥削与压迫制度下的奴隶。阿尔都塞这一分析所带来的政治效果是明显且激进的：第一，这预示着艺术与文化领域内也存在着阶级斗争；第二，只有认识并实践"真正的艺术"，即符合无产阶级政治需要的艺术，才能对资产阶级的美学意识形态展开批判。

不过，在阐明什么是无产阶级政治需要的艺术之前，阿尔都塞必须优先回答，艺术是否应该列入意识形态。换言之，艺术与意识形态是什么关系？如果艺术不属于意识形态，它应该具有什么特性？在《一封论艺术的信》中阿尔都塞指出：

> 我并不把真正的艺术列入意识形态之中，虽然艺术的确与意识形态有很特殊的关系。……艺术（我是指真正的艺术，而不是平常一般的、中不溜的作品）并不给我们以严格意义上的认识，因此它不能代替认识（现代意义上的，即科学的认识），但是它所给予我们的，却与认识有某种特殊的关系。这个关系不是同一的关系，而是差异的关系。让我来解释一下。我相信，艺术的特性是"使我们看到"，"使我们觉察到"，"使我们感觉到"某种暗指现实的东西。①

在这一回答中，阿尔都塞给出了区分"真正的艺术"与意识形态的重要特征，即"真正的艺术"应与科学的认识一样具备相同的功能——揭露无所不在的意识形态的虚假性。阿尔都塞认为，"真正的艺术"与科学认识在揭露意识形态虚假性上所采取的方式不同，它是让我们通过症候式的"看、觉察、感觉"来探赜到意识形态无所不在的存在。阿尔都塞还以一个例子具体讲解了"真正的艺术"所具有的这种特性。比如索尔仁尼琴②的小说如果使我们"看到"

---

① 陆梅林选编《西方马克思主义美学文选》，陆梅林等译，漓江出版社，1988，第520页。

② 当时在西方世界卓有声望的苏联作家、苏联体制的批评者，1974年流亡美国。

对"个人崇拜"以及后果的"体验",那么这绝不是我们认识了这些,因为认识是对小说之所以能呈现这种"个人体验"的复杂机制的概念性理解。症候式地直观到结论与深入探讨这一结论产生的机制显然是不同的。因而,一部关于"个人崇拜"的小说不管多么深刻,但并不能使人们理解它;不管它反映的"个人崇拜"问题有多严重,人们也不能确定地说出可能弥补的手段。阿尔都塞通过这一例子想强调的是,艺术与审美一旦认识理论化,必然要陷入意识形态的泥淖,因而在表现形式与艺术效果上必须"微言大义、幽微索隐",这既是"真正的艺术"与科学认识的区分,也是它的首要特性。

"真正的艺术"的第二个特性,阿尔都塞直言就是政治性。一般的艺术与审美活动,美其名曰为了所谓的艺术性与艺术的创作逻辑而不得不放弃政治观点,其实就是向意识形态国家机器妥协。但对于"真正的艺术",阿尔都塞认为,"只是因为他保持了自己的政治概念,他才能产生出自己的作品"①。比如巴尔扎克、托尔斯泰等,就从来没有放弃过他们的政治立场,相反,他们批判资本主义社会的鲜明立场,他们的创作所独有的独立性和政治清醒在作品内容产生上起到了决定性的作用。

"真正的艺术"不提供科学认识,但对"真正的艺术"的认识与研究却可以做科学性的探讨。② 而要获得这种科学认识,阿尔都塞认为,这同获得科学的历史理论一样,必须先同意识形态自发性的语言彻底断裂,进而建立一套新的科学概念来代替它:"必须意识到

---

① 陆梅林选编《西方马克思主义美学文选》,陆梅林等译,漓江出版社,1988,第522页。
② 对阿尔都塞理论主义的指责不能包含他对"真正的艺术"所做的科学性的讨论。因为,艺术是以感性的审美形式来呈现自身,很难通过理性严格的理论方式来呈现,阿尔都塞本人也没有更多地对艺术与审美做更理论化和概念性的研究。此外,从文本发表的时间上看,在阿尔都塞的唯物主义政治美学所涉及的几篇重要论文中,除了《皮科罗剧团,贝尔多拉西和布莱希特(关于一部唯物主义戏剧的笔记)》一文是1962年发表之外,其他几篇论文均发表于1966年之后,而这一时期阿尔都塞已开始反思自己前期的"理论主义错误"。

只有这样同意识形态决裂才有可能着手构筑艺术认识的大厦。"① 在
《一封论艺术的信》中，阿尔都塞简单地阐明了这种认识。"从产生
他们的意识形态向后退一步，在内部挪开一点距离。他们在某种意
义上是从内部，通过内部的距离，使我们'觉察到'（不是认识）
他们所保持的那种意识形态。"②这句话的意思是，"真正的艺术"来
源于意识形态，也是运用意识形态的资源养分来"实践/生产"出它
自身，但这一过程同时使它与产生它的意识形态隔开一定的距离，
而正是艺术作品中的这一距离（间离结构）才让人觉察到意识形态
的存在及其虚假性与欺骗性，同时不断思考"真正的艺术"何以能
够产生对现实社会具有批判效力的机制。这就是"真正的艺术"所
产生的艺术效果，并且这一强调揭露与批判社会黑暗面的艺术效果
无疑也是具有政治性的。

　　实际上，阿尔都塞对艺术的科学认识同他认为的科学理论的
"实践/生产"过程一样，都是从意识形态逐渐走向科学理论的过程，
不同的只是这一理论实践发生在艺术与艺术批评领域。阿尔都塞在
此借用的仍然是结构主义的方法，是结构主义式的文艺批评与审美
理论，他所认同的艺术效果与批判机制实际上也是艺术作品自身的
结构性效果。需要指出的是，阿尔都塞在艺术与审美中引入结构主
义的分析与同时期的结构主义学者颇有共通之处。比如福柯在他的
各项"考古学"中，也是通过结构分析达到揭露事物本质的目的。
对于福柯而言，结构主义的分析方法不是辩证式的，而是要建构出
一种可层层揭示的类似地质学中的"褶层"，即一种结构分析中的创
造性"生产"，从而在对"褶层"打开的过程中，也就是在对分析
对象重新进行结构编码的过程中，获得完全不同的理解和意义，这
些充满差异性的解释就对事物原有的同一性意义形成了批判性的挑

---

① 陆梅林选编《西方马克思主义美学文选》，陆梅林等译，漓江出版社，1988，第
　523 页。
② 陆梅林选编《西方马克思主义美学文选》，陆梅林等译，漓江出版社，1988，第
　521 页。

战。与这种"褶层"的打开方式类似，在《皮科罗剧团，贝尔多拉西和布莱希特（关于一部唯物主义戏剧的笔记）》与《抽象画家克勒莫尼尼》中，阿尔都塞通过对《我们的米兰》这部戏剧以及克勒莫尼尼的画作的分析，层层呈现这些艺术作品的内部结构，从而达到使观众从意识形态的幻觉中惊醒的效果。借由这些尝试，阿尔都塞希望建立起关于"真正的艺术"的唯物主义哲学基础。

（二）唯物主义政治美学的理论基础与政治职能

首先，阿尔都塞对接受任何有关同一性与还原论的意识形态观念的艺术作品与文艺批评理论持坚决的抵制态度。在《抽象画家克勒莫尼尼》一文中，阿尔都塞认为那种单纯地认为主体可以直接作用于创作或审美客体的表现主义，都是意识形态编造的"神话"，所谓的主体性原则不过是意识形态的镜像反映。"传统戏剧通过一种意识，即通过一个有言论、有行动、有思考和有变化的人，来反映剧情的整体含义……我想在这里指出，传统戏剧的素材或题材（政治、道德、宗教、名誉、'荣誉'、'激情'等等）恰恰正是意识形态的题材……这种未经批判的意识形态无非是一个社会或一个时代可以从中认出自己（不是认识自己）的那些家喻户晓和众所周知的神话，也就是它为了认出自己而去照的那面镜子。"[1] 因而，艺术呈现的不是具体的人或物，实际上也是"关系的关系"这样一种二重的关系，与其说是"人"在进行创作，实际是意识形态在创作，人并没有所谓的主体性的创作意识。但是，"真正的艺术"又如何从这种无所不在的意识形态空间中突破出来，向人们呈现这层意识形态"帷幕"呢？也就是"真正的艺术"何以能够产生对现实社会具有批判效力的机制呢？阿尔都塞提出了唯物主义政治美学的两个核心概念：审美变形与间离结构。

在《皮科罗剧团，贝尔多拉西和布莱希特（关于一部唯物主义戏剧的笔记）》一文中，阿尔都塞通过"症候阅读"，深入了《我

---

① 〔法〕阿尔都塞：《保卫马克思》，顾良译，商务印书馆，2010，第135页。

们的米兰》这部戏剧潜在的结构内部，读出了剧本结构各要素间存在的"空白"、"间隙"和"沉默"。阿尔都塞认为，这种充满冲突与歧义的、不平衡的、中心偏移的、情节离散的艺术效果和剧本结构，才能让观众从日常的意识形态统治中惊醒，从而意识到意识形态对他们思想与审美的渗透与禁令。毫无疑问，这种"间离结构"不可能是同一逻辑中的自我意识展现自己的结果，其是对意识形态镜像神话的主动祛除："可以把这种不对称的、离心的结构看作是唯物主义戏剧尝试的基本特点。……我们可以说：当布莱希特不再用自我意识的形式来表达剧本的意义和潜在意义时，他推翻了传统戏剧的总问题。为了使观众产生出一种新的真实的和能动的意识，布莱希特的世界必定要打消任何想以自我意识的形式充分地发现自己和表现自己的念头。"①而在《抽象画家克勒莫尼尼》一文中，阿尔都塞借助对克勒莫尼尼画作的分析，更为学理化地解释了这些具有"间离结构"的作品何以能揭露意识形态的"帷幕"。阿尔都塞使用了"差异"和"审美变形"概念来表达对意识形态的反叛：

> 克勒莫尼尼"画"了些什么呢？差异中的类似（山岩、骨骼、动物、人们）——通过"画"这些类似的东西"画"了差异：人和牲畜，同我们的"观念"——即占支配地位的意识形态——为它们规定的本性之间，隔有距离。②

差异概念的出现，使得阿尔都塞的"多元决定""形势""偶然""虚空"等描述现代社会复杂结构中的错位、不确定性、偶然性的概念在艺术审美领域也得以贯彻和理解。所以，只要符合同一性规定的创作就是意识形态，与之相反，能打断"同一逻辑"的必然性从而呈现现实差异性的创作才是"真正的艺术"，才能更好地表

---

① 〔法〕阿尔都塞：《保卫马克思》，顾良译，商务印书馆，2010，第134页。
② 陆梅林选编《西方马克思主义美学文选》，陆梅林等译，漓江出版社，1988，第529页。

达对意识形态的抵制。阿尔都塞认为，克勒莫尼尼在图画上的组织形式运用了"差异性"的组织原则，他画出的是在幕后下达各种观念禁令的主使——意识形态所不允许他画的那些"异见"之物。因而，要把意识形态彻底暴露出来，就要用这种"差异性"和"审美变形"在绘画中制造出"断裂"，从而呈现与"不在场"的意识形态结构之间的"间离关系"。

最后，阿尔都塞毫不避讳地认为，自己的美学思想就是政治美学。在 1968 年发表的《论布莱希特和马克思》一文中，他说：

> 马克思和布莱希特以他们各自的方式理解了哲学和戏剧的特性在于与政治保持着一种被神秘化的关系。哲学和戏剧深刻地被政治所决定，但它们却竭尽全力地抹杀这种决定作用，否认这种决定作用，装出逃离政治的样子。在哲学的根基上，和在戏剧的根基上一样，总是政治在说话……必须把言语还给政治，因而必须对哲学的声音和戏剧的声音进行移置，以便人们听到的声音是从政治的位置上发出的声音。这就是列宁所说的哲学中的党派立场。在布莱希特那里，有一整套表达方式等于是说，必须占据一个戏剧中的党派立场。这里的党派立场，不应该理解为等同于政治中的党派立场的某种东西……而是必须在哲学中，如同在戏剧中，占据一个代表政治的位置。[①]

"占据一个代表政治的位置"，就是要为受资本主义生产关系压迫的无产阶级在艺术与审美领域中占据一个位置。如此看来，"真正的艺术"就是压迫者的艺术，是符合无产阶级政治需要的艺术。在艺术中呈现人们生活在其中的却被意识形态遮蔽的现实社会关系和真实的世界整体，就是阿尔都塞给我们的全新启示。

---

① 〔法〕路易·阿尔都塞：《阿尔都塞论艺术五篇（上）》，陈越、王立秋译，《文艺理论与批评》2011 年第 6 期。

第四章

革命政治的激进哲学基础

　　新君主国中的新君主：因为一个新君主在一个旧的君主国里不会有任何成就——因为他只能沦为这个旧世界的囚徒。我相信关键就在于准确地把握这种拒绝的政治意义……独自一人……切断在旧世界占统治地位的那些自明的真理，摆脱它的意识形态，从而得以自由地去奠定一种新的理论。①

　　偶然的唯物主义将不再是马克思主义哲学：它将成为保卫马克思主义的一门哲学。②

第一节　理论逻辑的激进化与新政治实践

　　"马克思主义者懂得，一切策略必定建立在战略的基础上，而一切战略必定建立在理论的基础上。"③ 阿尔都塞是从哲学领域出发，

---

① 〔法〕阿尔都塞：《马基雅维利的孤独》，载〔意〕葛兰西《现代君主论》，陈越译，上海人民出版社，2006，第106、110页。

② Louis Althusser, *Philosophy of the Encounter*：*Later Writings*，*1978 - 1987*，edited by Francois Matheron and Oliver Corpet, translated with an Introduction by G. M. Goshgarian, London and New York：Verso, 2006, pp.257-258.

③ 〔法〕阿尔都塞：《保卫马克思》，顾良译，商务印书馆，2010，第239页。

来干预和推动无产阶级政治实践的展开，这是其理论逻辑激进化后的政治表达，也为无产阶级的政治想象注入了新的活力。他的方案具有可行性的前提，在资本主义统治秩序日益稳固、革命形势的高潮远未到来之际，无产阶级总不能一直作壁上观，而不考虑除暴力革命之外的其他斗争方式。正是从这一认识出发，阿尔都塞深入研究了当代资本主义社会的意识形态上层建筑及其制度性的实践机制，希望以此为突破口，探索开展无产阶级政治实践甚至是夺取资产阶级政权的新方式。事实上，还有至少三个更为直接的现实因素，导致了阿尔都塞理论逻辑的激进化。其一是"五月风暴"的爆发，从运动参与的主体而言，主要是学生和知识分子而非传统的共产党与工人组织；从爆发的机制来看，在时间、地点以及原因上都具有非常大的偶然性，而非经过长期的组织准备和革命动员。其二是法共二十二大公开宣布放弃"无产阶级专政"的政治主张，并批评了以"广泛发动群众，武装夺取政权"为中心的无产阶级革命方式，这就从组织和法理层面堵死了由共产党来带领和发动革命运动的可能。其三是 20 世纪 70 年代之后，西方世界中各种人权运动和新社会运动的兴起，这些运动不再以阶级斗争和夺取政权为目标，而是更多元地关注性别平等、种族平等、身份政治、文化批判等社会议题。总之，告别集体化的阶级政治，转向私人化的社会与文化批判已成为无法逆转的历史趋势。

　　在《论再生产》中，阿尔都塞通过实证化地研究当代发达资本主义的社会形态，指出了无产阶级在过渡阶段坚持理论斗争的必要性与行动策略，但这一方案还欠缺哲学层面相对成熟的理论创新与抽象表达。不过这一工作基本上也在同时推进，在《保卫马克思》中，阿尔都塞在批判人道主义的历史观以及经济主义的决定论过程中，就已开始尝试在哲学理论上"解释了偶然的必然性之'结构'之后，仍然还要表达这种偶然的偶然，表达共存于同一事件中心的各种可能性和趋势之'亚决定物'的多样性"[①]。而"多元决定"、

---

　　① 〔法〕巴里巴尔：《1996 年重版前言》，载〔法〕阿尔都塞《保卫马克思》，顾良译，商务印书馆，2010，第 16 页。

"空间地形学"、"形势"、"偶然/相遇"、"虚空"以及"断裂"等代表阿尔都塞晚年思想的核心概念也均已出现。也就是说，以《保卫马克思》为代表的第一批作品虽没有形成一个内容相统一的哲学基础，但其内部潜藏着巨大的理论张力，这些出现在第一批作品中的概念在经历了漫长的"理论迂回"（关于当代发达资本主义社会的意识形态的科学研究）之后，又重新构成了阿尔都塞晚年思想的核心。理论张力的存在本就是阿尔都塞所追求的理论效果之一，阿尔都塞并不谋求建立关于某个客观对象的知识体系，他只是考虑理论斗争所需要的思想资源、所达成的政治目标以及所付出的风险赌注，毕竟斗争的背景、形势、对象、策略随时在变。因而，在阿尔都塞看来，马克思主义只有时刻保持一种彻底的斗争姿态，才能成为指导革命实践的理论武器。对于要通过与意识形态的彻底"断裂"来发展出具有真正现实介入性的理论而言，只有将"多元决定""形势""偶然""虚空"等描述现代社会复杂结构中的错位、不确定性、历史偶然性的概念，以及能够支撑阿尔都塞在传统"经济—阶级—革命"逻辑的必然性断裂之处重新接入革命可能性的概念，全部纳入哲学的思考中来，马克思主义哲学才能摆脱教条主义与人道主义的解释，成为工人群众可以理解的理论方式来指导他们的革命实践。

"多元决定"提供了一种全新的"唯物主义"哲学观，是对当代资本主义社会的空间格局和矛盾结构的重新改造，同时也为阿尔都塞打开了通过理论实践来推动无产阶级政治实践向前发展的理论与现实空间。具体来看，"多元决定"提供了科学理论"断裂"的依据，理论的"断裂"又表征着一种现实"虚空"状态的出现，而"虚空"则预示着无产阶级在充满偶然性（多元决定）的历史进程中发起新的革命行动的"开始"。"虚空"成为历史与意义的起源，这就彻底粉碎了一切唯心主义关于事物本源与历史目的的虚假叙事以及教条主义关于社会历史的机械演绎。偶然性、非必然性、非确定性等哲学观念以及在现实政治生活中体现这一哲学观念的"形势"

概念，就构成了这个世界祛蔽后的真实场景。同时，通过理论写作而介入政治形势进而促使"虚空"状态的出现（理论实践），并通过把握现实的政治形势进而推动革命高潮的到来（政治实践）的新主体——"新君主"，也就承担了阿尔都塞探索新的无产阶级革命政治理论与政治实践的全部希望，即关于回答"革命政治何以可能"的全部希望。

但另一种理论倾向也在暗中蔓延，即当一切的革命条件与准备过程都偶然化之后，"新君主"的阶级属性和政党立场似乎也就不再重要了。阿尔都塞太看重革命本身是否可能，却很可能会把革命的阶级舍弃掉，革命的主体位置成为对所有人都是敞开的，而不再属于无产阶级这一特殊群体。可见，关于"新君主"的提法实则是个人英雄主义与政治虚无主义的奇妙混合，是革命政治受困后一种急切但也无奈的情绪下的激进表态。阿尔都塞虽然在哲学基础上完成了政治行动理论的构建，但似乎也彻底忘记了这一理论原本是为了无产阶级的斗争需要，在回答"革命政治何以可能"的问题时，阿尔都塞显然把答题要求遗忘了。

一　激进化的哲学话语：多元决定论

"理论断裂"是阿尔都塞关于哲学的新定义——"永恒的哲学战场（Kampfplatz）"的概念表达，而"多元决定论"则是阿尔都塞对这一战场的概念化描述与空间性呈现，也是他敢于做出"理论断裂"论述的底气来源。① "多元决定论"是阿尔都塞在第一批作品中就已经开始构想的关于"新唯物主义"的理论表达。阿尔都塞对于唯物主义有着非常特殊的理解，按照他的话说："不自欺欺人，是

---

① "理论断裂"判断的提出，是阿尔都塞一系列理论概念参与论证的结果，其中就包括"多元决定""症候阅读""总问题""理论实践"等。不过考虑到"多元决定论"主要呈现的是阿尔都塞对于复杂社会结构的思考，也是阿尔都塞建构"新唯物主义"的核心内容，这些都与阿尔都塞晚期思想具有较强的关联性。因而，笔者将"多元决定论"置于本书第四章中，同"新君主"与"偶然唯物论"思想一起论述，从而完整呈现阿尔都塞关于复杂社会结构下无产阶级革命政治与历史发展问题的思考。

他始终坚持的惟一的关于唯物主义的定义。"① "不自欺欺人"（ne plus raconteur d'histoires），原意为不再给自己编故事。阿尔都塞给出的解释是，要把哲学作为意识形态的欺骗行径彻底揭露，而只有在哲学中展开彻底的理论斗争，才能使马克思主义保持科学性与斗争性并认识关于"赤裸裸的、没有任何附加物的现实"。② 所以，对于阿尔都塞来说，唯物主义就是与意识形态的理论斗争，就是分析认识真正的现实。在阿尔都塞看来，反对意识形态，就要反对一切关于开端和主体的哲学，因为这是所有唯心主义神秘性的根源，也是资产阶级意识形态削弱无产阶级阶级意识的重要手段。"我把'论起源的不平衡'这个短语用作我的文章《关于唯物辩证法》的副标题。我用复数形式的'起源'（origines）是要说明，根本不存在就这个词的哲学意义而言的 Origine［开端］，任何开始都打上了不平衡的烙印。"③

换言之，阿尔都塞反对唯心主义的"起源学说"，是希望通过建立唯物主义的"起源学说"来完成。以复杂而不平衡的结构空间性逻辑取代线性的时间发展性逻辑，这一全新的关于"开始"的哲学，拒绝任何唯心主义本质论或还原论的影响，而必须在充满多元性的、不平衡性的社会结构与复杂多变的革命形势中打开，"偶然性"是"开始"的唯一标志。"多元决定论"就是阿尔都塞打开这一行动空间的钥匙。在"多元决定论"的支持下，阿尔都塞突破了经典的马克思主义分析框架，在"经济—阶级—革命"的逻辑断裂之处接入了革命政治的必要性和可能性，通过理论实践来推动无产阶级政治实践发展的空间就被彻底打开，意识形态领域的斗争在无产阶级斗争中的重要性也被大大提升。此外，阿尔都塞还将"多元决定论"

---

① 〔法〕阿尔都塞：《来日方长：阿尔都塞自传》，蔡鸿滨译，陈越校，上海人民出版社，2013，第178、237页。

② 〔法〕阿尔都塞：《来日方长：阿尔都塞自传》，蔡鸿滨译，陈越校，上海人民出版社，2013，第237页。

③ 〔法〕阿尔都塞：《在哲学中成为马克思主义者容易吗?》，载陈越编译《哲学与政治：阿尔都塞读本》，吉林人民出版社，2003，第196页。

与"形势"、历史进程中的机遇以及"虚空"(社会结构与政治力量的突然失衡所形成的"空白")等概念结合起来进行综合分析,最终形成了一种"兵书战策式"的新哲学形态。

(一) 多元决定论与革命政治的可能性入口

"多元决定"(surdétermination/overdetermination)概念是阿尔都塞从弗洛伊德精神分析学借用的范畴。在弗洛伊德那里,"多元决定"原指梦境虽然来自现实,但必须经过心理过程的扭曲、割裂、重组,最终呈现出真幻交织的复杂形态。[①] 从这一概念的起源就可以看出,"多元决定"强调的是一种复杂多元的空间结构逻辑。在《保卫马克思》中,"多元决定"被阿尔都塞用来对社会结构、现实历史和政治斗争进行分析与描述,是他区别马克思的辩证法与黑格尔的辩证法的关键。"多元决定"首先肯定的是社会结构的空间地形分层,以及由此带来的不平衡性与差异性的各种矛盾与力量间复杂互动的关系,阿尔都塞认为这种处于永恒变动、具有各种不确定性的状态才是社会历史真实的存在。"多元决定"的法文或英文前缀"sur/over"本就意味着"超……""在……之上或多重……",再与词根联系起来理解,即表达的是"非确定性、非决定性"的含义[②],或表达的是"过度决定或不足以决定"[③]。阿尔都塞反复强调,这种"多元决定"思想是得到了马克思主义空间地形学的启发——"马克思主义地形学用一个大厦的隐喻来描述社会,这个大厦的上面的楼层

---

① 事实上,阿尔都塞关于"形势"概念的理解同样受到了来自精神分析学的灵感的启发。阿尔都塞时常将精神分析与马克思主义相类比,来描述两者在面对现实具体对象中各种力量间合纵连横、错综复杂的局面情况:"就精神分析而言,'形势'是由在分析者的无意识与被分析者的无意识之间'固定'并起作用的关系来定义的,并且正是在这种'移情'作用下,发生了被分析者幻想的重整(remaniements)。就马克思主义而言,'形势'是由阶级对抗所产生的力量关系来定义的,并且社会变革正是在这些斗争关系下发生的。"(参见〔法〕阿尔都塞《在哲学中成为马克思主义者》,吴子枫译,北京出版社,2022,第96页。)

② 参见夏莹《关于阿尔都塞四个常识性判断的再考察》,《高校马克思主义理论研究》2015年第1期。

③ 〔法〕阿尔都塞:《在哲学中成为马克思主义者容易吗?》,载陈越编译《哲学与政治:阿尔都塞读本》,吉林人民出版社,2003,第194页。

建立在（按照大厦的逻辑就会有的）它的基础之上。'基础'……它是经济，是由生产关系支配的生产力和生产关系的统一体。从底层的基础上竖立起上层或 überbau［上层建筑］的几层。"① 但同时他也强调，马克思本人虽没有将"多元决定"思想理论化和概念化，但这一思想始终存在于马克思的文本中，尤其是存在于列宁、毛泽东关于指导无产阶级革命实践的理论文本之中。在上文中笔者已指出，"多元决定论"体现的正是阿尔都塞在结构主义分析法和矛盾分析法的共同支持下，对于复杂社会结构与多元矛盾的分析，是对当代资本主义社会形态的重新概念化（如意识形态国家机器）认识。

那么，在这种"非确定性、非决定性"的社会空间与矛盾结构中，无产阶级如何开展革命行动？这种斗争能从哪里最先开始？或者从理论的层面来说，什么样的科学理论可以推动革命斗争的发展？"马克思主义的活的灵魂：具体地分析具体的情况（具体问题具体分析）"② 应该具有什么样的理论新形式？换言之，如何阐明马克思主义仍然是具体地指导革命实践的理论，即实现了革命理论与革命实践的统一？"多元决定论"对社会空间与矛盾结构的不平衡性和差异性的呈现，正是打开无产阶级革命斗争多样化可能的理论入口。阿尔都塞指出"多元决定"所展示的正是："不同决定因素同时影响同一对象，但在这种共同的影响下，其决定因素却是不断变化的。"③ 即任何一个社会层面或矛盾结构的改变都可能有着复杂多重的原因，在这种随时发生着复杂链式反应的空间场域中，任何实践行为都可能导致意想不到的后果；反过来说，任何实践结果在不断变化的局势和情景中，都有着来源多处的决定因素。那么，在这种历史场景下，无产阶级就完全跳出了意识形态的束缚，这种意识形

---

① 〔法〕阿尔都塞：《在哲学中成为马克思主义者容易吗?》，载陈越编译《哲学与政治：阿尔都塞读本》，吉林人民出版社，2003，第184页。

② 〔法〕阿尔都塞：《保卫马克思》，顾良译，商务印书馆，2010，第202页。

③ Louis Althusser, *The Humanist Controversy and Other Writings*, translated by G. M. Goshgarian, London: Verso, 2003, p. 201.

态或是一种人道主义的异化革命观，或是经济决定论的危机革命观（经济是一切其他社会实践唯一且直接的原始决定因素），而将在充满多元性、差异性和不平衡性的社会空间与矛盾结构中制定符合实际的斗争策略，根据形势变化开展阶级斗争，"通过他们个人的'偶然性'来实现历史的必然性（不论是理论的必然性或政治的必然性），根据这种必然性，未来必定自然而然地代替它的'现在'"①。

　　由此，阿尔都塞实质上提出了一种更复杂的社会历史哲学，即借用"多元决定"概念把一个时期内的社会结构形式（社会形态）重新定义为多种实践（如经济、政治、意识形态、思想理论等）的共存状态，并强调各种实践之间相互渗透、相互改造的动态运作以及最终呈现出的各种社会要素交织展现的格局。这是一种对社会空间、部门要素、权力、矛盾、力量进行的全新配置与改造。可以说，"多元决定"打开了无产阶级持续进行革命斗争的理论出口和现实入口，回答了我们在前文中所提出的所有问题。可以看到，在《论再生产》中，正是由于"多元决定"的帮助，阿尔都塞极大地提高了意识形态的重要性，使意识形态领域的斗争成为推动现实革命发展的重要方式和手段。这意味着无产阶级不必等到经济基础领域发生质的变化后才展开革命行动，而是分清主次、具体问题具体分析、采取灵活机动的战略战术，在上层建筑领域内、在某个具体的意识形态国家机器之中，果断地展开阶级斗争，来扰动资本主义生产方式的再生产，从而达到意想不到的政治效果。这其实也是阿尔都塞从《保卫马克思》开始，一直到晚年所提出的偶然相遇的唯物主义观点中一直进行的理论实践工作。

　　　　如果脱离开主导结构复杂过程的现实，我们怎么能够从理论上阐明经济斗争与政治斗争之间的真实差异（这种差异恰恰是马克思主义与各种自发的或有组织的机会主义的最后分界线）？政治因素是个独立的因素，因此，它不是复杂整体的简单

① 〔法〕阿尔都塞：《保卫马克思》，顾良译，商务印书馆，2010，第206页。

现象，而是反映复杂整体的各种因素（经济、政治和意识形态）的真实压缩和战略要点。假如不是如此，我们又怎么能够说明必须经过政治斗争这个独立的和特殊的阶段？假如矛盾的结构使政治实践不可能成为具体的现实，我们怎么能说明历史必然的实现取决于政治实践？假如矛盾的结构不能使马克思理论的产生成为具体的现实，我们怎么能够说明，马克思的理论的产生是历史的必然呢？①

可以看到，这种社会历史理论才是真正反映在开放的、非终结性的、充满偶然性的情况下不断向前的历史现实的理论。或许可以用一句不太恰当的话来概括，这种社会历史理论是"一万年太久，只争朝夕"的理论。更准确地说，就是阿尔都塞所强调的，对于马克思主义者，"除了关于'长期性'，也就是关于战略和'路线'的回答之外，还包括对于直接的行动的回答，说到底，我们也可以称之为'口号'"②。那么，在这种历史发展过程中，哲学就不是对客观世界的一劳永逸的抽象把握，而是不断地突破理论教条的限制，以永恒的缺失、匮乏或者虚空为前提所展开的理论行动；同时，也是对政治实践得以展开的可能性与策略性的探寻，是一种基于历史—政治事变而出现的激进政治行动。如此，阿尔都塞也就真正实现了其哲学思想的初衷，满足了"理论介入政治"的根本性要求。

阿尔都塞从毛泽东的矛盾分析法中汲取了极大的理论灵活性和理论能动性。事实上，阿尔都塞的"多元决定"呈现的这种由多种社会因素和矛盾力量交互作用所形成的社会情境与现实形势，这种充满着因不平衡性和差异性的矛盾而形成的理论和历史的"断裂"，并不断肯定着基于"断裂"所采取的具体革命行动，也是得益于毛泽东的理论启示。"我们再一次用毛泽东的术语来解释。如果说所

---

① 〔法〕阿尔都塞：《保卫马克思》，顾良译，商务印书馆，2010，第211页。
② 〔法〕阿尔都塞：《怎么办?》，陈越、王宁泊、张靖松译，西北大学出版社，2023，第28~29页。

有的矛盾都受不平衡法则的制约，如果说为了成为马克思主义者和能够开展政治活动（以及为了能够进行理论实践），必须不惜一切代价去区分主要矛盾和次要矛盾，区分矛盾的主要方面和次要方面……这种区分对于正视具体的现实，正视人们当时的历史现实，对于阐明由对立面的同一占统治地位的现实是必需的。"① 在矛盾分析法的理论支援下，阿尔都塞的"多元决定论"实际上想成为一种"兵书战策式"的理论，它意图摆脱任何唯心主义思辨哲学的神秘性，而以彻底的现实性来表现革命政治的真实情境。阿尔都塞也可以根据具体政治形势，来灵活确定斗争的策略、方式以及对象，从而使这种理论成为实实在在地推动无产阶级革命斗争实践的"指导大纲"。

"多元决定论"对于阿尔都塞意识形态斗争的启示以及他个人思想的型塑，都发挥着至关重要的理论作用。在他解读马基雅维利的思想中，"多元决定论"就为阿尔都塞召唤无产阶级革命主体去成为"新君主"提供了巨大的理论力量。只有依据"多元决定论"，阿尔都塞才能将君主、不同派别的政治力量、军队、广大人民、历史形势、国际格局等各因素置于合纵连横的共时性社会空间中，从而通过全新的理论配置营造出不同的形势格局。这不仅完全描述和解释了这种错综复杂的政治斗争形势，帮助政治行动主体制定下一步的行动策略，而且理论的书写者（马基雅维利，或者是阿尔都塞）也能凭借理论的力量，挺身入局，影响不同的政治力量对比态势，从而"实现历史的必然性"。或许可以作一个不太恰当的类比，马基雅维利就如同西方的韩非子，《君主论》实则是西方版的《三十六计》和《三国志》。这种近似兵书战策、权谋手段的写作方式和思维习惯，对于东方文化背景下成长起来的人来说或许并不陌生，但对于成长于西方同一理性思维下的阿尔都塞，这种可以直接反映并指导政治实践的哲学理论足以让他震惊。②

---

① 〔法〕阿尔都塞：《保卫马克思》，顾良译，商务印书馆，2010，第206页。

② 就像阿尔都塞第一次阅读毛泽东的《矛盾论》时所受到的震撼一样。（参见〔法〕巴利巴尔《中文版阿尔都塞著作集序》，载〔法〕阿尔都塞《论再生产》，吴子枫译，西北大学出版社，2019，第19页。）

（二）空间地形学与理论配置

"多元决定"是阿尔都塞用来反对一切唯心主义的"起源学说"，并建立唯物主义的"起源学说"的关键理论部件。它极大地提升了意识形态领域的斗争在无产阶级革命斗争中的重要性，赋予了无产阶级在当代资本主义社会条件下展开阶级斗争的灵活性。这里的理论奥秘就在于，阿尔都塞深受马克思、列宁、毛泽东的理论与革命实践的启发，改造了马克思的空间地形理论，重新配置了经济基础与上层建筑，生产力、生产关系、政治上层建筑、意识形态上层建筑等社会各层次要素之间的关系，对当代资本主义社会做了全新的空间再造和结构规划，这使阿尔都塞最终能以"唯物主义"的空间逻辑拒斥"唯心主义"的时间逻辑。可以说，以"多元决定论"为内核的空间地形学，既是一种全新的认识哲学，同时也是充满能动性的行动理论，还是一个不断开放的理论体系。这也就是阿尔都塞反复突出的哲学定义："哲学即政治，方法即策略。"

空间即人类生活和社会实践的场所，可以说，空间理论是伴随着西方现代政治哲学与社会哲学一同兴起的理论意识，但只有到了马克思这里，才第一次得到了有意识的完整的表达。与阿尔都塞认为这一空间本质上就是一个战场不同，马克思所讨论的空间更多的是生产实践以及扩大再生产的过程。不过，马克思对于后世空间理论和激进政治学影响巨大的一点在于，他从这一科学实证性的生成性场域出发，却赋予了无产阶级反对剥削、改造世界的革命能动性。这种凸显人类生产实践和革命实践功能的理论极大地启发了包括阿尔都塞在内的学者探讨空间配置、空间的再生产，以及空间与社会权力、意识形态霸权、资本逻辑、区域危机之间的关系。不过从理论发展的角度看，马克思的空间地形思想更多集中于探讨经济领域，以及由此形成的世界历史空间。这就使人的实践活动更多地停留在经济生活中。而并未辩证地意识到这些被建构起来的空间也可以反身影响人类的生活与实践。但马克思晚年对东方社会的关注，却是一次非常重要的视野转换，对于突破欧洲中心主义的历史叙事观，呈现空间地域结构的差异性以及人类历史的多元发展线条具有极大的促进意义。列宁关于帝国主义空间内部的不平衡以及矛盾的差异性理论，在理论层面进一步推进了马克思主义空间地形学的发展，"关乎帝国主义的各种理论现在被视为西方马克思主义空间思维的主要源泉"①。而毛泽东关于中国社会与革命经验的具体论述，更是赋予了马克思主义空间地形学以革命的能动性要素，给包括阿尔都塞在内的西方激进政治学家以极大的理论启发。总之，社会历史与世界地理的空间绝不是平等化和秩序化的物理空间，而是始终充满着矛盾运动、革命斗争、不均衡发展、危机转移、资本扩张、突发事件等无限差异性与可能性的开放型空间。

可见，马克思理论的现实性与革命性必然推动空间理论的不断扩展，这也是资本主义生产方式所带来的必然后果。阿尔都塞正是在经典马克思主义作家的基础上，敏锐地把握到了空间理论必然要从描述经济领域延伸至描述政治和意识形态领域的理论逻辑，从而将当代资本主义社会形态进行了全新的空间改造，对政治与意识形态领域进行了更清晰的功能界分，揭示了当代资本主义如何化解与延迟全面危机的方法，突出了政治与意识形态向经济领域的反向渗透以及国家的全面意识形态化，并最终以"再生产理论"定格在西方马克思主义解读当代社会的批判性谱系中。"马克思主义者将地理从濒危的、不相关的，或者更糟的是成了区域科学穷亲戚的领域中拯救了回来。马克思主义关于自然和空间的社会生产的中心观点〔伴随着被辩证理解的生产过程，尽管有所夸张（社会改变可能是一个更好的词语），但它将地理学与社会学联系起来〕将地理学的两个传统学派融合成一个可统一理解的不同方面。人文地理学最终融入了社会科学。作为社会科学更有批评性的组成部分，它利用了所有社会科学的概念，同时又给它们增加了复杂的环境空间的概念。"②

---

① 〔美〕爱德华·W.苏贾：《后现代地理学：重申批判社会理论中的空间》，王文斌译，商务印书馆，2007，第195页。

② 〔美〕理查德·皮特：《现代地理学思想》，周尚意等译，商务印书馆，2007，第127页。

正是依据空间地形学的思维，阿尔都塞才反复强调马克思将黑格尔辩证法"颠倒"过来的表述只是一种"隐喻"，因为把一个理论问题式"颠倒"后其仍是这个问题式。所以，马克思并没有简单地继承黑格尔的历史概念与辩证法（从这一视角看，经济教条主义与人道主义一样都从属于黑格尔的总体性哲学框架，只不过前者以"物质"与"经济"概念替换了"精神"与"绝对观念"概念。①同样，第二国际的机械解释论也适用于这一问题框架），而是彻底抛弃黑格尔的总体性辩证范畴（圆圈隐喻），而以整体性结构范畴来替代（大厦隐喻）②，建构起了非黑格尔主义的历史社会科学。人类社会不再落入同质的、拥有单一共同本质或中心的整体性历史演进之中，而是复杂的、不同领域和要素——政治、经济、文化、科技等，各有各的发展规律与内部关系，因而只能是多元决定的不均衡结构。在阿尔都塞看来，这是一个关键性的唯物主义理论突破："实际上却使得整个占统治地位的社会与历史观天翻地覆。对于马克思在1859年《〈政治经济学批判〉序言》里用来描述他的社会观的那个形式或隐喻，我们注意得不够。这是一个地形学的形式，也就是说，是一个空间结构的形式，它在空间上为给定的现实指出了它们各自的地位（位置、情景）。"③并且，经过理论（多元决定论）对社会空间进行的结构化处理，以及通过具体呈现和突出某个或多个层面、要素、领域（尤其是意识形态）对社会整体的影响，阿尔都塞不仅在理论层面有力地批判了思辨化理解社会历史的唯心主义哲学，更在现实政治层面回应了苏联与法共的教条的经济主义思想和保守的无产阶级革命观，从而为无产阶级寻求新的革命政治话语与斗争方式，以及为后发的社会主义国家和第三世界国家寻求区别于苏联模式和西方

---

① Louis Althusser, *Philosophy of the Encounter*: *Later Writings*, *1978-1987*, edited by Francois Matheron and Oliver Corpet, Translated with an Introduction by G. M. Goshgarian, London and New York: Verso, 2006, p. 254.

② 〔法〕阿尔都塞：《在哲学中成为马克思主义者容易吗?》，载陈越编译《哲学与政治：阿尔都塞读本》，吉林人民出版社，2003，第192页。

③ 〔法〕阿尔都塞：《在哲学中成为马克思主义者容易吗?》，载陈越编译《哲学与政治：阿尔都塞读本》，吉林人民出版社，2003，第184页。

的人道主义模式的第三条社会主义革命与建设道路准备了理论前提。

通过突出意识形态在空间生产中的巨大功能，阿尔都塞实际上将马克思主义的空间地形学发展为了意识形态的空间结构理论：一方面，资本主义社会正是依赖诸意识形态国家机器从而完成了对整体社会空间与社会实践的渗透和重新塑造；另一方面，这一意识形态的空间结构也为无产阶级争夺意识形态领导权并探索新的革命方式提供了全新的维度。在多元决定的阶级社会空间里，经济斗争、政治斗争、意识形态斗争实则取得了平等的位置，甚至意识形态和文化层面的斗争更具有实践的可行性与灵活性，因而可能会对社会空间结构的变化起决定性作用。"正是这种十分特别的规定性（多元决定）使马克思主义的矛盾具有特殊性，并能够从理论上阐明马克思主义的实践，不论是理论实践还是政治实践。只有多元决定才能使我们不把有结构的复杂整体（例如社会形态，这是迄今以来的马克思主义实践所真正致力的唯一对象）的具体演变看作是外界'条件'作用于一个固定的有结构整体而产生的偶然演变，而把这种具体演变看作是复杂整体内部的具体的结构调整，每个范畴、每个矛盾以及通过结构调整得到反映的主导结构各环节，都在结构调整中起了本质的'作用'。因此，……如果不掌握它和思考它，也就永远不可能认识政治活动的可能性，不可能认识理论实践的可能性，不可能认识理论实践和政治实践的对象的本质，不可能认识进行这些实践的'现阶段'的结构。"①

这种在空间地形学中所进行的理论实践，无疑是无产阶级新的斗争哲学和革命的指导思想，正如阿尔都塞所言，这种理论实践"如果不掌握它和思考它，也就永远不可能认识政治活动的可能性……不可能认识进行这些实践的'现阶段'的结构"②。因而，理论与实践也就成为同一互构的过程，阿尔都塞通过"多元决定"与空间地形学实际上是在告诉无产阶级，"革命政治何以可能"的答案就在于

———————————

① 〔法〕阿尔都塞：《保卫马克思》，顾良译，商务印书馆，2010，第 205 页。

② 〔法〕阿尔都塞：《保卫马克思》，顾良译，商务印书馆，2010，第 205 页。

以理论（实践）来对资本主义的社会空间进行规划和再造，以理论配置来建构出无产阶级在社会空间中开展革命斗争的机会与可能。在《保卫马克思》、《马基雅维利的孤独》以及《偶然相遇的哲学》中，阿尔都塞都试图使自己的作品达到马克思在发表《共产党宣言》时所获得的理论效果，即以一种理论的力量介入社会空间的再造与革命形势的发展之中。这是他理论斗争的真谛，也是他所有的"理论断裂"、"理论实践"、"理论迂回"与"矫枉过正"的核心追求。就像阿尔都塞在评论《君主论》一书时所强调的：

> 《君主论》是一篇政治宣言。一篇政治宣言的独特性就在于，它并不是一种纯理论的话语……一篇宣言，如果是政治的，因而希望在历史上产生影响，那就必须写在一个与纯知识领域完全不同的地方：它必须写在它希望产生作用的政治形势当中，它完全从属于由那个形势和规定了形势的力量对比所引起的政治实践。……写在客观外在的政治形势当中的过程也必定就在实践着这个过程的文本内部得到表述，……要让宣言真正成为政治的和现实主义的——唯物主义的——那么，它所陈述的理论就不仅需要宣言来陈述，而且需要宣言把它定位在自身所干预和思考的社会空间中。我们可以证明《共产党宣言》就是这样：在提出关于现存社会的理论之后，它也在其他理论发挥社会作用的范围内，把关于共产党人的理论定位在那个社会的某个地方。……为了把那种理论在意识形态中占据的位置同时定位在受到分析的历史形势里，定位在所分析的力量对比的空间中。在这里，我们面对着两方面的意图：一方面是要清楚地标出人们寄希望于理论的那种有效性，这注定取决于理论在社会系统中存在的条件，另一方面则是要通过理论在阶级冲突中占据的立场，来描述其理论感。①

---

① 〔法〕阿尔都塞：《马基雅维利的孤独》，载〔意〕葛兰西《现代君主论》，陈越译，上海人民出版社，2006，第117~118页。

换言之，哲学理论的成果是要发表一份"理论宣言"，这份"理论宣言"就是要通过理论配置——"在话语及其'对象'、话语及其'主体'之间建立特殊的关系"①——来对社会整体空间的复杂性以及历史发展的不平衡性做出精准的分析，在经济、政治、意识形态等各要素共时性的铺开审视中，将作者（理论主体或话语主体）的理论立场和斗争策略转化为对这些要素与力量的重新规划与布置，从而改造社会历史。这种在理论中"排兵布阵"式的"沙盘推演"最终转化为革命战场中的现实行动。"理论宣言"就成为"政治宣言"，理论就成为实践，理论空间就成为实践空间，理论家同时也是革命家。"只有求助于配置（dipositif）才可能真正理解行动者对世界的直接理解，而无需对行动的所有前因后果做出理性算计的不牢靠的假设，行动者把来自世界的历史和结构的认识形式用于世界来达到对世界的直接理解，他们把认识形式用于（改造）世界本身。"②

理论的书写者拥有了改变世界的力量，理论文本与革命行动实现了良性的互动。因而，理论就有了双重作用：其一，理论搭建了现实政治行动得以展开的空间，同时，理论自身又参与这个空间中的政治斗争；其二，理论在文本上开辟了一个话语空间，同时，各种理论学说在这一空间中相互斗争，争夺话语霸权。如此看来，阿尔都塞以一种特殊的理论进路抵达了马克思主义的经典主题"理论与实践相统一"，而发生在哲学中的意识形态斗争则帮助阿尔都塞清理了理论前进的道路。正是彻底的理论斗争穿透了理论与实践、哲学与政治、思维与存在之间传统的"二元对立"范式，在哲学中直接反映历史—政治形势与阶级斗争现实，同时也使理论本身成为阶级斗争实践的一部分。他的理论实践也就成为双重关联的政治实践：其一，理论作为一股话语力量参与到改变现有历史—政治形势的斗

① 〔法〕阿尔都塞：《马基雅维利和我们》，载陈越编译《哲学与政治：阿尔都塞读本》，吉林人民出版社，2003，第390页。
② 〔法〕皮埃尔·布尔迪厄：《帕斯卡尔式的沉思》，刘晖译，生活·读书·新知三联书店，2009，第183页。

争中；其二，理论又代表一种政治行动在理论实践中不断挫败和攻击资产阶级的哲学意识形态。毫无疑问，这种双重关联的实践不仅为无产阶级提供了理论工具和斗争策略，也大大扩展了无产阶级政治实践的空间和领域。

二 "新君主"隐喻与无产阶级政治实践

多元决定的"归根到底"论，虽没有否定经济因素的决定作用和暴力革命作为无产阶级政治实践的主要形式，但极大地提升了意识形态的重要性，并在理论上肯定了理论斗争所具有的改变现实的力量。任何理论问题，也就是围绕着理论（文本）的阅读、写作、生产与争论都是将哲学视为一种理论行动"介入"① 某种历史—政治形势之中，以求改变它的进程，这是阿尔都塞始终坚持的哲学立场。阿尔都塞清醒地认识到，他所面对的是强大的资产阶级意识形态联盟，这一联盟不仅有为数众多的哲学家、悠长的学术传统，而且已经具备制度化的运行机制，渗透并掌管着强大的意识形态国家机器。即使他"矫枉过正"、振聋发聩地提出"哲学即政治"——哲学归根到底代表的只是某一阶级的阶级立场，但如果哲学不能体现政治斗争这一主题，不能帮助无产阶级采取具体的政治行动，而只是作为看透理论的政治本质的"局外人"，那这种哲学不过是在"庸俗"的理论行列中增添了另一种"解释世界"的说法。因而，阿尔都塞必须探究不受意识形态干扰的革命政治实践到底是什么，以及呈现这种政治实践的理论文本又应该怎样写作。或者说，探究什么样的文本写作方式可以刺破意识形态的"无意识之幕"和打碎强大的意识形态国家机器，又是什么样的理论行动可以通过打开新

---

① 至此，我们可知阿尔都塞的"介入/干预"（interfere）概念，其含义是指理论要嵌入现实之中，从而改变历史与现实，即"必须写在政治实践空间内的某个地方"（参见〔法〕阿尔都塞《马基雅维利和我们》，载陈越编译《哲学与政治：阿尔都塞读本》，吉林人民出版社，2003，第400页）。不难看出，这一概念与阿尔都塞的"理论实践""哲学实践""哲学立场"等概念一脉相通，体现的都是意识形态斗争这一主题，因而也贯彻着马克思改变世界的理论教导。

的理论空间进而打开新的政治行动空间。

对于阿尔都塞来说，在《保卫马克思》与《读〈资本论〉》中，他进行了一次并不算成功的理论斗争与理论介入，而这次他则是成功地通过"绕行"马基雅维利完成了这一政治行动。通过阅读马基雅维利的作品，阿尔都塞凭借"理论配置"与"新君主"两个核心概念，在破旧立新之中建立了新的无产阶级革命政治话语，并为推动阶级政治的发展以及夺取意识形态领导权提供了新的理论表达与斗争策略，使理论真正介入了现实的政治实践中，从某种程度上来说，可以认为其达成了理论与实践的统一。不难发现，从"保卫马克思"到"阅读马基雅维利"，阿尔都塞围绕"哲学战场"、通过回答"革命政治何以可能、何以开始"（理论迂回），最终实现了理论实践的逻辑闭环。但透过这一理论闭环，我们也失望地看到，无产阶级在阿尔都塞的理论安排下已渐渐地退出了这个"哲学战场"，阿尔都塞的激进哲学在逻辑上将带来私人化的政治实践，而他也必然因为这种"阶级背叛"而只能踽踽独行于孤独的理论道路上。

（一）马基雅维利的孤独

马基雅维利的著作提供了阿尔都塞所需要的帮助，他的思想不仅是理论化表述政治斗争的典范，而且能直接转化为介入现实形势的理论力量。"马基雅维利在政治实践的理论化表述中对阿尔都塞的影响表现在两个方面：不仅是马基雅维利的文本内容（即君主作为行动者的政治实践），而且也是马基雅维利的写作行为（文本作为一种'介入'或行为者的'工作'）。"① 阿尔都塞对马基雅维利的挖掘使他真正成功地阐发出了一种以理论斗争—政治斗争为中心的政治理论和哲学世界观。同时，借助于马基雅维利的"新君主"设定，阿尔都塞为"理论配置"找到了一个忠诚可靠的主体，最终形成了

---

① Mikko Lahtinen, *Politics and Philosophy*: *Niccolo Machiavelli and Louis Althusser's Aleatory Materialism*, Leiden · Boston: Brill, 2009, p.110.

"新君主—理论配置—多元决定—革命实践"① 相贯通的特色的政治哲学和斗争实践，为无产阶级的革命斗争提供了全新的可能。

不能否认，阿尔都塞发现马基雅维利的眼光是非常独到的。在利奥·施特劳斯看来，现代西方政治哲学的开端正是马基雅维利，他不仅拒绝了传统政治哲学与神学的价值信仰，而且提出了通达政治事务的现实主义途径，认为机运是可以通过力量加以控制的，并非不可改变。因而，夺取政权、建立国家等政治问题是一个策略性的问题，是可以谋划、分析并主动操作行动的。② 与利奥·施特劳斯的看法惊人一致，阿尔都塞同样看到了马基雅维利不容于任何政治意识形态（他之前的亚里士多德学派传统，与他之后的自然法学派传统）的现实，认为马基雅维利是以全新的总问题和知识形式为无产阶级的斗争实践提供了理论启示。正是由于其思想的不可归类性，阿尔都塞将马基雅维利列入孤独的思想家行列。

马基雅维利提出了一个问题："在一个没有统一的国家，在饱受内忧外患之苦的意大利，什么才是奠定民族国家基业的前提。"③ 这一理论问题，同时也作为一项政治任务，令人最为困惑的是：这一议题既不属于当时意大利的政治议题（是建立一个君主国还是一个共和国），也不属于关于马基雅维利的意识形态形象的议题（他是一个君主主义者还是一个共和主义者）。阿尔都塞指出，正是由于马基雅维利与传统流行的对历史与政治的想象性表述做了彻底的"断裂"④，才得以从纯粹现实和政治的角度提出这个全新的问题。这里的关键在于，马基雅维利并不假定也不纠结自己所希望建立的是哪

---

① 事实上，这一逻辑顺序反向推演也仍然成立，即"多元决定—理论配置—新君主—革命实践"。两个逻辑表达的都是从理论到实践，从哲学到政治，理论与实践相统一的过程。

② 〔美〕利奥·施特劳斯：《现代性的三次浪潮》，载汪民安、陈永国、张云鹏主编《现代性基本读本》，河南大学出版社，2005，第158页。

③ 〔法〕阿尔都塞：《马基雅维利的孤独》，载〔意〕葛兰西《现代君主论》，陈越译，上海人民出版社，2006，第105页。

④ 〔法〕阿尔都塞：《马基雅维利和我们》，载陈越编译《哲学与政治：阿尔都塞读本》，吉林人民出版社，2003，第382~383页。

种政体，或自己信仰的是什么主义；因而，他的着眼点不在于绝对君主制和共和制所各自代表的意识形态与道德含义，他所看重的是这样一个绝对客观的历史事实：意大利要结束封建割据、内忧外患的状态，建立一个统一的民族国家，就必须通过一位君主建立一个绝对君主制的国家。但君主建立的这个绝对君主制的国家不能依靠封建统治阶级，也不是为了维持封建专制统治，而是要依靠广大人民的支持，是为了人民的福祉，即"创制一个民族国家，并从人民的观点出发提出这个难题"①。因而，马基雅维利的写作实践和理论文本呈现的是一个客观政治实践和历史发展的过程，更准确地说，是历史进程中的复杂趋势和政治力量的错位配置，是关于如何建立一个新君主国（却是一个民族国家）以及这位新君主（却要站在人民的立场上）在不同形势下、不同阶段内所需要采取的不同的政治行动、斗争策略和方式方法。这是一种全新且更为客观的理论实践，马基雅维利也正是要以这种理论革命的形式，介入并打开一个政治行动持续展开的历史空间。

　　客观地说，历史中的复杂与悖论比比皆是。在研究中前设任何思辨的前提，就很容易被困住手脚和蒙住双眼。马基雅维利所探讨的本就不是一个抽象的哲学问题，要解决一个政治难题、实现一个政治目标，就要以彻底的现实态度，灵活机动、具体问题具体分析。因而，马基雅维利的思想完美地符合阿尔都塞心中关于唯物主义的定义，他既是一个政治家也是一位理论家，是理论与实践真正统一的化身。马基雅维利的理论是一把武器，是一个充分重视历史进程中的特殊时刻与特殊形势的理论介入机制，在这一机制中理论实践可以完全转化为政治实践。我们可以看到，马基雅维利就是通过以下三个方面深度介入了政治形势和力量对比中：一是对实际在位的君主们的理论干预，马基雅维利希望这些君主的政治实践能以他的理论为指导来制定国家统一的方式方法和手段步骤；二是对渴望国

――――――――――

① 〔法〕阿尔都塞：《马基雅维利和我们》，载陈越编译《哲学与政治：阿尔都塞读本》，吉林人民出版社，2003，第407页。

家统一的意大利人民的理论干预，马基雅维利希望这些十分重要但还不是关键因素的政治主体参与到新国家的建立过程中；三是对潜在的新君主的理论干预，这是马基雅维利最看重也是最关键的破局之举，即鼓动所有潜在的君主们去占据绝对君主的位置，也就是占据这个历史发展中至关重要的环节，建立人民所渴望的绝对君主制国家，解决国家统一这一政治难题。

总之，马基雅维利通过他特殊的文本斗争，拒斥了宗教、道德、传统等一系列意识形态的束缚，而开创了崭新的理论实践和政治实践，重建了国家与人民，也重建了一个历史与世界。马基雅维利的思想是不可归类的，其不可归类性是因为其思想的非凡性，而思想的非凡性凸显了他的孤独。实际上，在漫长且痛苦的理论斗争和理论实践过程中，阿尔都塞在马基雅维利的思想镜像中看到了自己："就是必须极端地思考，这意味着在一个立场之内思考，从那里提出近乎出格的论点，或者说，为了使思想成为可能，就需要占据一个近乎不可能的位置。马基雅维利做了什么事呢？为了使他的国家的历史有所改变，也为了使读者的脑筋有所改变——为了激发他们的思考并进而激发他们的意志——马基雅维利似乎在幕后表明，个人必须依赖自己的力量——其实就是说，不必依赖任何东西，既不必依赖现有的国家，也不必依赖现有的君主，只能依赖于不存在的那个不可能性：新君主国里的新君主。"① 前无古人，后无来者；虽千万人，吾往矣，从几乎不可能中创造可能。可以说，柏拉图的"哲学王"理想始终萦绕在阿尔都塞心头。在此时，阿尔都塞的个人英雄主义也达到了顶峰，其口中的"新君主"与其说召唤的是无产阶级，不如说推崇的就是自己。但同时，我们也能感受到，这种壮志凌云的表态实则也是自己在孤独境况中的喃喃自语。

（二）新君主与无产阶级政治实践

马基雅维利的哲学给了阿尔都塞在"理论配置"问题上以很大

---

① 〔法〕阿尔都塞：《在哲学中成为马克思主义者容易吗？》，载陈越编译《哲学与政治：阿尔都塞读本》，吉林人民出版社，2003，第178~179页。

的灵感，其中的启示就在于如何以一种理论斗争的形式介入现实政治中，并指导现实斗争实践的发展。马基雅维利给出的答案就是通过"理论配置"来对现实世界进行空间改造，进而开拓出一条"还没人走过的道路"①。这也是阿尔都塞所认为的，马基雅维利的著作是一个彻底的"唯物主义"政治宣言，能真正实现理论的直接在场性，即在政治形势中占据一个理论的位置并引发现实的改变；换言之，马基雅维利也是以一种"多元决定"的认识方式来思考世界和历史，并在理论实践②中与一切意识形态相"断裂"，从而展现自己理论的斗争立场和政治属性。因而，"独自一人——也就是说他不得不最终在某种程度上切断在旧世界占统治地位的那些自明的真理，摆脱它的意识形态，从而得以自由地去奠定一种新的理论"③。这也是阿尔都塞一直推崇马基雅维利的原因，两人都是在艰苦地同意识形态斗争（一切关于历史和政治的想象）的过程中，才掌握了能够认识和改造这个世界的关于历史与政治法则的知识理论，即掌握了科学的一般历史与政治理论。对马基雅维利的思考实则是阿尔都塞的又一次"理论实践"与"理论迂回"，他与解读对象实则是双向互构的关系。如果说《保卫马克思》是阿尔都塞的第一次文本实践，那么《马基雅维利和我们》就是他自我批评后重新开始的文本实践。当然这也是一次理论斗争的过程，就像马基雅维利（或马克思）同他之前的意识形态想象展开斗争一样，阿尔都塞也要将加之在马基雅维利（或马克思）身上的意识形态想象彻底祛除干净。

　　阿尔都塞希望自己能像马克思一样成为无产阶级革命领袖，希望自己的理论实践成果都能成为像《共产党宣言》一样的理论——

---

① 〔法〕阿尔都塞：《马基雅维利和我们》，载陈越编译《哲学与政治：阿尔都塞读本》，吉林人民出版社，2003，第414页。

② 阿尔都塞认为，马基雅维利的理论方法是"理论实验"，即"依靠对现代大事的长期经验和对古代历史的不断钻研，是对古今事件和境况（情景）的比较"（参见〔法〕阿尔都塞《马基雅维利和我们》，载陈越编译《哲学与政治：阿尔都塞读本》，吉林人民出版社，2003，第415页）。

③ 〔法〕阿尔都塞：《马基雅维利的孤独》，载〔意〕葛兰西《现代君主论》，陈越译，上海人民出版社，2006，第110页。

政治文本。"理论宣言"意味着一个开端，是此后一切理论革命和阶级斗争开始的新起点，也是理论与实践真正相结合的开端；同时，"理论宣言"也是"断裂"，是同之前一切的哲学意识形态和虚假想象的决裂，也是同一切不站在人民立场上的政治行动划清界限；最后，"理论宣言"还是一个政治目标，一个政治难题，需要无产阶级在"理论—政治配置进行组织的过程中，总是不断地选择倾向（侧重/主次/位置），总是根据力量之间的冲突去思考形势……并动用一切可以为事业争取同党的修辞和煽情手段"①。总之，理论—实践的开端之处必然是"断裂"，而"断裂"预示着人们在哲学或政治的实践中首先要站稳自己的政治立场，其次还预示着要分清阶段性、分清主次、灵活机动、具体问题具体分析，最终是在摆脱一切意识形态羁绊的基础上创建新的霸权理论和革命政治方式。

> 在这个假设里，要有一位领袖，他要重新考虑一些已经有意识的战士给他们自己提出的这个问题，并且在被当前的客观要求推向深入的马克思主义理论的基础上，在现有阶级斗争的客观条件和所谓"主观"条件（现有组织的程度和形式，它们具体实现并衡量着群众与战士的"意识"）的基础上，对"怎么办？"的问题，给予非常精确的、具体的回答。这些回答相互构成了同时包括理论原则、方针、组织和行动的一整套体系（为了"长期"斗争），以及相应的口号（为了直接的行动）。②

同样，阿尔都塞认为马基雅维利也是一位使哲学成为政治的思想家，这种新的理论—实践的理论形式的起点也是谈论一个"起源/开

---

① 〔法〕阿尔都塞：《马基雅维利和我们》，载陈越编译《哲学与政治：阿尔都塞读本》，吉林人民出版社，2003，第402页。

② 〔法〕阿尔都塞：《怎么办？》，陈越、王宁泊、张靖松译，西北大学出版社，2023，第27~28页。

始"："开始可以说根植于事物的本质，因为它是这件事物的开始。它影响了事物的所有规定性，并不随着那个瞬间而消逝，而是与事物一起存在下去。……（开始）既是因为前与后、新与旧之间的对比；也是因为它们的对立以及它们的冲突、它们的断裂。"① 但这一"断裂"表现在理论文本中，即"开始"之处存在着一个政治难题：如何创制意大利民族的统一？同时，这个政治难题的提出也就意味着在理论上产生了一个难题。而为了回答这一理论—实践的难题，马基雅维利必须摆脱一切既往所有意识形态关于历史与政治意识形态的构想，"不自欺欺人"，彻底地考虑任何"形势"所具有的偶然性的历史真相；同时还要将所有的理论碎片②围绕这一具体的政治难题凝聚起来，对其进行重新的理论配置与重组，以期解决它。"提出政治实践的难题是一切的中心：所有理论要素（随便多少'法则'）都被安排来作为这个中心的政治难题性的功能。……调动那些理论碎片（还有矛盾），借助它们来明确提出和理解那种独一无二的具体情况。……最重要的是，毕竟有一种理论配置从这里暴露出来，它摒弃了经典修辞的习惯，在后者那里，总是普遍的东西支配着独特的东西。"③

无疑，这是阿尔都塞非常推崇的思考与解答理论—实践难题的方式："不是为政治而思考政治，而是表现为提出（理论）难题和规定历史任务的形式……这就在哲学意识的帝国中打开了缺口。"④ 依靠理论中的"断裂"来思考政治，同时依靠对现实"形势"的分析以及对理论碎片的重新"配置"来加以解答。那么，马基雅维利的难题就成功地在理论实践和它所调动的政治实践的空间之间，或

① 〔法〕阿尔都塞：《马基雅维利和我们》，载陈越编译《哲学与政治：阿尔都塞读本》，吉林人民出版社，2003，第381页。
② "理论的碎片"来自经济的、政治的、意识形态的，地理的、历史的、文化的同时也是实践的碎片。
③ 〔法〕阿尔都塞：《马基雅维利和我们》，载陈越编译《哲学与政治：阿尔都塞读本》，吉林人民出版社，2003，第393页。
④ 〔法〕阿尔都塞：《马基雅维利和我们》，载陈越编译《哲学与政治：阿尔都塞读本》，吉林人民出版社，2003，第385页。

者反过来说，在政治实践和它所调动的理论实践的空间之间，建立了紧密的联系。这里的关键在于，要解答这一难题，实际上也是这一难题必然被提出的根据——"形势"，必须被认真地思考。"他是根据情况，因而是根据独特的形势提出这个难题的。……马基雅维利是第一位谈论形势（conjoncture）的理论家，他自觉地思考形势的概念，一贯地在形势中，也就是说，在作为偶然、独特情况的形势概念中进行着思考。"① 至此，阿尔都塞晚年哲学中探讨的核心概念即"形势"与"偶然"便呈现了出来，而这两个概念正是阿尔都塞在"多元决定论"中所释放出的"过度决定或不足以决定"，即关于社会历史中的多元性、不平衡性以及不确定性。因而，对于历史—政治形势所在的这个偶然空间的分析，也就是认识阿尔都塞晚年哲学思想的关键。

至此，我们可以简单回顾一下阿尔都塞的哲学思想历程：从哲学战场出发（从"开始"出发），阿尔都塞最终将"认识论断裂"转化为了"偶然的形势"，"断裂"所代表的理论上与意识形态间的决裂也被置换到了"偶然的形势"所代表的现实中的与传统政治秩序间的决裂。从哲学到政治，或者说，哲学与政治本就没有分开，经过了漫长的理论实践过程，阿尔都塞探索创制了一整套全新的概念②，抵达了他所渴望的政治现实之中。

实际上，"形势"概念表达的是现实政治斗争中革命主体所面对的各种政治力量间合纵连横、错综复杂的局面状况，也是"新君主"个人能力与品质的呈现场域。同时，对形势的分析与把握也正是"新君主"诞生的关键因素。而"形势"作为一切行动的"开始/断裂"，实则是偶然的、随机变化的（甚至在某种程度上是不可知的），阿尔都塞又启用了一个概念——"虚空"，来描述在这种偶然的形势所凸显出来的"位置"。那么，这种"虚空"，即这些空位或缺席中，多

---

① 〔法〕阿尔都塞：《马基雅维利和我们》，载陈越编译《哲学与政治：阿尔都塞读本》，吉林人民出版社，2003，第395页。
② 参见〔法〕阿尔都塞《在哲学中成为马克思主义者》，吴子枫译，北京出版社，2022，第96页。

重的替换就成为可能。空位或缺席就是"零",是能使一切成为可能的开始。不难看出,"虚空"所代表的形势(结构)"断裂"对于理论主体与革命主体具有重要的实践意义。"虚空"概念所呈现的就是社会传统秩序与既有力量结构或力量对比的突然失衡,而这种不期而遇的失衡与断裂,就是释放、展现政治行动的机遇时刻。因而,"虚空"是社会秩序与意识形态格局突然呈现出的偶然断裂,同时也是主体开展革命行动的机遇和起点。

> 这个对政治形势进行分析的空间,就它本身的语境而言,是由各种对立和混合着的力量所构成的;它只有安排或包含了一个位置、一个空位,才会有意义:只有空的才能被填补,只有空的才能为个人或集体提供用武之地,才能让他们占领那里,以便重新结合和形成各种力量,完成历史所指定的政治任务——空,是为了将来。①

最终,"虚空"即是开始,"新君主"作为理论天才与政治强人也是从"虚空"中开始他的理论—政治实践。对于阿尔都塞来说,"新君主"是从虚空中产生,或者说,"新君主"的产生就是为了去填补形势所产生出来的空位,因而"新君主"也是形势所造就的某人(one),一个"当事人",甚至"新君主"本身就是一个空位,时刻等待和召唤一切符合形势需要、符合这一要求的"君主"来填补。阿尔都塞在此处所要表达的颇有"时势造英雄"的味道。"新君主可以从任何一个地方起步,可以是任何一个人:说到底,他可以从无起步,并且在起步的时候本身就是无。"② 实际上,马基雅维利对"新君主"的设定,也符合欧洲在进入现代社会之初固化的封建阶层开始松动以及整个社会即将发生大变革的历史描述。"君主之位"不

---

① 〔法〕阿尔都塞:《马基雅维利和我们》,载陈越编译《哲学与政治:阿尔都塞读本》,吉林人民出版社,2003,第398页。
② 〔法〕阿尔都塞:《马基雅维利和我们》,载陈越编译《哲学与政治:阿尔都塞读本》,吉林人民出版社,2003,第473页。

再是传统封建政治中固定家族与血统的专属，而是要向所有能推动历史进步的人敞开。① 因而，"君主"的"某人化"在历史语境中也并非历史虚无主义的体现，而是历史进入现代社会之前的必然调整与重塑。毕竟一个出身微末的英雄，而非在传统意识形态与政治文化中培养出来的精英，会更少受到旧体制、旧思维的影响，也会更多地扎根于人民、依时借势而动，反而更有追求事实真相与承担历史责任的激情与品质。"能够白手起家地承担起这项任务。这就是为什么马基雅维利一定要一般地谈论'新君主国中的新君主'，一般地、抽象地谈论，没有说出任何人物、任何地点的名称。"②

那么，如果一介布衣又是从无开始起家创业，一跃而为君主并最终完成创立统一国家的伟业，他需要哪些成功的条件呢？马基雅维利给出了两个关键性的要素：幸运（fortuna）和能力（virtù）。前者是客观条件，即非确指领域的形势方面；后者是主观条件，同样是不确定的个人因素。③ 由此可见，从不确定性的主客条件中产生出的"新君主"只能是一场"奇遇"，同样，靠着客观机缘与主观天赋"偶然相遇"而产生的"新君主"也只能是历史中的未知。实际上，阿尔都塞通过对马基雅维利写作实践和理论文本的全过程呈现（理论迂回），意在激励并召唤广大无产阶级成为历史进程中所需要的"新君主"，他想要表达的也是无产阶级在当代发达资本主义社会形态中还能继续进行政治革命的强烈希望。阿尔都塞期盼有能够站出来把握历史形势、指导革命斗争、创建崭新世界的领袖和伟人。就像马克思、列宁、毛泽东一样的革命家和理论

---

① 此处对马基雅维利"新君主"思想的解读，在地理范围内仅限于东地中海与西欧地区。事实上，中国古代很早就提供了社会阶层正常流动的机制。因而，虽然世界在进入现代化时许多现象与阶段的共性很大，但形成这些社会现象与时代共性的原因还需要仔细讨论。总之，不能把西方的现代化过程当作人类的现代化过程。

② 〔法〕阿尔都塞：《马基雅维利的孤独》，载〔意〕葛兰西《现代君主论》，陈越译，上海人民出版社，2006，第106页。

③ 参见〔法〕阿尔都塞：《马基雅维利和我们》，载陈越编译《哲学与政治：阿尔都塞读本》，吉林人民出版社，2003，第467页。

家也能出现在西欧的土地上，"阿尔都塞将马基雅维利视为实践的理论家，他的文本为政治行动者在当下所进行的偶然的革命实践活动开拓了视域"①。

由势所生，又依时势而动，在偶然中把握机遇从而创造历史的必然。这套理论话语在阿尔都塞看来无疑具有最强大的革命性与斗争性，也是对西欧无产阶级革命实践的现实性思考。在上文中，作者已有提及，这种让阿尔都塞颇为震惊的历史哲学观和革命行动观，实则与东方的谋略思想"不期而遇"。"时（天时）、势（形势）、位（格位）"三者之间的辩证关系以及由此形成的生生不息、因势变通的世界观与历史观早在春秋时代的儒法墨等诸家思想中均有体现。② 总之，这种灵活机变的文本写作和偶然相遇的历史哲学，也正是阿尔都塞向无产阶级呈现并建议采用的斗争方法和政治革命的行事方式。这种方式方法不仅向人们展示了如何突破旧观念、旧思维的限制，着眼于现实问题、拓展研究视野的有效做法，而且使理论研究真正成为改变现实的一部分。巴里巴尔对于阿尔都塞的马基雅维利研究曾高度评价：

> 阿尔都塞关于马基雅维利的遗著《马基雅维利和我们》（写于 1972—1976 年）出版后，也让我们能更好地了解那些关于意识形态臣服形式再生产的思考，是如何与关于集体政治行动的思考接合在一起的，因为政治行动总要以"挫败"意识形态为前提。这些思考响应着他对哲学的"实用主义的"新定义。哲学不是认识的方法论或对历史概念的辩证考察，而是一种"理论中的阶级斗争"，或更一般地说，是一种思想的战略运用，旨在辨别出——哪怕最抽象的——话语之间的"力量对比"，这种力量对比所产生的作用不是保持（葛兰西曾称之为领导权作

---

① Mikko Lahtinen, *Politics and Philosophy*: *Niccolo Machiavelli and Louis Althusser's Aleatory Materialism*, Leiden · Boston: Brill, 2009, p. 170.

② 这种思想形式上的共性不仅仅是智慧层面的相通，有理由相信，除了马基雅维利的直接影响外，阿尔都塞通过阅读毛泽东也获得了这些思想的灵感。

用）就是抵抗和背叛事物的现存状态。①

　　将刺穿意识形态的理论斗争与关于集体政治行动的思考链接在一起，这就是阿尔都塞理论激进化的体现。传统哲学是将实践纳入理论形成"实践哲学"，而阿尔都塞则是将哲学敞开给外部、敞开给非哲学，让理论在变化的形势前、在革命斗争的行动前局促不安，从而使哲学跳出意识形态的牢笼成为"哲学实践"。这种从斗争思维出发来看待哲学的视野，也就使理论具备了真正的激进维度和迫切地改变现实的行动力。所以我们看到，从《保卫马克思》开始，阿尔都塞通过探讨马克思、列宁、毛泽东、马基雅维利，还有斯宾诺莎、卢梭等，将哲学的理论空间成功替换为了一个政治行动的空间，将理论嵌入了现实，同时也将政治带入了哲学。阿尔都塞打破了哲学意识形态自给自足的封闭圈子，将政治作为哲学异己的"他者"赤裸裸地呈现在哲学面前，"不自欺欺人"，阿尔都塞最终以自己的激进理论诠释了他心中彻底的"唯物主义"。

　　不过，我们在肯定阿尔都塞的哲学贡献时，也应该敏锐地发现这一体现着灵活机变原则的哲学理论暗含着对个人英雄主义的召唤；阿尔都塞将理论斗争与关于集体政治行动的思考，实则是通过一个"新君主"式的理论天才与政治强人结合在了一起。这一理论倾向将实际上掏空马克思主义基于阶级政治而建构起来的革命理论，同时也将把基于集体化的组织革命方式而建立起来的党组织完全搁置。当然，我们不能简单否定阿尔都塞所做的这些关于政治实践可行性的理论思考，但他过分强调个人的作用、理论的作用、历史中偶然与机遇的作用，而不再突出党的领导和组织力以及马克思主义的教导，这仍然是个体知识分子关于复杂政治的单向度想象，是阿尔都塞私人化的政治实践。那么，阿尔都塞的"新君主"理论也就真如他所说的那样，"将不再是马克思主义哲学：它

①　〔法〕巴利巴尔：《中文版阿尔都塞著作集序》，载〔法〕阿尔都塞《论再生产》，吴了枫译，西北大学出版社，2019，第11页。

将成为保卫马克思主义的一门哲学"①。只是，我们有充分的理由担忧，这门哲学是否真的能"保卫马克思"。

第二节　偶然唯物主义

偶然性的意识贯穿于阿尔都塞一以贯之的反对唯心主义的态度之中，是阿尔都塞认为的能够终结与唯心主义斗争的核心概念。"偶然唯物主义"是阿尔都塞晚期的重要思想，旨在描述一种历史发展的随机性以及革命主体基于偶然事件所展开的政治行动。早在1965年出版的《保卫马克思》中，阿尔都塞就已开始思考历史的偶然性问题，当时的思想成果更多地集中于"多元决定论"的论题之下。有学者就指出："（阿尔都塞）'晚年'的'偶然''相遇'等概念，实际上只是把他六七十年代关于'形势'的思考翻译成了伊壁鸠鲁的语言而已。"② 当然，提出"偶然唯物主义"的另一种心理动机可能来自对天主教的神秘主义信仰。阿尔都塞之所以要努力发展出一种把握历史复杂动态变化的彻底的"唯物主义"理论，就是要言说不可言说之物以及对于斗争本身（霍布斯的"一切人反对一切人的战争"与黑格尔的"恶动力说"③ ）越来越偏执的坚持。这种心理动机上的因素并不是无关紧要的，考虑到他晚年的精神状态以及越来越严重的"马克思主义的危机"，偶然唯物论作为一种激进哲学与政治话语的出现也就不难理解。在回忆性著作《来日方长：阿尔都塞自传》中，阿尔都塞承认："我是通过公教进行会的那些天主教组织，才得以接触到阶级斗争，因而了解马克思

① Louis Althusser, *Philosophy of the Encounter：Later Writings，1978 - 1987*, edited by Francois Matheron and Oliver Corpet, translated with an Introduction by G. M. Goshgarian, London and New York：Verso，2006，p. 257.

② 〔法〕阿尔都塞：《在哲学中成为马克思主义者》，吴子枫译，北京出版社，2022，第369页。

③ 〔法〕阿尔都塞：《来日方长：阿尔都塞自传》，蔡鸿滨译，陈越校，上海人民出版社，2013，第235页。

主义的。"①阿尔都塞孤独地进行理论斗争，同时不懈地在哲学理论中言说不可言说之物，这不能不让人想到宗教般的殉道精神，并以此来理解他那份对于周围世界和普通大众不同于常人的敏锐与情感。

"偶然唯物主义"，是阿尔都塞意图解禁的、长久以来被西方主流哲学意识形态所压抑的一种"唯物主义潜流"。事实上，马克思也并不否认历史的"偶然性"作用："如果斗争只是在机会绝对有利的条件下才着手进行，那么创造世界历史未免就太容易了。另一方面，如果'偶然性'不起任何作用的话，那么世界历史就会带有非常神秘的性质。这些偶然性本身自然纳入总的发展过程中，并且为其他偶然性所补偿。"② 但与马克思的科学认识不同，阿尔都塞在与唯心主义的"同一性"哲学的紧张斗争中，要求自己必须摆脱所有关于本源、原因和目的的问题，进而极端化地"直面（偶然的）事件，包括所有至今都仍难以想象的鲜活的实践和政治在内的事件，去思考世界的无限开放性"③。但这种近乎是在寻求自我个体确证的思想努力，在促使阿尔都塞取得重要理论突破的同时，也使自己偏离了马克思主义的思想基地，陷入了与"唯心主义困境"（本质决定论）相对的"唯物主义困境"（偶然相遇论）。不过也要看到，阿尔都塞的"偶然唯物主义"无疑为当今左翼学术反对唯心主义哲学、批判资产阶级意识形态以及资本主义社会制度提供了重要的理论资源，催生了更为多元的激进政治表达。

一　偶然唯物论的基本内容

在哲学的概念体系中，唯物主义是相对于唯心主义而言的。早在第一批作品中，阿尔都塞就以科学与意识形态相对立的对话框架

---

① 〔法〕阿尔都塞：《来日方长：阿尔都塞自传》，蔡鸿滨译，陈越校，上海人民出版社，2013，第 219 页。

② 《马克思恩格斯文集》第 10 卷，人民出版社，2009，第 354 页。

③ Louis Althusser, *Philosophy of the Encounter: Later Writings, 1978 - 1987*, edited by Francois Matheron and Oliver Corpet, translated with an Introduction by G. M. Goshgarian, London and New York: Verso, 2006, p. 264.

来探讨马克思主义哲学，提供了关于新唯物主义哲学的第一个内容
版本。阿尔都塞认为马克思的理论革命推翻了一切以"人的观念"
为核心的意识形态哲学，开辟了一种涉及人类各项科学实践的整体
性认识理论，这种关于一般实践的总体理论也就是马克思的"唯物
主义辩证法"。其之所以是关于科学的一般认识理论，一是因为它拒
绝所有具体个别的经验标准（即拒绝所有主体性）而具有普遍的客
观性；二是因为关于某一门科学实践的认识理论也一定适用于其他
科学实践，那么作为历史科学的认识论（马克思主义哲学），也一定
是其他科学实践的认识理论。因而，它既是总体性的一般实践的认
识理论，也是具体性的特殊科学实践的认识理论。①

> 实践的辩证唯物主义和历史唯物主义……（是）人类实践
> 的各特殊方面（经济实践，政治实践，意识形态实践，科学实
> 践）在其特有联结中的理论，这个理论的基础就是：人类社会
> 既是统一的，但在其各联结点上又是特殊的。用一句话来说，
> 马克思提出了一种关于特殊差异的具体观点，这种观点能够确
> 定每个独特的实践在社会结构的特殊差异中所占的地位；马克
> 思正是用这个观点去代替费尔巴哈关于"实践"的意识形态概
> 念和普遍概念。②

不难看出，这种关于特殊与差异的总体性认识理论，就是阿尔
都塞视角中的马克思的辩证唯物主义，也是他利用结构模型在全部
学科统一思想的具体表现。阿尔都塞充分利用结构主义对结构内部
的差异性要素的重视与分析，最主要的，是通过"结构因果性"公
式把意识形态的独立性从传统经济主义的分析框架中提炼了出来，
从而赋予了意识形态在社会结构中以特殊地位。而到了20世纪70

---

① 其中涉及的阿尔都塞在证明马克思主义是科学的过程中出现的循环论证（因而其
实质是一种独断论），本书在第三章做了详细解释。
② 〔法〕阿尔都塞：《保卫马克思》，顾良译，商务印书馆，2010，第225页。

年代，阿尔都塞进一步采纳了列宁的观点，认为"唯心主义的哲学概念虽然本身总是表示一种阶级立场，却又否认哲学表示阶级立场。马克思列宁主义在哲学中的革命就在于拒绝这种概念，并在哲学中采取唯物主义的无产阶级立场，也就是创立一种理论阶级划分效果的、新的唯物主义和革命的哲学实践"①。而其中的新唯物主义用阿尔都塞的原话来说就是："一切都取决于对工人与民众的阶级斗争——在同资产阶级的阶级斗争的对抗中——的当前倾向这一'具体情况作具体分析'（l'analyse concrète de la situation concrète），因而取决于对这种对抗作具体分析……否则，我们就会陷入'庸俗社会学'。"②到了晚年，随着阿尔都塞的哲学探索日益激进化、私人化，阿尔都塞认为马克思主义与其唯物主义的设定和承诺不符，"马克思虽然已非常接近这一状态，但他还是没有恰当地思考并表述这一新的唯物主义概念"③。因而，从其他思想家处汲取理论资源而不再局限于马克思列宁主义，就成为阿尔都塞必然的理论选择，这也是我们从他的"偶然唯物论"中发现如此庞杂的理论来源的原因所在。

　　就"偶然唯物论"本身而言，阿尔都塞一直非常强调概念的重要意义，认为概念的突破对于无产阶级的政治和理论斗争，对无产阶级的革命解放都是不可或缺的。④ 从其早期以"认识论断裂"为核心的概念群的提出开始，新概念所代表的对意识形态毫不妥协的决裂态度一直是阿尔都塞理论斗争精神的鲜明体现，并贯彻在他解读与发展马克思思想的全过程中。⑤ 即使这个概念还没

---

① 〔法〕阿尔都塞：《列宁在黑格尔面前》，载〔法〕阿图塞（阿尔都塞）《列宁和哲学》，杜章智译，（台北）远流出版事业股份有限公司，1990，第134页。

② 〔法〕阿尔都塞：《怎么办?》，陈越、王宁泊、张靖松译，西北大学出版社，2023，第6~7页。

③ Louis Althusser, *Philosophy of the Encounter: Later Writings, 1978 - 1987*, edited by Francois Matheron and Oliver Corpet, translated with an Introduction by G. M. Goshgarian, London and New York: Verso, 2006, p.138.

④ 参见〔法〕阿图塞（阿尔都塞）《自我批评论文集》，杜章智、沈起予译，（台北）远流出版事业股份有限公司，1990，第49~50、136页。

⑤ 参见〔法〕阿尔都塞《列宁和哲学》，载陈越编译《哲学与政治：阿尔都塞读本》，吉林人民出版社，2003，第140页。

有完全具备科学的形式或内容，甚至说只是为了暂时性地与意识形态概念区别开来，阿尔都塞也会甘冒风险予以采纳。"偶然相遇的唯物主义"① 正是这种使用原则指导下的概念："我们要表明的是，把相遇的唯物主义命名为'唯物主义'不过是暂时的安排，目的是表达它对一切关于意识或理性的唯心主义的激进立场。"②

阿尔都塞在不同的文章中，曾多次用"登上行进中的火车"比喻来解释偶然相遇的唯物主义哲学：

> 仔细考察唯物主义哲学……它们总是登上行进中的火车……哲学的开始既不预设出发站，也不预设到达站，从而既不预设起源，也不预设目的。在这种情况下，刚才提到的一切（起源—目的的对子、目的论、方向的确定、目的的设定，乃至进程的意识）都消失了……在它们的位置上，出现了一个新范畴……就是过程的范畴（火车的行进），但这是一个既没有起源也没有目的的过程……我们可以把这个范畴叫做"没有主体的过程"。③
>
> 跳上一辆未知的火车，并在车厢中与偶然相遇的各色人等交谈、辩论、互相学习，最终使每个人都有所改变。④

不难看出，这与我们所熟悉的西方各种类型的线性进步主义历史观不同，阿尔都塞展现了一种十分独特的世界观和历史观：哲学

---

① 在阿尔都塞的文本中，他曾同时使用"偶然"（aleatory）、"相遇"（encounter）对唯物主义进行限定，并没有进行特别的区分。且两个概念都表达的是一种偶然情况下的可能性。因而，我们称这一概念为"偶然相遇的唯物主义"或"相遇的唯物主义"或"偶然唯物论"。参见 Louis Althusser, *Philosophy of the Encounter：Later Writings，1978-1987*, edited by Francois Matheron and Oliver Corpet, translated with an Introduction by G. M. Goshgarian, London and New York：Verso, 2006, p. 167。

② Louis Althusser, *Philosophy of the Encounter：Later Writings，1978-1987*, edited by Francois Matheron and Oliver Corpet, translated with an Introduction by G. M. Goshgarian, London and New York：Verso, 2006, p. 189。

③ 〔法〕阿尔都塞：《在哲学中成为马克思主义者》，吴子枫译，北京出版社，2022，第74~75页。

④ 〔法〕L. 阿尔都塞：《论偶然唯物主义》，吴志峰译，《马克思主义与现实》2017年第4期。

是从虚无开始（跳上一辆未知的火车），在这个虚无的空间中，各种力量错综复杂，有的只是各种偶发性事件以及不断变化的形势，所以彻底的唯物主义就必须与一切宣布有绝对的开始、有目的论进程的唯心主义意识形态彻底决裂（决裂的形式有"倾听、学习、驳斥"，这同时也是斗争的过程，只是由于斗争策略的需要而选择不同的形式），并在具体的分析现实过程中（也就是斗争过程中）不断壮大自身力量并期待迎来历史进程的转变。不难看出，这是阿尔都塞在一生的理论实践中得出的关于世界与历史的宏观看法。在阿尔都塞晚期的一些作品中，阿尔都塞使用了另一个比喻更为形象地表达了这种关于世界与历史的宏观看法：

> 这本书是关于一种类型的雨，关于一个贯穿于整个哲学史中的深刻主题，当它一被表述出来就遭到各种质疑和压制：这种"雨"是伊壁鸠鲁的原子的雨，它们在虚空中彼此平行降落；这种具有无限可能属性的"雨"存在于斯宾诺莎和许多人的思想中：马基雅维利、霍布斯、卢梭、马克思、（还有）海德格尔和德里达……这是一种在哲学史中几乎完全不被人知的唯物主义传统：一种关于雨、偏斜、相遇、聚合的唯物主义……我们把它称为相遇的唯物主义，并且是偶然的和可能的唯物主义。①

实际上，阿尔都塞在研究马基雅维利时已经敏锐地认识到，马基雅维利关于"形势"分析和"新君主"诞生的思想中潜藏的"偶然"主题。"马基雅维利正是我们所说的相遇的唯物主义潜流历史中的第二个见证人。"② 在前文中笔者已指出，"新君主"就是摆脱传

---

① Louis Althusser, *Philosophy of the Encounter*: *Later Writings*, *1978 – 1987*, edited by Francois Matheron and Oliver Corpet, translated with an Introduction by G. M. Goshgarian, London and New York: Verso, 2006, p. 167.

② Louis Althusser, *Philosophy of the Encounter*: *Later Writings*, *1978 – 1987*, edited by Francois Matheron and Oliver Corpet, translated with an Introduction by G. M. Goshgarian, London and New York: Verso, 2006, p. 171.

统意识形态束缚，对历史形势中"空位"的填补。马基雅维利的理论配置之所以能创造出这一"虚空"，正是因为"虚空"不来自哲学理论而来自现实中不断变化的形势。因而，"虚空"是哲学与政治双重实践的"起源/开始"，是一切要素（理论与实践的碎片）相遇的场域。在解读马基雅维利的基础上，阿尔都塞终于回到了相遇的唯物主义潜流在历史上的见证人德谟克利特和伊壁鸠鲁那里。我们看到，这个关于"雨"的灵感正来自古希腊哲学中德谟克利特和伊壁鸠鲁的原子论。前者认为构成世界的基质是原子，而承载原子的空间正是虚空，原子在虚空中碰撞、聚合形成了我们的可感世界①；而后者最重要的贡献是丰富了德谟克利特的原子运动方式，认为原子除了有垂直运动，还有偏离垂直的运动，即偏斜运动②。阿尔都塞正是吸收借用了德谟克利特和伊壁鸠鲁的哲学，尤其是虚空和偏斜这两个概念。前者是承载无穷可能性的空间世界，后者是历史和意义得以形成的根源。这正是让阿尔都塞所满意的彻底的唯物主义，也就是"偶然相遇的唯物主义"：这是一个没有起源也没有终点的历史空间，在这一空间中充满着由于偶发性的偏斜、相遇、汇聚、离散而产生的各种事件，这些事件构成了我们所观察到的世界以及我们所承认的意义。那么，这种世界观与历史哲学必然反对一切必然性的解释和安排，所有的原因、目的、起源、秩序、主体、意义等体现理性同一性的哲学也就自然消解了，我们对于世界的认识不能认定开端，也不能渴望结束，而是一段"永远在路上"的过程。"一切关于起源的问题都被拒绝了，正如一切伟大的哲学问题都将被拒绝一样：'为什么世界是有而不是无？世界的起源是什么？世界存在的目的是什么？人在世界中占据着什么样的地位？'等等。"③

---

① 参见叶秀山、王树人总主编《西方哲学史》第 2 卷（上），凤凰出版社，2005，第 342~350 页。

② 〔古希腊〕伊壁鸠鲁、〔古罗马〕卢克来修：《自然与快乐：伊壁鸠鲁的哲学》，包利民等译，中国社会科学出版社，2004，第 6 页。

③ Louis Althusser, *Philosophy of the Encounter: Later Writings, 1978 - 1987*, edited by Francois Matheron and Oliver Corpet, translated with an Introduction by G. M. Goshgarian, London and New York: Verso, 2006, p. 157.

　　不过与一些学者认为偏斜是阿尔都塞偶然唯物主义中的"偶然/相遇"最重要的特质不同，笔者认为"虚空"是阿尔都塞更想表达的内容。虚空是在更根本的意义上代表着整个现实世界的全貌，它是阿尔都塞理论实践所要打开的真正具有无限可能性的空间。虚空代表着无"起源/开始"，代表着永远存在的可能性希望。偏斜虽然解释了"偶然/相遇"的含义，但它代表的仍然是已经进入我们考察视野中的可能，意味着马上将被人的意识也就是将被无意识的结构即意识形态赋予意义，毕竟当我们开始谈论事件与历史的偶然性时，我们其实也就将"偶然/相遇"赋予了它。因而，只有虚空的存在，才可能产生原子的偏斜与相遇，也才可能出现改变历史的偶然事件。如此看来，虚空概念几乎具有了本体论的意义。阿尔都塞的偶然唯物主义对于西方哲学的突破性意义就在于，它并不是告诉我们世界和历史是由偶然性主宰的，而是告诉我们这个世界已无法进行描述。当然，阿尔都塞并不认为这是一种不可知论或历史虚无主义，恰恰相反，他通过这种极端的表达想要告诉我们这种看待世界的态度正是一种积极的行动主义。我们只有先承认自己理性能力的不足，甚至于承认，我们的理性也只是一次原子间的偶然相遇，我们才能每天充满希望地去认识和体验这个世界，即使有着关于这个世界的无数经验和知识，我们也要明白，这一切都是偶然的相赠，也必定在一次偶然中烟消云散。

　　这也正是笔者在前文中强烈批评阿尔都塞的原因。阿尔都塞是一个理论天才与知识精英，他可以满怀希望地进行这场孤独的游戏，但对于真正的无产阶级以及无产阶级的革命运动而言，这是致命的自我解构。值得注意的是，阿尔都塞在这一关于西方哲学历史观重建的过程中，并不是一位独行者，我们在他同时期的知识界同仁的思想（以福柯的历史考古学为代表）中发现了许多类似的表达。同阿尔都塞的理论道路一样，福柯也是从哲学的认识论领域出发来探讨某一学科中基本概念的发展变化过程，以及这些概念的诞生到底付出了什么历史代价，我们又需要通过什么特殊方法来揭示这些概念的"生产过程"以及被掩盖的事实。福柯有很多著名的学术工作，如考察疯癫的历史、诊所的诞生、人文科学的诞生等，他指出："我无意为这个语言写史；我要进行的毋宁是此一沉默的考古。"① 那些被我们所熟悉的历史都是由西方理性（ratio）在一连串的排斥"他者"和"非理性"事物的基础上建构起来的，在这个历史认知范围内，由同一性的逻辑来统治。他的工作就是把那些全部被放逐出历史的"他者"挖掘出来，重新向世人确认——这些历史中的"缺失"部分才是同一理性的历史得以建立起来的可能性基础。在此，黑格尔的历史哲学也就彻底失效了，理性的权威不过是一种偏见，历史的秩序不过是无序中的一个特例，所有的历史必然性最终呈现给我们的不过是一种不可思议的偶然性。

二　偶然唯物论与对历史唯物主义的新解

偶然唯物论是阿尔都塞晚年为探索一个能将哲学的理论空间与政治的行动空间合并为一体的唯物主义哲学基础而做的努力尝试，面对无所不在的意识形态国家机器，要取得理论斗争的胜利，就必须为哲学寻找一个崭新的开端和活动场域。"虚空"，以及以"虚空"为核心的"形势、偶然/相遇、理论配置、多元决定"等核心概念，成为阿尔都塞对抗唯心主义、人道主义、经济决定论、历史决定论等资产阶级和小资产阶级意识形态学说的有力武器。同时，在关于"哲学是什么"的一系列文章中，阿尔都塞都反复强调，历史中所有伟大的哲学家都在言说政治，这些思想都是在一定的形势（conjuncture）中——在一系列政治—科学事件的汇合（conjonction）中——诞生，同时代表各阶级的利益与立场，代表各自的党派在哲学中争夺意识形态的领导权。政治，确切地说是革命政治才是促使哲学诞生并规定其活动场域的唯一主宰者。哲学，确切地说是"永恒的哲学战场"中的哲学，也才能够刺破唯心主义传统中理论与实

---

① 〔法〕米歇尔·福柯：《古典时代疯狂史》，林志明译，生活·读书·新知三联书店，2005，第46页。

践、哲学与政治间虚假的二元对立，成为直接反映并直接介入政治
斗争形势的唯一理论武器。

当然，偶然唯物论并不是一个完整的理论体系。对于阿尔都塞
来说，马克思主义的首要目标也根本不在于理论是否系统化。哲学
的真正魅力在于它同政治所保持的紧密关系，在于它首先坚持着一
个政治立场，坚持着改变世界的理论信念。因而在阿尔都塞看来，
严格意义上的与唯心主义相对立的唯物主义，绝不仅是学术层面的
批判，还能够指导和鼓舞具体的革命行动。而偶然唯物论，正是因
其彻底的"唯物主义性质"才可以更加坚定无产阶级的政治立场和
百折不挠的斗争意志，这远比构建一个学院派认同的理论体系要意
义重大。在此意义上，一个永远直面具体现实（它完全依形势而变
化）的非体系性的哲学，也就保持了足够的开放性，它永远是与时
俱进的，在其中并不存在同一性的标准和"实验条件"，因而能够同
意识形态保持足够的距离。①

对于阿尔都塞的偶然唯物论，最关键的还是要回到马克思的经
典主题"理论与实践"的关系中来品评。马克思主义理论是一门关
于革命斗争的科学，历史唯物主义是关于人类社会发展一般规律的
理论。因而，对于马克思主义理论的发展来说，最关键的是理论要
时刻保持与实践相统一，实现理论创新与实践创新的良性互动，回
应现实形势的需要和变化，解决实践中不断遇到的难题和挑战。偶
然唯物论作为阿尔都塞最激进化的哲学表达，折射出的是他一生哲
学探索的艰辛历程。面对马克思主义日益被意识形态化的状况以及
西欧日渐渺茫的革命希望，阿尔都塞希望这一理论能激活马克思主
义在新时代背景下的实践性与革命性，使其回到一种"现实生活中
的马克思主义理论：它没有被神圣的教条所钝化和曲解，它是真正
清晰的、批判的和严谨的"②。

---

① 参见〔法〕阿尔都塞《在哲学中成为马克思主义者》，吴子枫译，北京出版社，2022，第83~99页。
② Louis Althusser, "What Must Change in the Party", translated by Patrick Camiller, *New Left Review*, Vol. 109, 1978, p. 45.

　　阿尔都塞深受列宁与毛泽东的影响，他十分注重两位政治家在领导革命斗争中所运用和发展的马克思主义理论的基本原则。列宁的"帝国主义发展的不平衡理论""哲学史中唯物主义与唯心主义的对抗"，毛泽东的矛盾论、实践论都让阿尔都塞见识到了马克思主义理论的发展所可能采取的大胆创新。因而，"偶然唯物论"正是阿尔都塞从发展历史唯物主义的角度，尝试为马克思主义之后两项最伟大的共产主义运动——俄国与中国的成功革命，建立与此实践相匹配的哲学理论。"形势""偶然性""多元决定"就是他对于无产阶级政党在紧张的革命斗争中所积累的方法经验在哲学中的概念化阐释，也是他为法国共产党的理论与指导思想提供的诚恳建议。因而，"重要的不是理论的纯洁性，而是理论在具体历史形势中的效用，就像列宁曾经在面对具体历史形势时那样，反对第二国际的背景行为时，列宁回到了马克思的真正思想，提出了'形势'概念，'形势'概念相当于'当下'，是政治实践的具体目标"①。

　　哲学要关注当下的政治实践目标，偶然唯物论（也包括多元决定论）实则是一种"一万年太久，只争朝夕"的社会历史理论。阿尔都塞就是要通过这一理论引导无产阶级关注具体"形势"和突发"事件"，不要好高骛远，也不要追溯往昔，而是集中精力关注当下，仔细分析在西欧发达资本主义社会形态下革命斗争的可能性空间与有利因素，探索无产阶级在新历史背景下展开革命斗争所可能采取的方式方法、路线策略。现实政治问题是复杂的，不细致地思考、不认真地对待当下最真实的斗争形势，是对无产阶级革命事业的不负责。而资产阶级意识形态中最危险的黑格尔主义，总是以一种优美的升华与和解将复杂的历史情况与具体斗争实践作以抽象还原，仿佛一本哲学读物、一节哲学课程就能解决现实政治问题。因而理论的当下任务，就是从根本上改造黑格尔辩证法的基本结构，即彻底抛弃简单的矛盾对立统一以及总体性前提下的各要素自我实现的

①　〔英〕斯图亚特·西姆：《后马克思主义思想史》，吕增奎、陈红译，江苏人民出版社，2011，第96页。

运动模式，而把整个社会看成有着复杂结构整体与充满历史偶然的存在，这样才能为无产阶级的革命政治实践提供与时俱进的理论指导。

因而，"多元决定"就是阿尔都塞面向"当下"成功发动的一次理论突围，偶然唯物论则是这次战术性突围在哲学战略层面的抽象演示。与强调同质下的历史演绎方法大为不同，"多元决定"概念突出共时性条件下对历史结构层理的分析。"每个矛盾、结构的每个基本环节，主导结构中各环节间的一般关系，都是复杂整体本身的存在条件。"① 因此，没有哪个单一的矛盾或因素会一直起作用，主要矛盾或因素也只是阶段性地起作用，且这种作用的发挥一来要通过社会结构整体来实现，二来又不能离开与其他矛盾的相互联系。基于此，社会实践中的每一个环节与构成部分，如经济、政治、意识形态、法律、工会、艺术、哲学等都相对地独立出来，共同构成了社会形态的不平衡关系。伴随着这种社会理论的细化，历史发展的偶然性与多元性，无产阶级革命行动的自主性与灵活性也就被释放了出来。这就不难解释阿尔都塞为何不认同经典的历史唯物主义的意识形态只是社会经济存在的附属的看法，而倾尽心力去研究诸意识形态国家机器并开展意识形态领域的斗争，因为这可能是西欧的无产阶级唯一可以利用资产阶级的法权保障（言论自由）而"合法地"向其进攻的途径。这就是20世纪冷战对峙下西欧革命的现实，也是理论与实践在当下的最有效的统一。

---

① 〔法〕阿尔都塞：《保卫马克思》，顾良译，商务印书馆，2010，第200页。

结束语

来日方长：对阿尔都塞的批评与反思

> 哲学家们只是用不同的方式解释世界，问题在于改变
> 世界。①
>
> 批判的武器当然不能代替武器的批判，物质力量只能
> 用物质力量来摧毁；但是理论一经掌握群众，也会变成物
> 质力量。理论只要说服人［ad hominem］，就能掌握群众；
> 而理论只要彻底，就能说服人［ad hominem］。②

1985 年，阿尔都塞在回顾自己一生的自传性著作《来日方长：
阿尔都塞自传》的卷首语写下了这样一句话："想要平息内心的不
安，却只是没完没了地招致新的不安，这或许就是我的命运。"③ 实
际上，这种不安不仅是阿尔都塞一生坎坷命运的写照，也是他一生
思想经历的真实写照。在能列入西方马克思主义学术谱系的思想家
行列中，阿尔都塞无论从哪个角度看，都是十分特殊的。在他充满
矛盾与张力、庞杂且多义的理论文本中，阿尔都塞呈现了复杂又多
元的思想面相。不过在众多的思想面相中，我们可以直观地发现一

---

① 《马克思恩格斯文集》第 1 卷，人民出版社，2009，第 502 页。
② 《马克思恩格斯文集》第 1 卷，人民出版社，2009，第 11 页。
③ 〔法〕阿尔都塞：《来日方长：阿尔都塞自传》，蔡鸿滨译，陈越校，上海人民出
版社，2013，第 19 页。

个"占主导地位的"阿尔都塞形象：一位在自己的哲学实践中自觉介入革命政治的马克思主义战士。斗争与革命，这些从属于阶级政治的名词却与一位生活在象牙塔内的知识精英奇妙地贴合在了一起。而这种在理论与现实的张力间的紧张平衡，在哲学与政治的两极间频繁穿梭的思想努力，或许正是阿尔都塞饱受争议与误解的根源，也是他内心不安的缘由所在。

正如西蒙·乔特所言，阿尔都塞的思想在整个西方马克思主义的思想谱系中是"独一无二，不可轻易归类的"。① 表面上看，阿尔都塞与其他西方马克思主义哲学家无异，爱好谈论哲学（阿尔都塞在 1965 年的著作更强化了人们对于其哲学只是提供一种新认识论的看法），接受非马克思主义的思想，供职于高等院校与科研机构，反对教条主义的经济决定论，对苏联与斯大林主义持批评态度。但仔细考察就会发现，与绝大多数的西方马克思主义者不同，阿尔都塞虽然热衷于哲学，但从没有放弃言说政治（详细分析当代资本主义国家的统治机制以及在这种机制下如何发起反抗斗争）；接受非马克思主义的思想，但又坚持马克思主义的基本原则和学术立场；供职于高等院校，却又始终留在党内并为党工作（虽然是以自己认为正确的理论方式）；反对教条主义的经济决定论，但同时又强调"归根到底"，并拒绝青年马克思以及人道主义思潮；对苏联与斯大林主义持批评态度，却对列宁推崇备至……这些不可归类性，使得很多对于西方马克思主义者的整体评价都不能适用于阿尔都塞。②

在战后西欧的冷战态势中，一切意识形态话题只要表现出与资

---

① Simon Choat, *Marx through Post-Structuralism*: *Lyotard*, *Derrida*, *Foucault*, *Deleuze*, London: Continuum, 2010, p. 18.

② 如佩里·安德森的评价："西方马克思主义整个说来，似乎令人困惑地倒转了马克思本身的发展轨道。马克思这位历史唯物主义的创始人，不断从哲学转向政治学和经济学，以此作为他的思想的中心部分；而 1920 以后涌现的这个传统的继承者们，却不断地从经济学和政治学转回到哲学——放弃了直接涉及成熟马克思所极为关切的问题，几乎同马克思放弃直接追求他青年时期所推论的问题一样彻底。在这一意义上，似乎整整转了一个循环。"见〔英〕佩里·安德森《西方马克思主义探讨》，高铦、文贯中、魏章玲译，人民出版社，1981，第68～69页。

本主义过分异己的政治倾向，尤其是与敌对阵营的共产主义信仰交往过密时，都将遭到来自意识形态国家机器的毫不留情的镇压（或许在阿尔都塞看来，彼时的学术共同体也早已隶属于意识形态国家机器的范畴）。学术讨论最好不要与社会主义有什么瓜葛，甚至最好不要与"政治"有什么关系，几乎逐渐成为西方学界所共同认可的政治正确。在这种压抑的政治与哲学背景下，马克思主义与共产党的政治实践都陷入了困境与危机。而就在这种充满意识形态提防与哲学偏见的情况下，阿尔都塞却旗帜鲜明地谈论革命政治与理论斗争，回击资产阶级意识形态与唯心主义哲学对马克思主义的抹黑。并且从整体的学术谱系来看，阿尔都塞的理论工作也没有完全跳出马克思主义的问题框架；相反，得益于结构主义与列宁、葛兰西、毛泽东的革命理论的支持，阿尔都塞进入了马克思主义的概念深处，创造性地阐发了马克思主义的空间地形学与国家理论，还提出了在新形势下无产阶级政治实践的新方式方法、党的理论建设与意识形态领导权、党的组织理论与工农关系等一系列关于科学社会主义和无产阶级斗争实践的基本理论问题。可以说，马克思主义理论中哲学与政治、理论与实践曾有过的紧密关系在阿尔都塞的理论斗争历程中得到了恢复，阿尔都塞对马克思主义的学术立场与理论生命力进行了极富个人色彩的呈现与证明。

效仿马克思投入理论斗争，在《在哲学中成为马克思主义者容易吗？》中，阿尔都塞解释了自己为何必须介入这种形势的原因："这些环境使我不得不投入战斗。就像为《莱茵报》撰稿的青年马克思'被迫在一些实际问题上发表意见'（讨论林木盗窃或普鲁士的书报检查令）一样，我不久也被迫在一些马克思主义理论的焦点问题上'发表意见'……这便是碰巧在 1960 年我必须为《思想》杂志写一篇简评，评论一本关于青年马克思的国际性论文集。[①] 这篇评论成了一次反击，它不是简单地指责那些公认的论点，

---

① 即《论青年马克思（理论问题）》一文，收录于《保卫马克思》[编者注]。

而是从侧翼攻击它们。"①这种直指现实的理论自觉与亲近无产阶级的政治关怀，正是阿尔都塞一生最核心的命题。阿尔都塞无意构建一个完整的理论体系，对于他来说，这是理论走出单纯的文本解释、走向外部现实所必须承担的风险。哲学与政治的形势时刻在变，他不得不反复调整自己的理论话语，不断在马克思主义、结构主义、精神分析学等学术资源间融合对话，这也就是其理论和文本内部有着如此之大的矛盾与张力的原因。对于阿尔都塞来说，科学理论的全部价值就在于牢记恩格斯的教导："马克思的整个世界观不是教义，而是方法。它提供的不是现成的教条，而是进一步研究的出发点和供这种研究使用的方法。"② 因而，马克思主义活的灵魂——具体问题具体分析，在阿尔都塞的理解中，就成了关于唯物主义的唯一概念界定。对这一原则的坚持，体现在理论斗争中，即拒绝一切预先设定的逻辑秩序，反对追索世界起源与事物本质的唯心主义；表现在马克思主义理论自身的发展上，即坚持理论的现实性与政治性，反对理论的教条化与公式化。

当然，以上看法并不是在强调，阿尔都塞以及他解读下的马克思由于坚持了某些马克思主义的基本原则，就有了免遭学术批评的"护身符"。事实上，口头的反复表态正是现实行动缺失的表现，阿尔都塞始终看重的理论的现实性与政治性恰恰是其内在思想困境的根源。阿尔都塞的后期理论愈加激进化、学术化，乃至于晚年的重要理论写作——偶然唯物论，几乎成了少数学院派专家才能掌握的"交流密语"。这种单纯依靠个体的学术力量来突破资本主义稳固的社会权力秩序的私人行动，正是阿尔都塞逐渐远离阶级政治现实而转向学术精英主义的表现。

按照马克思主义经典的革命理论，革命政治是集体化的政治行动，需要党的坚强领导和大规模的组织动员。从这一点看，这种组

---

① 〔法〕阿尔都塞：《在哲学中成为马克思主义者容易吗？》，载陈越编译《哲学与政治：阿尔都塞读本》，吉林人民出版社，2003，第175~176页。

② 《马克思恩格斯文集》第10卷，人民出版社，2009，第691页。

织准备与客观条件已与阿尔都塞所处的历史时代相去甚远。随着战后经济的重新繁荣，西欧各国大幅度调整了劳工政策并进行了福利体制改革，劳动工人的阶级属性日渐模糊，西欧爆发无产阶级革命的可能性越来越低；代表工人阶级利益的法国共产党也日益丧失先锋队的性质，逐渐远离工会组织并成为资本主义国家统治机器的一部分。面对阶级政治的退潮与消沉，阿尔都塞不得不痛苦地思索，如果集体政治行动不再可能，阶级斗争又能在哪个领域、通过什么形式继续进行呢？"意识形态解放"或许就成了唯一可供替换的形式。我们看到，20 世纪 70 年代之后，包括阿尔都塞在内的整个西方左翼便开始了激进化的意识形态解放运动，把哲学与政治直接关联起来。与之相伴随的，则是学院派思想家的整体崛起，通过广泛探讨文化与意识形态领域的社会现象，进而对资本主义的思想控制展开全新的分析与批判。在这一学术历程中，阿尔都塞在 20 世纪 70 年代的学术表态"哲学是理论中的阶级斗争""哲学都是有党性的"，以及他的意识形态国家机器理论无不体现着这一时代的理论特征。正如伊格尔顿的观察："尽管政治上受困，但他们可以利用他们巨大的文化资源来对抗文化作用正变得越来越重要的资本主义，从而证明他们依然和政治挂钩。"①

　　不过，与群众运动的长期隔绝对阿尔都塞的理论影响是致命的。由于缺乏阶级的革命政治实践对于理论反思的反哺，阿尔都塞就不能单纯地把马克思的著作作为全部理论建构的资料来源，这也就必然导致一种认识倾向，即发现某一观点原则是属于马克思的，但又是暗藏于马克思思想中没有被清晰或充分地表达过。因而研究马克思的理论只是研究发展马克思主义的入门和起步，研究者必须将这些观点原则清理出来，并在其他理论资源的帮助下使之表述完整。在以《保卫马克思》与《读〈资本论〉》为代表的阿尔都塞的全部作品中，我们都能看到这种研究意识在发挥着决定性作用。

　　与此同时，对马克思理论的补充表述也就意味着，阿尔都塞必

---

① 〔英〕特里·伊格尔顿：《理论之后》，商正译，商务印书馆，2009，第 31 页。

须返回马克思之前的哲学或是同当下的哲学思潮相结合来寻找理论资源。所以，理论的悖论就出现了，阿尔都塞一边激进化地表达自己的反意识形态、反形而上学的政治立场，但其学术风格与概念话语实则又不断地接近当代的资产阶级文化，在不经意间成为意识形态话语本身的辩证法环节，即"马克思主义理论同无产阶级政治实践之间原有的关系，却微妙而持续地被马克思主义理论同资产阶级理论之间的一种新的关系所取代"①。因而，如果说以《列宁和哲学》《论再生产》为代表的作品尚可纳入马克思主义理论与无产阶级革命理论的范畴之中，那么自20世纪70年代后期开始，以关于马基雅维利的一系列阐释性作品为代表，阿尔都塞所寻找的"一个在哲学史上几乎完全不被认可的唯物主义传统"② 就很难再辨认出马克思主义的理论色彩，用阿尔都塞自己的话说："（这）将不再是马克思主义哲学：它将成为保卫马克思主义的一门哲学。"③

所以，就西方马克思主义学术谱系的共同特征来说，阿尔都塞也只是在一定程度上做到了对西方马克思主义理论的思想破局与范式转换。虽然他在哲学中引入了列宁、毛泽东等革命导师的思想，但这只不过是将"解释世界"的对象转向了马克思之后成功了的革命实践经验。当然这种研究是极有价值和具有方向意义的，但也绝不可能达到阿尔都塞所想要的理论的直接在场性。在革命政治日益无望之时，阿尔都塞也同其他西方马克思主义理论家一样，重新回到哲学的象牙塔，最终深陷于无力改变世界的抽象认识论之中。当然，阿尔都塞为了推动阶级革命的发展而精心建构与补充的"马克思主义"，最后也悖论性地将斗争行动带离了阶级政治的范畴。虽然从纯粹学术的意义上看，阿尔都塞晚年的思想并不能被纳入唯心主义的哲学传统，

---

① 〔英〕佩里·安德森：《西方马克思主义探讨》，高铦、文贯中、魏章玲译，人民出版社，1981，第72页。

② 〔法〕阿尔都塞：《马基雅维利和我们》，载陈越编译《哲学与政治：阿尔都塞读本》，吉林人民出版社，2003，第376页。

③ Louis Althusser, *Philosophy of the Encounter: Later Writings, 1978-1987*, edited by Francois Matheron and Oliver Corpet, translated with an Introduction by G. M. Goshgarian, London and New York: Verso, 2006, pp. 257-258.

但这一理论在实践行动上的现实无力与政治空想已同唯心主义并无二致了。正如柯林尼可斯在《阿图塞的马克思主义》一书中的观点，阿尔都塞哲学介入政治的事业"从根本上还是一种认识论的思考"①。

　　除了理论整体最终出现哲学化、学院化倒退的问题之外，对于无产阶级革命政治来说，阿尔都塞晚年关于"新君主"和偶然唯物论的构想中还潜藏着一种危险的倾向，即能够推动革命形势向前或取得革命行动成功的只能是一个拥有超强个人能力与品质，并得到历史机遇眷顾的"新君主"。这种政治强人式的主体设定，在一定程度上暗示了阿尔都塞有着革命的唯意志论倾向。事实上，这一倾向在他前期的思想中已有类似的苗头。在阿尔都塞20世纪60年代中期到70年代中期的作品中，由于其认定意识形态早已国家化、制度化，那么就不可能有人逃离资本主义社会的"无意识之幕"而拥有革命斗争的自觉性；换言之，阶级斗争只能在意识形态的背景之下展开，即使经济领域与政治领域的阶级斗争起着最终改变历史的作用，但意识形态领域的斗争却是当下阶级斗争的唯一选项，甚至可能是促进政治革命爆发的唯一希望。这是一个令人感到消沉的理论推论，在这种社会形势下，对于回答"革命政治何以可能"的问题，阿尔都塞必须在两种相互矛盾的政治路线间做出选择：是集体化的革命行动还是私人化的政治抗争，是阶级革命还是泛化为一种左派反抗运动。从阿尔都塞的文本中，我们也能清晰地看到他在这一核心问题上前后期的矛盾，甚至于在同一时期的左右摇摆：

　　　　创造历史的不是理论家、科学家或哲学家，也不是"人们"，而是"群众"，即在同一场阶级斗争中被联合起来的各阶级。②

　　　　哲学的、意识形态的和政治的整个难题，就是为了和平与

① 〔英〕柯林尼可斯：《阿图塞的马克思主义》，杜章智译，（台北）远流出版事业股份有限公司，1990，第148页。

② 〔法〕阿尔都塞：《列宁和哲学》，载陈越编译《哲学与政治：阿尔都塞读本》，吉林人民出版社，2003，第169页。

自由，在意识形态上把这些不可胜数的群众运动联合起来。为了这个目的，最好创立"国际解放运动"，一种与某个没有领导但相互提供信息从而有经验交流的中心相联合的运动……"国际解放运动"将向所有人敞开，而且打算完全尊重所有人的自由。我们要把它变成一场真正独立的民主运动。①

整个 20 世纪 70 年代，阿尔都塞都处于哲学与政治、理论与实践的巨大拉扯之中，但随着阿尔都塞在政治上不断加深的现实绝望感，理论的逻辑最终得出了两个看似矛盾实则统一的悲观结论。第一，由于意识形态已彻底国家化、组织化与制度化，所有主体只要进入某一组织或政党，或者说只要进入社会秩序之中，都将面临着被无处不在的意识形态国家机器建构与规训的命运，因而任意个人或组织的社会反抗行为都具有革命意义和历史进步性。毫无疑问，这是一种革命的无政府主义和阶级虚无主义。第二，要唤醒人们的反叛意识，只能依靠某位（one）拥有非凡政治能力和理论素养的强者，他能够抓住历史机遇（是历史的偶然，也是理论的断裂），跳出意识形态的封锁，展现历史发展的可能性并带领人们进行政治行动。那么，这又是一种革命的唯意志论和个人英雄主义。

革命的无政府主义与革命的唯意志论，两个互相矛盾的政治路线，虽然提供了反抗资产阶级国家机器的新路，却在革命的发生机制与革命的主体力量两个核心问题上都绕开了无产阶级政党以及无产阶级革命群众。这是危险的，也是反动的，只是在理论逻辑上能留下一线希望。我们从阿尔都塞在后期关于马基雅维利和偶然唯物论的解读中便能看到②，寄希望于事件性的偶然和机缘来实现历史发展的必然（注重历史的微观细节而忽略历史的宏观走势），只根据短期的形势变化来拟定当下的行动策略（将"具体问题具体分析"的

---

① 〔法〕L. 阿尔都塞：《论偶然唯物主义》，吴志峰译，《马克思主义与现实》2017年第 4 期。

② 事实上，从早期的"多元决定论"中，我们已能窥见阿尔都塞在晚年将要选择的政治道路。

原则单纯置于理论中进行抽象思考，而不是在斗争实践中灵活把握），革命的主体既不是党又不是某个特定阶级，而是在不断变化的形势中，随机被决定和被理论不停建构出的某人（one）。① 这种所谓的激进革命理论与激进政治行动，终究只是学习到了列宁和毛泽东思想的皮毛，而不可能产生现实革命之实。毛泽东在国内革命战争时期就曾反复告诫党内同志，希望不通过调查研究、不通过参与一线的劳动实践和革命斗争、不坚持长期的斗争准备并进行广泛的群众工作和组织动员，这只会导致机会主义和盲动主义错误。②

　　总之，革命行动如果没有统一的领导、奋斗目标、革命纲领、斗争策略，从根本上说就是政治幼稚与政治空想。虽然阿尔都塞认为偶然唯物论代表着人们可以随时因时借势行动起来，但这种反抗终究是脱离革命政治实际的。

　　当然，阿尔都塞的哲学实践所导致的最终理论结果是政治实践上的失败，但这并不代表着这一理论毫无创建之处。公允地看，阿尔都塞重新认识当代资本主义社会形态，进而对无产阶级的政治实践作积极的筹划，其最大意义就在于，为马克思主义理论的继续创新以及政治上的激进行动不断打开了新的可能性空间。从思想史的视角看，阿尔都塞的多元决定论、空间地形学、"新君主"以及晚年的偶然唯物论，突破了西方思辨同一性哲学的传统框架，建构了一种更为激进和开放的历史政治理论，并将主体与革命的关系带入了一个增殖性的理论场域中，从而成功摆脱了进步的历史主义和主体的实践哲学的陈词滥调。在后结构主义和后现代思潮中，消解人的主体性，转向微观政治与身份政治，进而开启各种新的政治与权力话语等议题，其理论渊源在很大程度上就是得益于阿尔都塞的创新性突破，得益于他指出的在现代社会中人将永远无法获得自治的基本事实。③

　　实际上，从阿尔都塞的理论命运乃至人生命运中都折射出了整

---

① 或许阿尔都塞特殊的身份也能从侧面证明，作为一位供职于巴黎高等师范学院的共产党基层党员，他关于革命主体的寻找确实有着认识上的局限。
② 参见《毛泽东选集》第1卷，人民出版社，1991，第109~116页。
③ 当然，后结构主义的立场也反过来影响了阿尔都塞晚年的思考，两者相互影响。

个西方左翼思想所面对的内在理论缺陷与生存困境，即哲学家在人民主体与思想精英、实践主体与理论主体间始终存在识别与归属上的张力。对于身处悠久唯心主义传统中的西方哲学家来说，思想性的主体才是"上帝"。这就必然导致一个疑问，哲学对革命的辩护是为了无产阶级与人民大众，还是为了其思想性的自身证明与心理认同，这种精神冲动究竟是为了做革命"导师"还是成为普通无产阶级的一分子。困扰西方思想界两千年的"哲学王"问题依旧挥之不去，这几乎成为西方左翼政治思想的共性规律。实际上，这就自然引出了一个非常深刻的反启蒙话题：在寻求绝对确定性真理的道路上，主体是不能缺席的。理性的每一次扩张都需要一个创造性的理论主体来推动，这既是法国哲学中"我思"传统的延续，也是知识与权力的必然合谋。弗朗西斯·培根曾说"知识就是力量"，在经历了世界几百年的剧变之后，这句名言已异化为了"知识就是权力"。① 事实上，科耶夫就曾说过几乎是历史预言的话：

> 知识分子不行动（因而不造就自己），他仅仅对在他自己身上的东西感兴趣，即对他的天赋"本性"感兴趣。他的本性是人的本性，因为他生活在社会中，受其他人的创造活动"教育"（gebildet）。所以，他谈论自己的本性时，是在谈论人。但是，他所说的东西是假的，因为他不理解"人的真正存在是他的行动"。②

总之，在阿尔都塞哲学思想中始终有挥之不去的"理论主义"色彩。毕竟，思维中的理论实践不可能完全代替现实中的政治实践，即使理论具备了现实的政治性，也不意味着理论就具备了现实的实践性。归根结底，理论实践仍主要是在意识与理论领域中进行，阿

---

① "知识就是力量""知识就是权力"两者的英文均为"Knowledge is power"。
② 〔法〕亚历山大·科耶夫：《黑格尔导读》，姜志辉译，译林出版社，2005，第103页。

尔都塞实际上是依赖理论实践与知识生产意图推动社会政治革命，这是一个几乎不可能完成的目标。阿尔都塞遭遇的始终是这个难题："虽然意识形态的阶级斗争为政治斗争准备了条件，并对政治斗争的承担者（革命阶级）进行动员，因而决定着政治斗争本身的作用力，但它本身不可能是对政治的历史'终审'。"①

将哲学政治化，同时又将政治哲学化，最终成为理论与实践真正统一的化身。这使阿尔都塞始终面对着理论主体与政治行动之间关系的难题。哲学家的身份要求阿尔都塞趋向于纯思想的研究，将实践纳入理论中来表述；而马克思主义的立场又要求他的理论必须服务实践，克制思想主体对革命主体的僭越，考虑组织化革命的可能性。作为党内边缘的理论家，阿尔都塞挣扎于哲学的学理性与政治的实践性之间，他唯一的选择只能是由理论介入政治。事实上，在必然王国与自由王国之间，在这一宏伟的历史目标与无力于让其在当下实现的矛盾之间，必然存在着永恒的张力。这也是包括当代法国马克思主义哲学在内，整个西方左翼思想存在的普遍困境。在西方马克思主义理论的内部争论中，的确许多是关于政治的而不是关于哲学的。在理论上，作为马克思理论谱系中的思想自然应当表达某种政治立场或投身于某个具体的历史形势中，但这种单纯依托话语表述的方式始终是抽象的。因为理论可以轻松证明无论支持还是反对任何立场都是有道理的，但这样做却不能在现实中改变任何东西。在脱离真正的革命实践与无产阶级运动的前提下，始终不得不依靠某个思想家发明的革命理论来推动政治行动。但这些革命理论最终只会证明，其不过是阻碍革命行动的又一个流行的唯心主义理论。这就解释了，西方马克思主义为何最终都偏离了真正的马克思甚至放弃了马克思的政治理想。当革命成功的可能性越来越渺茫时，思想失去现实的支撑，结局必然是背叛革命；或者反过来说，日益脱离革命实践与人民群众，理论构想只能是面向抽象的政治，

---

① 〔法〕巴利巴尔：《法文版序：阿尔都塞和"意识形态国家机器"》，载〔法〕阿尔都塞《论再生产》，吴子枫译，西北大学出版社，2019，第11页。

其理论的思辨性最终会背离马克思。正如佩里·安德森所指出的："从 1924 年到 1968 年，马克思主义并没有'停顿'，但它是沿着一条离开一切革命政治实践的永无止境的曲折道路前进的……西方马克思主义的重要著作都毫无例外地产生于政治上孤立和失望的环境之中。"①

与其他哲学与政治理论不同，马克思主义最鲜明的思想特征就是永远面向现实的理论批判与实践行动。马克思曾指出："哲学家们只是用不同的方式解释世界，问题在于改变世界。"② 革命实践需要科学理论指导，但理论创新必须来源于实践的创新。"不断实现理论创新和实践创新良性互动"是马克思主义哲学和无产阶级政党理论中的永恒命题，同时也是所有马克思主义者与理论家都必须时刻思考的永恒命题。因而在最根本的意义上，阿尔都塞政治思想的独创与不足只有从理论与实践关系的角度来审视，才能获得最准确的认知。翻看阿尔都塞的思想履历，在他反对经济决定论对革命原因的教条认识，重视列宁哲学与毛泽东思想中的理论智慧，强调哲学与政治的紧密结合，希望将哲学研究拉回到对无产阶级政治实践的具体表述中，尤其是晚年提出的"事件""偶然/机遇"等历史与政治概念，都凸显了他注重革命实践与真实历史的政治觉悟和理论自觉。更难能可贵的是，当他谈到历史的"偶然/机遇"时，似乎已经能够预见到历史进步的必然性链条在欧洲已经断裂，人类历史的未来希望与主体担纲者极可能出现在其他地区。而 20 世纪以来的世界历史已经证明，世界无产阶级革命与建设实践的中心就已经转移到了东方。但令人遗憾的是，作为整体脱离无产阶级革命与建设实践的西方知识分子群体中的一员，"欧洲—西方中心主义"最终限制了阿尔都塞的视野。西欧资本主义欣欣向荣的现实约束使西方马克思主义者无力于在制度层面寻求直接改变，在组织化革命渐行渐远的时代背景

① 〔英〕佩里·安德森：《西方马克思主义探讨》，高铦、文贯中、魏章玲译，人民出版社，1981，第 57~58 页。
② 《马克思恩格斯文集》第 1 卷，人民出版社，2009，第 502 页。

下，西方马克思主义者只能尝试在"经济—阶级—革命"概念的必然性断裂之处接入革命实践的可能性，这就是我们所熟知的"批判理论"与"激进政治"，但这些思想无一不是在极度失望与无奈的情绪下于思维世界中搭建的革命想象。

最后，对于阿尔都塞哲学思想的研究，除了获取以上必要的知识性成果外，我们或许还要思考，作为亲身经历了中国伟大变革的新一代学人，应该如何总结与书写我国的社会主义革命、建设和改革的经验；作为在无产阶级理论与实践结合最紧密的中国成长起来的马克思主义理论者，我们更需要处理好思想性与实践性、政治性与学理性的有机统一问题，思考理论如何才能面向群众、面向实践、面向未来。

参考文献

一　中文文献

（一）著作

[1]《马克思恩格斯全集》，第1、2、3、19、33卷，人民出版社，1995。

[2]《马克思恩格斯文集》，第1、3、10卷，人民出版社，2009。

[3]《列宁全集》，第6、23、29卷，人民出版社，1985。

[4]《毛泽东选集》第1卷，人民出版社，1991。

[5]〔法〕阿尔都塞：《保卫马克思》，顾良译，商务印书馆，2013。

[6]〔法〕阿尔都塞、巴里巴尔：《读〈资本论〉》，李其庆、冯文光译，中央编译出版社，2008。

[7]陈越编译《哲学与政治：阿尔都塞读本》，吉林人民出版社，2003。

[8]〔法〕阿尔都塞：《黑格尔的幽灵——政治哲学论文集》[I]，唐正东、吴静译，南京大学出版社，2005。

[9]〔法〕阿图塞（阿尔都塞）：《自我批评论文集》，杜章智、沈起予译，（台北）远流出版事业股份有限公司，1990。

[10]〔法〕阿图塞（阿尔都塞）等：《自我批评论文集（补卷）》，林泣明等译，（台北）远流出版事业股份有限公司，1991。

[11]〔法〕阿尔都塞：《来日方长：阿尔都塞自传》，蔡鸿滨译，陈越校，上海人民出版社，2013。

[12]〔法〕阿尔都塞：《政治与历史：从马基雅维利到马克思（1955—

1972 年高等师范学校讲义）》，吴子枫译，西北大学出版
社，2018。

[13]〔法〕阿尔都塞：《论再生产》，吴子枫译，西北大学出版社，
2019。

[14]〔法〕阿尔都塞：《孟德斯鸠：政治与历史》，霍炬、陈越译，
西北大学出版社，2020。

[15]〔法〕阿尔都塞：《在哲学中成为马克思主义者》，吴子枫译，
北京出版社，2022。

[16]〔法〕阿尔都塞：《怎么办?》，陈越、王宁泊、张靖松译，西北
大学出版社，2023。

[17]〔英〕佩里·安德森：《西方马克思主义探讨》，高铦、文贯
中、魏章玲译，人民出版社，1981。

[18]〔英〕佩里·安德森：《当代西方马克思主义》，余文烈译，东
方出版社，1989。

[19]〔希腊〕柯林尼可斯：《阿图塞的马克思主义》，杜章智译，
（台北）远流出版事业股份有限公司，1994。

[20]〔日〕今村仁司：《阿尔都塞——认识论的断裂》，牛建科译，
河北教育出版社，2001。

[21]〔法〕卢克·费雷特：《导读阿尔都塞》，田延译，重庆大学出
版社，2014。

[22]〔古希腊〕伊壁鸠鲁、〔古罗马〕卢克来修：《自然与快乐：伊
壁鸠鲁的哲学》，包利民等译，中国社会科学出版社，2004。

[23]〔意〕尼科洛·马基雅维里：《君主论》，潘汉典译，商务印书
馆，2009。

[24]〔法〕卢梭：《社会契约论》，何兆武译，商务印书馆，2003。

[25]〔德〕黑格尔：《法哲学原理》，范扬、张企泰译，商务印书馆，
1961。

[26]〔法〕孔德：《论实证精神》，黄建华译，北京联合出版公司，
2013。

[27]〔德〕海德格尔:《海德格尔选集》(上、下),孙周兴选编,生活·读书·新知三联书店,1997。

[28]〔匈牙利〕卢卡奇:《历史与阶级意识》,杜章智、任立、燕宏远译,商务印书馆,1999。

[29]〔意〕葛兰西:《狱中札记》,葆煦译,人民出版社,1983。

[30]〔意〕葛兰西:《现代君主论》,陈越译,上海人民出版社,2006。

[31]〔德〕霍克海默、〔德〕阿道尔诺:《启蒙辩证法——哲学断片》,渠敬东等译,上海人民出版社,2006。

[32]〔德〕阿多尔诺:《否定的辩证法》,张峰译,重庆出版社,1993。

[33]〔德〕哈贝马斯:《理论与实践》,郭官义、李黎译,社会科学文献出版社,2010。

[34]〔德〕哈贝马斯:《重建历史唯物主义》,郭官义译,社会科学文献出版社,2000。

[35]〔法〕亚历山大·科耶夫:《黑格尔导读》,姜志辉译,译林出版社,2005。

[36]〔法〕奥弗莱:《亚历山大·科耶夫:哲学、国家与历史的终结》,张尧均译,商务印书馆,2013。

[37]〔法〕萨特:《辩证理性批判》,徐懋庸译,商务印书馆,1963。

[38]〔法〕克洛德·列维-斯特劳斯:《结构人类学》(1),张祖健译,中国人民大学出版社,2006。

[39]〔法〕克洛德·列维-斯特劳斯:《野性的思维》,李幼蒸译,中国人民大学出版社,2006。

[40]〔法〕雷蒙·阿隆:《想象的马克思主义:从一个神圣家族到另一个神圣家族》,姜志辉译,上海译文出版社,2007。

[41]〔法〕布尔迪约、〔法〕帕斯隆:《继承人——大学生与文化》,刑克超译,商务印书馆,2002。

[42]〔法〕皮埃尔·布尔迪厄:《帕斯卡尔式的沉思》,刘晖译,生活·读书·新知三联书店,2009。

［43］〔法〕莫里斯·梅洛-庞蒂：《辩证法的历险》，杨大春、张尧均译，上海译文出版社，2009。

［44］〔法〕罗兰·巴尔特：《文艺批评文集》，怀宇译，中国人民大学出版社，2010。

［45］〔法〕拉康：《拉康选集》，褚孝泉译，上海三联书店，2001。

［46］〔法〕米歇尔·福柯：《古典时代疯狂史》，林志明译，生活·读书·新知三联书店，2005。

［47］〔法〕米歇尔·福柯：《词与物：人文科学考古学》，莫伟民译，上海三联书店，2001。

［48］〔法〕福柯：《规训与惩罚：监狱的诞生》，刘北成、杨远婴译，生活·读书·新知三联书店，1999。

［49］〔法〕福柯：《知识考古学》，谢强、马月译，生活·读书·新知三联书店，2007。

［50］〔法〕德里达：《书写与差异》，张宁译，生活·读书·新知三联书店，2001。

［51］〔法〕德勒兹：《斯宾诺莎的实践哲学》，冯炳昆译，商务印书馆，2005。

［52］〔希腊〕尼克斯·普朗查斯：《政治权力与社会阶级》，叶林、王宏周、马清文译，中国社会科学出版社，1982。

［53］〔阿根廷〕拉克劳、〔比利时〕墨菲：《领导权与社会主义的策略》，尹树广等译，黑龙江人民出版社，2003。

［54］〔比利时〕尚塔尔·墨菲：《政治的回归》，王恒、臧佩洪译，江苏人民出版社，2005。

［55］〔斯洛文尼亚〕斯拉沃热·齐泽克：《意识形态的崇高客体》，季广茂译，中央编译出版社，2002。

［56］〔斯洛文尼亚〕斯拉沃热·齐泽克等：《偶然性、霸权和普遍性——关于左派的当代对话》，胡大平等译，江苏人民出版社，2004。

［57］〔法〕让-马克·夸克：《合法性与政治》，佟心平、王远飞译，

中央编译出版社，2002。

[58]〔美〕西达·斯考切波：《国家与社会革命：对法国、俄国和中国的比较分析》，何俊志、王学东译，上海人民出版社，2015。

[59]〔英〕约翰·斯特罗克编《结构主义以来：从列维-斯特劳斯到德里达》，渠东、李康、李猛译，辽宁教育出版社，1998。

[60]〔美〕丹尼尔·贝尔：《意识形态的终结：50年代政治观念衰微之考察》，张国清译，江苏人民出版社，2001。

[61]〔美〕贝斯特、〔美〕凯尔纳等：《后现代理论：批判性的质疑》，张志斌译，中央编译出版社，2004。

[62]〔美〕诺曼·莱文：《不同的路径：马克思主义与恩格斯主义中的黑格尔》，臧峰宇译，北京师范大学出版社，2009。

[63]〔美〕诺曼·莱文：《辩证法内部对话》，张翼星等译，云南人民出版社，1997。

[64]〔美〕詹明信著，张旭东编《晚期资本主义的文化逻辑》，陈清侨等译，生活·读书·新知三联书店，2013。

[65]〔英〕斯图亚特·西姆：《后马克思主义思想史》，吕增奎、陈红译，江苏人民出版社，2011。

[66]〔美〕爱德华·W. 苏贾：《后现代地理学：重申批判社会理论中的空间》，王文斌译，商务印书馆，2007。

[67]〔美〕理查德·皮特：《现代地理学思想》，周尚意等译，商务印书馆，2007。

[68]〔英〕戴维·麦克莱伦：《马克思以后的马克思主义》，李智译，中国人民大学出版社，2008。

[69]〔英〕里格比：《马克思主义与历史学：一种批判性的研究》，吴英译，译林出版社，2012。

[70]〔意大利〕安琪楼·夸特罗其、〔英〕汤姆·奈仁：《法国1968：终结的开始》，赵刚译，生活·读书·新知三联书店，2001。

[71]〔法〕让-皮埃尔·勒·戈夫：《1968年5月，无奈的遗产》，胡尧步、韦东、高璐译，中国青年出版社，2007。

［72］〔法〕贝尔纳-亨利·雷威:《自由的冒险历程:法国知识分子历史之我见》,曼玲、张放译,中央编译出版社,2000。

［73］〔波兰〕亚当·沙夫:《结构主义与马克思主义》,袁晖、李绍明译,山东大学出版社,2009。

［74］〔英〕乔治·拉雷恩:《马克思主义与意识形态:马克思主义意识形态论研究》,张秀琴译,北京师范大学出版社,2013。

［75］〔英〕凯蒂·索珀:《人道主义与反人道主义》,廖申白、杨清荣译,华夏出版社,1999。

［76］〔美〕梯利:《西方哲学史》,葛力译,商务印书馆,1995。

［77］〔加〕本·阿格尔:《西方马克思主义概论》,慎之等译,中国人民大学出版社,1999。

［78］〔瑞士〕皮亚杰:《结构主义》,倪连生、王琳译,商务印书馆,1986。

［79］〔法〕约瑟夫·祁雅理:《二十世纪法国思潮》,吴永泉、陈京璇、尹大贻译,商务印书馆,1987。

［80］〔法〕弗朗索瓦·多斯:《结构主义史》,季广茂译,金城出版社,2012。

［81］〔法〕文森特·德贡布:《当代法国哲学》,王寅丽译,新星出版社,2007。

［82］王民安、陈永国编《尼采的幽灵:西方后现代语境中的尼采》,社会科学文献出版社,2001。

［83］黄继峰:《阿尔都塞与马克思》,安徽人民出版社,2003。

［84］孟登迎:《意识形态与主体建构:阿尔都塞意识形态理论》,中国社会科学出版社,2002。

［85］王时中:《从"意识形态"到"历史科学"》,中国社会科学出版社,2012。

［86］林青:《阿尔都塞激进政治话语研究》,复旦大学出版社,2015。

［87］郭华:《偶然相遇的唯物主义:阿尔都塞晚期哲学思想研究》,北京师范大学出版社,2018。

[88] 高宣扬：《当代法国哲学导论》上、下卷，同济大学出版社，2004。

[89] 汪民安主编《生产》第六辑《"五月风暴"四十年反思》，广西师范大学出版社，2008。

[90] 汪民安、陈永国编《后身体：文化、权力和生命政治学》，吉林人民出版社，2011。

[91] 张秀琴：《西方马克思主义意识形态理论的当代阐释》，中国传媒大学出版社，2005。

[92] 张一兵：《问题式、症候阅读与意识形态：关于阿尔都塞的一种文本学解读》，中央编译出版社，2003。

[93] 仰海峰：《实践哲学与霸权：当代语境中的葛兰西哲学》，北京大学出版社，2009。

[94] 王晓升等：《西方马克思主义意识形态理论》，社会科学文献出版社，2009。

[95] 俞吾金：《问题域的转换——对马克思和黑格尔关系的当代解读》，人民出版社，2007。

[96] 包亚明主编《现代性与空间的生产》，上海教育出版社，2003。

[97] 陆梅林选编《西方马克思主义美学文选》，陆梅林等译，漓江出版社，1988。

（二）期刊

[1]〔法〕L. 阿尔都塞：《如何看待马克思主义的危机》，蒋闻芳译，《哲学译丛》1985年第4期。

[2]〔法〕路易·阿尔都塞：《论马克思与弗洛伊德（1977）》，赵文译，载复旦大学当代国外马克思主义研究中心编《当代国外马克思主义评论》(8)，人民出版社，2010。

[3]〔法〕路易·阿尔都塞：《论精神分析实践和艺术实践》，吴志峰译，《文艺理论研究》2015年第1期。

[4]〔法〕路易·阿尔都塞：《阿尔都塞论艺术五篇（上）》，陈越、王立秋译，《文艺理论与批评》2011年第6期。

［5］〔法〕路易·阿尔都塞:《阿尔都塞论艺术五篇（下）》,陈越译,《文艺理论与批评》2013 年第 1 期。

［6］〔法〕路易·阿尔都塞:《哲学的形势和马克思主义理论研究》,吴子枫译,《国外理论动态》2014 年第 1 期。

［7］〔法〕路易·阿尔都塞:《马克思与相遇的唯物主义》,陈越、赵文译,《国外理论动态》2009 年第 10 期。

［8］〔法〕L. 阿尔都塞:《论偶然唯物主义》,吴志峰译,《马克思主义与现实》2017 年第 4 期。

［9］〔法〕路易·阿尔都塞:《哲学的转变》,毛亮译,《马克思主义美学研究》1998 年第 5 期。

［10］〔美〕大卫·迈西:《用借来的概念思想:阿尔都塞与拉康》,麦永雄译,《马克思主义美学研究》1998 年第 1 期。

［11］〔美〕诺曼·莱文:《阿尔都塞对〈大纲〉的曲解》,李旸译,《马克思主义与现实》2011 年第 1 期。

［12］〔美〕弗雷德里克·詹姆逊:《新版〈列宁和哲学〉导言》,孟登迎译,《国外理论动态》2003 年第 1 期。

［13］〔英〕R. 艾芝莱:《西方马克思主义和阿尔杜塞的马克思主义观》,张峰译,《哲学译丛》1983 年第 1 期。

［14］〔英〕西蒙·乔特:《作为革命武器的哲学——马克思穿越阿尔都塞》,洪燕妮、孙亮译,《当代国外马克思主义评论》2017 年第 1 期。

［15］〔英〕E. P. 汤普森:《论阿尔都塞的结构主义马克思主义》,张亮译,《马克思主义美学研究》2008 年第 1 期。

［16］〔美〕托马斯·R. 贝茨:《葛兰西与霸权理论》,吕增奎译,《马克思主义与现实》2005 年第 5 期。

［17］张一兵:《阿尔都塞:马克思主义的历史科学》,《理论探讨》2002 年第 5 期。

［18］张一兵:《空无与黑夜:青年阿尔都塞的哲学关键词》,《现代哲学》2004 年第 3 期。

［19］张一兵：《认识论断裂：意识形态与科学》，《天津社会科学》2002 年第 1 期。

［20］张一兵：《阿尔都塞与〈保卫马克思〉》，《马克思主义研究》2002 年第 5 期。

［21］郑忆石：《现代西方科学哲学与阿尔都塞的"新马克思论"》，《华东师范大学学报》（哲学社会科学版）2004 年第 1 期。

［22］蔡英田：《毛泽东的矛盾不平衡理论与阿尔都塞的多元决定论》，《毛泽东邓小平理论研究》1998 年第 2 期。

［23］俞吾金：《"一个批判的忏悔"：晚年阿尔都塞的生活和思想》，《河北学刊》2003 年第 6 期。

［24］唐正东：《阿尔都塞的早期天主教信仰对其哲学思想的影响》，《南京社会科学》2002 年第 4 期。

［25］潘志新：《阿尔都塞哲学的理论指导》，《前沿》2012 年第 3 期。

［26］唐环：《论阿尔都塞对恩格斯历史唯物主义的批评》，《四川大学学报》（哲学社会科学版）2006 年第 1 期。

［27］朱晓慧：《阿尔都塞论意识形态的多重特征》，《兰州学刊》2006 年第 1 期。

［28］张盾：《怎样理解马克思开辟的哲学道路——评阿尔都塞对马克思哲学观的激进解读》，《学习与探索》2005 年第 6 期。

［29］夏莹：《旁观者与行动者的反辩证法：如何理解唯物主义及其当代复兴》，《江苏社会科学》2017 年第 2 期。

［30］夏莹：《辩证法的断裂与历史必然性的重构——当代西方马克思主义的理论进路》，《教学与研究》2014 年第 8 期。

［31］夏莹：《关于阿尔都塞的四个常识性判断的再考察》，《广西大学学报》（哲学社会科学版）2016 年第 3 期。

［32］夏莹：《批判与革命：马克思及其后继者的哲学贡献》，《马克思主义哲学论丛》2014 年第 1 期。

［33］夏莹：《试析统一性哲学的断裂与革命理论的合法性论证》，《天津社会科学》2014 年第 3 期。

[34] 夏莹:《回到黑格尔:后马克思主义的隐形逻辑》,《南京社会科学》2011 年第 6 期。

[35] 蓝江:《症候与超定——对阿尔都塞 surdétermination 概念的重新解读》,《马克思主义与现实》2017 年第 6 期。

[36] 蓝江:《症候的精神分析与文本病理学——对阿尔都塞的"症候式阅读"的批判式解读》,《马克思主义与现实》2013 年第 2 期。

二 英文文献

[1] L. Althusser, *On the Twenty-Second Congress of the French Communist Party*, translated by B. Brewster, London: New Left Review, 1977.

[2] Louis Althusser, *Philosophy of the Encounter: Later Writings, 1978-1987*, edited by Francois Matheron and Oliver Corpet, translated with an Introduction by G. M. Goshgarian, London and New York: Verso, 2006.

[3] L. Althusser, *The Detour of Theory*, translated by Gregory Elliott, London: Verso, 1987.

[4] Louis Althusser, *The Humanist Controversy and Other Writings*, translated by G. M. Goshgarian, London: Verso, 2003.

[5] L. Althusser, *The Crisis of Marxism*, London: Marxism Today, 1978.

[6] L. Althusser, *Essays on Ideology*, London, New York: Verso, 1984.

[7] Paul Ricoeur, *Althusser's Theory of Ideology*, Althusser: *A Critical Reader*, edited by Gregory Elliott, Oxford UK & Cambridge USA: Blackwell Publishers, 1994.

[8] Mikko Lahtinen, *Politics and Philosophy: Niccolo Machiavelli and Louis Althusser's Aleatory Materialism*, translated by Gareth Griiths and Kristina Kohli, Leiden · Boston: Brill, 2009.

[9] Michele Barrett, *The Politics of Truth: From Marx to Foucault*,

London: Polity Press, 1991.

[10] Jacques Rancière, *Althussers Lesson* , translated by Emiliano Battista, London: Continuum, 2011.

[11] Ferretter Luke, *Louis Althusser*, New York, NY: Routledge, 2006.

[12] Warren Montag, *Louis Althusser*, London: Palgrave Macmillan, 2003.

[13] Michael Payne, *Reading knowledge: An Introduction to Barthes, Foucault, and Althusser*, Cambridge, MA: Blackwell, 1997.

[14] Robert Paul Resch, *Althusser and the Renewal of Marxist Social Theory*, California: University of California Press, 1992.

[15] William C. Dowling, *Jameson, Althusser, Marx: An Introduction to The Political Unconscious*, New York: Cornell University Press, 1984.

[16] Steven B. Smith, *Reading Althusser: An Essay on Structural Marxism*, New York: Cornell University Press, 1984.

[17] John O' Neill, *For Marx Against Althusser and Other Essays*, Alabama: University Press of America, Inc. , 1982.

[18] Joan M. Miller, *French Structuralism: A Multidisciplinary Bibliography*, New York: Garland Pub, 1981.

[19] Alex Callinicos, *Althusser's Marxism*, London: Pluto Press,1976.

[20] Douglas Johnson, *Introduction: Louis Althusser 1918 - 1990*, *The Future Lasts a Long Time and the Facts*, London: Chatto & Windus, 1993.

[21] Antonio Callari and David F. Ruccio, eds. , *Postmodern Materialism and the Future of Marxist Theory: Essays in the Althusserian Tradition*, Wesleyan University Press, New Hampshire: University Press of New England, 1996.

[22] Alison Assiter, "Althusser and Structuralism", *British Journal of Sociology*, Vol. 35, No. 2, 1984.

[23] Margaret A. Majumdar, *Althusser and the End of Leninism*?, London: Pluto Press, 1995.

[24] Simon Tormey and Jules Townshend, *Key Thinkers from Critical Theory to Post-Marxism*, London: Sage Publications, 2006.

[25] Simon Choat, *Marx Through Post-Structuralism: Lyotard, Derrida, Foucault, Deleuze*, London: Continuum, 2010.

[26] Andrew Levine, *A Future for Marxism: Althusser, the Analytical Turn and the Revival of Socialist Theory*, London: Pluto Press, 2003.

[27] Gluckmann Miriam, *Structuralist Analysis in Contemporary Thought: A Comparison of the Theories of Claude Levi-Strauss and Louis Althusser*, London and Boston: Routledge, 1974.

[28] John E. Grumley , *History and Totality: Radical Historicism from Hegel to Foucault*, London: Routledge , 1989.

[29] Leszek Kolakowski, "Althusser's Marx", *The Socialist Register*, Vol. 8, 1971.

[30] Warren Montag, "The Soul is the Prison of the Body: Althusser and Foucault, 1970-1975", *Yale French Studies*, Vol. 88, 1995.

[31] Terry Eagleton, "Marxism, Structuralism and Post-Structuralism", in Perry Anderson, *In the Tracks of Historical Materialism*, Chicago: University of Chicago Press, 1984.

第四批 （6 册）

构建与超越：中国式现代化道路研究　　　　　王慧娟/著

新时代中国基层协商的理论与实践　　　　　刘文郡/著

马克思所有权理论研究　　　　　　　　　　梅沙白/著

历史唯物主义视域中的"精神"研究　　　　王海滨/著

防范金融风险与稳定经济增长　　　　　　　王学凯/著

阿尔都塞的哲学思想研究　　　　　　　　　王文轩/著

图书在版编目（CIP）数据

阿尔都塞的哲学思想研究／王文轩著 . --北京：
社会科学文献出版社，2025.6. --（中共中央党校（国
家行政学院）马克思主义理论研究丛书）. --ISBN 978
-7-5228-4897-6

Ⅰ. B565.59

中国国家版本馆 CIP 数据核字第 2025LM2137 号

中共中央党校（国家行政学院）马克思主义理论研究丛书
阿尔都塞的哲学思想研究

著　　者／王文轩

出 版 人／冀祥德
组稿编辑／曹义恒
责任编辑／朱　月
文稿编辑／周浩杰
责任印制／岳　阳

出　　版／社会科学文献出版社·马克思主义分社（010）59367126
　　　　　地址：北京市北三环中路甲 29 号院华龙大厦　邮编：100029
　　　　　网址：www.ssap.com.cn
发　　行／社会科学文献出版社（010）59367028
印　　装／三河市尚艺印装有限公司

规　　格／开本：787mm×1092mm　1/16
　　　　　印张：15　字数：206 千字
版　　次／2025 年 6 月第 1 版　2025 年 6 月第 1 次印刷
书　　号／ISBN 978-7-5228-4897-6
定　　价／98.00 元